四川省城乡统筹标准
体系构建研究

黄 萍 文 革
陈 静 骆 兰 王 菁   著

科学出版社
北京

内 容 简 介

本书主要围绕国内城乡统筹标准体系构建进行研究。为帮助读者全面系统了解城乡统筹的内涵、理论基础、实践价值及标准化意义，本书从解决问题的角度分上、下两篇。上篇为理论篇，重点从城乡统筹的概念、内涵、国内外实践及战略意义角度，介绍了四川省城乡统筹的基本内容、标准体系框架设计思路及标准化建设内容；下篇为应用篇，主要瞄准四川省城乡统筹中比较突出的典型实例，从城乡义务教育均衡发展、城乡医疗卫生均衡发展、户籍制度改革、农民工体面就业、城乡统筹养老保险制度改革和城乡环境发展统筹六大方面探讨了标准化建设的实际举措与成效，使内容更贴近实际，更具有指导性、参考性和阅读性。

本书适合管理类、社会学类、农业类等本科生、研究生学习用书，也适用于政府、企事业单位有关从事城乡统筹标准化工作的参考用书。

图书在版编目(CIP)数据

四川省城乡统筹标准体系构建研究/黄萍等著. —北京：科学出版社，2017.5

ISBN 978-7-03-052648-9

Ⅰ.①四⋯　Ⅱ.①黄⋯　Ⅲ.①城乡建设-标准体系-研究-四川　Ⅳ.①F299.271

中国版本图书馆 CIP 数据核字（2017）第 090138 号

责任编辑：张　展　李小锐/责任校对：韩雨舟
责任印制：罗　科/封面设计：墨创文化

科 学 出 版 社 出版
北京东黄城根北街16号
邮政编码：100717
http://www.sciencep.com

成都锦瑞印刷有限责任公司 印刷
科学出版社发行　各地新华书店经销
*

2017年5月第　一　版　　开本：B5（720×1000）
2017年5月第一次印刷　　印张：16.25
字数：318千字
定价：98.00元
（如有印装质量问题，我社负责调换）

前　言

"统筹城乡经济社会发展"是党的十六大作出的重大战略部署之一。2003年，中央农村工作会议指出"全面建设小康社会，必须统筹城乡经济社会发展"。2007年，十七大明确将"统筹城乡发展，推进社会主义新农村建设"作为促进国民经济又好又快发展的八项任务之一。国家之所以提出城乡统筹发展，实际上是针对城乡利益分割的现实问题，为了从根本上改变城乡二元体制，推动我国从传统的城乡二元发展模式向城乡统筹发展模式转变，形成城乡经济社会一体化新格局，实现城乡经济社会的协调发展。

为了使城乡统筹战略有序推进，2007年6月7日，国家发展和改革委员会批准重庆、成都两市设立全国统筹城乡综合配套改革试验区，要求重庆市和成都市针对城乡统筹发展中的体制障碍，全面推进各领域的体制改革，并在重点领域和关键环节率先突破、大胆创新，尽快形成统筹城乡发展的体制机制，为促进城乡经济社会协调发展，推动全国深化改革，实现科学发展与和谐发展发挥示范和带动作用。

然而，城乡统筹作为我国重大的理论创新，其内涵、理论基础、生成动力、发展目标、体制机制等问题如何界定，在实践中又怎样创新改革，这既是各级政府应高度关注的重要问题，也是学术界需要深刻认识和准确把握的主要问题，特别是面对国家城乡统筹改革的紧迫形势，究竟成渝试验区在为全国推进城乡一体化改革探路、引路的先行实践中产生了哪些值得推广的经验和需要总结的教训，成为我国科学推进城乡统筹改革战略的迫切需求和重要研究任务。

目前，国内有关城乡统筹的书籍主要包括三个方面的主题。一是从产业视角进行研究，如《城乡统筹背景下的产业互动研究》《城乡统筹背景下的重庆市产业集聚实证研究》《城乡统筹视角下我国城乡双向商贸流通体系研究》《基于城乡统筹的旅游业发展研究：模式构建与类型分析》；二是城乡统筹在规划、产权改革、农村养老等某一方面的研究，如《城乡统筹中的农村产权制度重构》《城乡统筹进程中的乡村治理变革研究》《城乡统筹养老服务法制问题研究》《城乡统筹背景下的水库移民安置方式》《城乡统筹背景下的城乡风貌规划研究》《中国城乡统筹规划的实践探索》等；三是对某一地区城乡统筹建设工作经验的研究，如《河北城乡统筹发展实践与探索：金牛镇的变迁和创新》《城乡统筹视阈下中国新型城镇化的路径选择——基于重庆的实证》《城乡统筹的基层党建新格局研究

——基于新苏南模式的区域实践》《城乡统筹中的农地金融问题研究——以河南省新乡市为例》《城乡统筹与乡镇城市化——罕台镇的快速城市化之路》《中国城乡统筹规划的理论、方法与实践——南京的探索与实证》《城乡统筹发展中的农村公共品有效供给研究报告——基于成都市的实证分析》等。

当前城乡统筹得到了社会各界的广泛关注，理论研究和实践创新取得了不少突破性成就，"摸着石头过河"的经验探索阶段基本完成，各地的城乡统筹应迈入科学化、规范化、标准化发展的新时期。因此，本书首次从标准化建设视角，以四川省城乡统筹的实践为基础，总结提炼城乡统筹试点中的先进经验、先进方法，构建城乡统筹标准体系框架。全书由理论篇、实践篇与应用篇三部分组成。理论篇主要梳理与研究城乡统筹的内涵及理论框架、国外城乡统筹发展实践综述、我国推进城乡统筹的发展历程、城乡统筹利益均衡机制的生成动力、城乡利益均衡的目标；实践篇分析与研究四川省城乡统筹的基本内容，建立四川省城乡统筹标准体系框架，形成标准体系结构图与标准明细表，并对后续的城乡统筹标准体系提出建议；应用篇选取四川省城乡统筹在城乡教育均衡发展、城乡医疗均衡发展、农村户籍制度改革、农民工体面就业、农村养老保险制度改革、城乡环境发展统筹等方面，对标准建设的实际案例进行深入分析。

本书内容是在四川省科技厅软科学研究计划项目"城乡统筹改革试验区实践模式实证研究(2010ZR0129)"和四川省质量技术监督局2013年度重要技术标准研究项目计划项目"四川省城乡统筹标准体系框架构建研究与重要标准制定(ZYBZ2013-17)"的研究基础上，进一步丰富和完善的研究成果。由于城乡统筹标准化问题是一个开拓性、创新性的研究领域，成都信息工程大学组成了规模庞大的研究团队，其中赖廷谦、向武、肖月强、刘敦虎对城乡统筹标准体系架构思路给予了重要指导，涂文明、方杰参与了《城乡统筹改革试验区实践模式实证研究》的部分研究，李贵卿、孙艳玲、范仲文、杨诚、唐国强、郭创乐、刘宇、宋雪茜、秦美玉、杨帆、龚季兴、庞君、徐晔、苏谦、何源、朱国龙、金淑彬、陈敏、郭曦榕、邹艳玲、何兴贵等参与了《四川省城乡统筹标准体系框架构建研究与重要标准制定》的调查研究和部分资料的分析整理，徐同、王晓阳、曾贤敏、李婧、刘昊星五位研究生以及信息管理与信息系统、旅游管理、人力资源管理、行政管理、劳动与社会保障等专业本科学生也帮助完成了部分资料的整理工作。本书是集体研究成果，也是对四川乃至中国城乡统筹发展历程的一种记录和见证，借此献给那些耕耘在城乡统筹问题研究领域的专家学者、致力于城乡统筹推进战线上的领导者和坚守在具体工作现场的工作者们，希望为他们提供有益的参考。

著 者

2017年4月

目 录

上篇 理 论 篇

第1章 研究概述 ······ 3
1.1 研究背景 ······ 3
1.2 主要创新点 ······ 5
1.3 研究意义和运用前景 ······ 5

第2章 城乡统筹的内涵及理论框架 ······ 7
2.1 城乡统筹的内涵探讨 ······ 7
  2.1.1 城乡统筹的定义 ······ 7
  2.1.2 城乡统筹的内涵本质 ······ 9
2.2 城乡统筹的理论基础 ······ 11
  2.2.1 刘易斯二元经济理论 ······ 11
  2.2.2 哈里斯·托达罗的农村—城市人口迁移模型 ······ 12
  2.2.3 田园城市理论 ······ 13
  2.2.4 中心—边缘理论 ······ 13
  2.2.5 网络—簇群—流理论 ······ 13

第3章 国外城乡统筹发展实践综述 ······ 15
3.1 美国城市化实践经验 ······ 15
  3.1.1 破除城乡制度障碍 ······ 15
  3.1.2 形成工业化、城市化和农业现代化的良性循环 ······ 16
  3.1.3 全球范围内吸引、配置劳动力资源 ······ 16
3.2 德国城市化发展经验 ······ 17
  3.2.1 均衡持续发展观及其政策措施 ······ 17
  3.2.2 城乡规划管理体制为城市提供了自由发展的空间 ······ 17
  3.2.3 统一而健全的社会保障体系为城市化降低了门槛 ······ 17
  3.2.4 便利的交通系统为城市均衡发展提供了重要保障 ······ 18
  3.2.5 注重广泛的市民参与 ······ 18
3.3 日本城市化实践经验 ······ 18

  3.3.1 重视对农业的改造，促进农业现代化 ················ 18
  3.3.2 制造业和第三产业发展吸纳了大量劳动力 ············ 19
  3.3.3 建设了便利的交通网络 ························· 19
  3.3.4 大量吸引外资和技术 ··························· 19
  3.3.5 加强农村基础设施建设 ························· 19
  3.3.6 重视教育和社会保障 ··························· 20
  3.3.7 工业反哺农业 ································ 20
 3.4 韩国新村运动 ····································· 20
  3.4.1 阶段性发展和组织保证 ························· 20
  3.4.2 注重实效和政府的支撑与投入 ··················· 21
  3.4.3 经济发展、社会发展与人的改造相结合 ············ 21
  3.4.4 重视国民的素质教育是国家发展的潜在力 ·········· 21
  3.4.5 强化分类指导，加强基础设施建设 ················ 21
 3.5 国外城市化发展对我国的启示 ······················· 22
  3.5.1 城市化要与工业化和农业现代化同步发展 ·········· 22
  3.5.2 在城市规模与布局上要实现多元化同步发展 ········ 22
  3.5.3 城市化进程要建立均衡利益的发展机制 ············ 22
  3.5.4 充分发挥市场经济体制下的政府主导作用 ·········· 23

第4章 我国推进城乡统筹的发展历程 ························ 24
 4.1 我国城乡二元结构的历史格局 ······················· 24
  4.1.1 城乡二元结构的本质 ··························· 24
  4.1.2 我国城乡二元结构的历史轨迹 ··················· 26
 4.2 传统城市化与城乡利益的分化 ······················· 31
  4.2.1 我国传统城市化道路 ··························· 31
  4.2.2 传统城市化进程中城乡利益冲突的新分化 ·········· 33
 4.3 新型城镇化道路与城乡统筹发展 ····················· 38
  4.3.1 新型城镇化道路的内涵 ························· 38
  4.3.2 新型城镇化道路下城乡统筹发展的战略意义 ········ 39

第5章 城乡统筹利益均衡机制的生成动力 ·················· 43
 5.1 城乡统筹的基本原则 ······························· 43
 5.2 我国城乡统筹发展的主要障碍 ······················· 46
 5.3 统筹城乡发展的基本路径 ··························· 49
  5.3.1 创新城乡统筹发展规划思路 ····················· 49
  5.3.2 大力发展现代农业 ····························· 50
  5.3.3 大力协调推进工业化 ··························· 51

5.3.4 加快农村城镇化步伐 ·· 53
　　5.3.5 促进城乡教育公平化 ·· 55
　　5.3.6 加快促进城乡社会保障统一化 ·································· 56
　　5.3.7 促进统筹城乡制度一体化 ·· 57
5.4 城乡非均衡利益分割机制的形态 ·· 59
　　5.4.1 经济地位的不平等 ·· 60
　　5.4.2 权利资源的不平等 ·· 64
　　5.4.3 利益表达机制的缺位 ·· 66
5.5 城乡非均衡利益分割机制的生成原因 ································· 67
5.6 推动城乡利益均衡机制变迁的阻力 ···································· 71
　　5.6.1 既得利益集团的"路径依赖"理论 ······························ 71
　　5.6.2 制度变迁面临政府利益的权衡与选择 ························ 72
5.7 城乡利益均衡机制变迁的动力 ·· 74
　　5.7.1 城乡非均衡利益结构亟待破冰 ·································· 74
　　5.7.2 农村基层民主意识的增强与渴求 ······························· 76
　　5.7.3 经济社会发展价值标准的巨变 ·································· 76
　　5.7.4 农村资源与环境承载要求与状况 ······························· 77
　　5.7.5 建设小康社会的需要 ·· 79

第6章 城乡利益均衡的目标：城乡一体化 ·································· 82
6.1 城乡一体化的内涵 ··· 82
6.2 城乡一体化目标的客观必然性 ·· 83
6.3 城乡一体化目标实现的条件分析 ······································· 85
6.4 城乡一体化目标的社会经济特征 ······································· 87
6.5 城乡一体化目标实现的困境与对策 ··································· 89
　　6.5.1 城乡一体化面临的困境 ·· 89
　　6.5.2 城乡一体化发展对策 ·· 91

中篇 实 践 篇

第7章 四川省城乡统筹的基本内容 ··· 101
7.1 五个统筹的主要内容 ··· 101
7.2 五项改革的主要内容 ··· 107

第8章 四川省城乡统筹标准体系框架 ···································· 110
8.1 标准体系编制说明 ·· 110
8.2 标准体系结构 ·· 111

    8.2.1 标准体系层次一序列 ············· 111
    8.2.2 基础标准子体系 ················ 111
    8.2.3 城乡建设规划子体系 ············· 112
    8.2.4 城乡基础设施建设子体系 ·········· 112
    8.2.5 城乡产业发展子体系 ············· 113
    8.2.6 城乡基本公共服务子体系 ·········· 113
    8.2.7 城乡社会管理子体系 ············· 113
    8.2.8 城乡生态文明建设子体系 ·········· 113
  8.3 标准明细表 ························ 117
  8.4 标准体系分析 ······················ 117
  8.5 标准体系的后续开发对策与建议 ········ 117
    8.5.1 标准体系接口的建议 ············· 117
    8.5.2 标准适宜级别的建议 ············· 117
    8.5.3 标准体系的应用与推进 ··········· 118
    8.5.4 标准体系维护与更新 ············· 118

下篇 应用篇

第9章 四川省城乡义务教育均衡发展案例研究 ············ 121
  9.1 四川省城乡义务教育均衡发展背景 ······ 121
  9.2 四川省城乡统筹义务教育均衡发展创新举措 ············ 122
    9.2.1 圈层融合全域规划，顶层设计特色发展 ············ 122
    9.2.2 保障经费投入，缩小城乡生均公用经费差距 ········ 124
    9.2.3 实施城乡义务教育学校建设"一元化"标准 ········· 126
    9.2.4 合理配置教师资源，实行"县管校用"教师管理体制 ··· 127
    9.2.5 创新教育监测机制，全面提高义务教育质量 ········ 128
  9.3 成都市城乡统筹义务教育均衡发展取得的成效 ·········· 131

第10章 四川省城乡医疗卫生均衡发展案例研究 ············ 138
  10.1 城乡医疗卫生均衡发展的背景 ········ 138
  10.2 城乡医疗卫生均衡发展的创新举措 ···· 139
    10.2.1 加强乡村医生队伍建设 ·········· 139
    10.2.2 推行分级诊疗制度 ·············· 143
    10.2.3 德阳市推进公共卫生服务模式的"六个转变" ······ 147
  10.3 城乡医疗卫生均衡发展取得的成效 ···· 150
  10.4 改革经验 ························· 151

第11章 四川省户籍制度改革案例研究 ········ 153
11.1 户籍制度改革与发展的背景 ········ 153
11.1.1 户籍制度演变历程 ········ 153
11.1.2 户籍制度改革的意义 ········ 155
11.2 四川省户籍制度改革的创新举措 ········ 156
11.2.1 加大调整户口迁移政策力度 ········ 156
11.2.2 创新人口管理模式 ········ 161
11.2.3 保障农业转移人口及其他常住人口合法权益 ········ 162
11.3 四川省户籍制度改革取得的成效 ········ 164

第12章 四川省农民工体面就业案例研究 ········ 166
12.1 农民工体面就业的背景 ········ 166
12.2 四川省在农民工体面就业方面的主要做法 ········ 167
12.2.1 进一步保障农民工的报酬权益 ········ 167
12.2.2 构建农民工综合社会保险制度体系 ········ 169
12.2.3 返乡农民工创业体系的构建 ········ 173
12.2.4 农民工子女就学条件的完善 ········ 177
12.2.5 强化农民工的劳动关系管理 ········ 177
12.2.6 逐步改善农民工居住条件 ········ 178
12.2.7 形成成都市用人单位劳动用工和社会保险管理标准 ········ 178
12.2.8 实行劳动保障监察网格化管理 ········ 179
12.3 主要成效 ········ 180
12.4 改革经验 ········ 183

第13章 四川城乡统筹养老保险制度改革案例研究 ········ 188
13.1 背景意义 ········ 188
13.1.1 城乡统筹养老保险制度改革的背景 ········ 188
13.1.2 城乡统筹养老保险制度改革的意义 ········ 192
13.2 成都市在农村养老保险制度改革方面的主要做法 ········ 194
13.2.1 促进农村居民利用耕地保护补贴参与社会养老保险 ········ 194
13.2.2 大力推行成都市统筹城乡居民养老保险制度 ········ 195
13.2.3 开展城乡老年最低生活保障对象参加城乡居民养老保险 ········ 198
13.2.4 有效进行城乡养老保险制度的衔接 ········ 199
13.3 主要成效 ········ 201
13.4 经验 ········ 203

第14章 四川省城乡环境发展统筹案例研究 ········ 207
14.1 城乡环境发展统筹的背景 ········ 207

14.2 四川省城乡环境发展统筹的创新性做法 208
14.2.1 城乡环境综合治理 208
14.2.2 城乡生态文明建设 211
14.2.3 工矿废弃地复垦利用 216
14.3 总结提炼标准：工矿废弃地复垦利用规划编制规范 218
14.3.1 标准编制说明 218
14.3.2 工矿废弃地复垦利用规划编制规范 220

附录1 221
附录2 222
附录3 223
附录4 227
后记 246

上篇

理 论 篇

第1章 研究概述

1.1 研究背景

在城乡统筹发展的改革历程中,四川一直走在创新实践的前列。2002年11月,十六大提出"统筹城乡经济社会发展"后,2003年10月,成都市委、市政府出台了《成都市全面推进规范化服务型政府建设工作意见》,并在双流县召开全市推进城乡一体化工作现场会,推行"三个集中"试点经验,标志着成都市的城乡一体化改革实践正式启动。

2004年2月,成都市关于城乡一体化的第一份纲领性文件《关于统筹城乡经济社会发展推进城乡一体化的意见》出台。2004年4月,全市领导干部"树立和落实科学发展观"研讨班第一次概括并提出推进城乡一体化"六句话"要求。2004年8月,成都启动"大部门制"改革,从规划入手,将过去城乡"分而治之"的行政管理职能部门进行整合。2004年9月,在实践中初步提炼形成包括"六句话""三个集中""三大重点工程"为主要内容的城乡一体化工作思路、工作重点和措施办法。

2005年3月,成都市《关于改革城乡规划管理体制的意见》出台,规划管理从城市延伸到乡村,规划管理体制改革全面展开。2005年7月,成都市委在新都区召开党内基层民主发展现场会,出台《关于加强基层民主政治建设的意见》,全面推进基层民主政治建设。2006年1月,全市"贯彻落实科学发展观,构建和谐社会研讨班"举行,成都市城乡统筹、"四位一体"科学发展战略正式形成。2006年3月,成都市《关于深入推进城乡一体化建设社会主义新农村的意见》出台,提出科学制定规划、壮大产业支撑、推进土地规模经营、发展农村公共事业等工作重点。

2007年6月7日,国家发展和改革委员会下发《国家发展改革委关于批准重庆市和成都市设立全国统筹城乡综合配套改革试验区的通知》,确立了成都全面推进城乡统筹工作,在各领域深化改革,大胆创新,促进城乡经济社会协调发展,推动试验区的示范和带动作用。2008年11月,首届全国统筹城乡发展论坛在成都举行。

在中共四川省第十次党代会上,四川省委立足于四川实际,把握现代化发展规律，制定了"两化"互动、统筹城乡总体战略。这一重大决策部署与当前我国加快经济发展方式转变、扩大内需、实施新一轮西部大开发、区域协调发展战略不谋而合，一脉相承，是西部落后地区新形势新阶段进行产业梯度推进，经济社会发展制度性嬗变的集中呈现，也是当前四川率先实现建成小康社会奋斗目标的现实路径。在此基础上，四川省委十届三次全会进一步指出，以"两个跨越"为导向，坚持和深化历届省委治蜀兴川思路，紧扣四川发展主要矛盾，实施事关全局和长远的"多点多极支撑、两化互动、城乡统筹以及创新驱动"三大发展战略，并提出将"两化互动、统筹城乡"作为推进四川新型工业化、新型城镇化、农业现代化、信息化同步发展的主要途径，进一步优化发展格局、培育竞争优势、增强发展动力，走出具有四川特点的科学发展、加速发展之路。

"两化"互动、统筹城乡发展是按照全面、协调、可持续的基本要求，包蕴辩证思维、战略高度等深邃内容的科学发展。主要体现在"两化"互动、统筹城乡发展的安排部署中，把四川作为一个整体，全面推进四川城乡的经济建设、政治建设、文化建设、社会建设、生态文明建设；立足当前，着眼长远，把当前发展和长远发展联系起来，坚持实现四川"两化"互动、统筹城乡阶段性目标和促进可持续发展的有机统一；发展中齐力推进新型工业化、新型城镇化和农业现代化建设，增强要素集聚和扩散能力、产业吸纳和承载能力，力图使四川成为国家新的开发开放前沿和重要经济增长极，奋力推进发展新跨越。

《四川省"十二五"规划纲要》在第十六章"全面推进统筹城乡改革发展"中提出，"继续深化统筹城乡综合配套改革试验区建设，总结推广试点经验，坚持以城带乡、以工促农，加快破除城乡二元结构的体制机制障碍，推进城乡规划一体化、资源要素配置市场化、基本公共服务均等化和行政社会管理一体化。"

在加快城乡统筹和试验区建设方面四川省取得了许多突破和成效。逐步形成了以"城乡一体化"为总揽，推进"四位一体"科学发展的模式；确立了全域成都的发展格局；积极推进新型工业化、新型城镇化和农业现代化建设；不断改善和健全农村公共服务体系，促进城乡公共服务均衡发展；以制度创新为突破口，构建出城乡一体化的管理体制；扩大基层民主政治建设，探索建立新型基层治理结构；在与人民群众生活息息相关的教育、医疗、就业、户籍管理等方面做出了战略性的决策，在全国开创了独具特色的统筹城乡发展模式。

统筹城乡发展对我国来说是一种创新性、试验性的探索，现有的运作模式不系统、不成熟、不完善，这就急需进行深入探索与思考，总结提炼城乡统筹发展过程中的经验。四川作为全国统筹城乡综合配套改革的试验区，研究和建立四川省城乡统筹标准体系框架，对通过探索证明是可行的路径、方法、措施形成统一、协调、系统的标准，进一步规范城乡统筹工作的推进与实施势在必行，责无旁贷。

1.2 主要创新点

一方面,我国关于城乡统筹标准化的研究工作起步较晚,对城乡统筹标准化的研究主要停留在城乡统筹指标体系研究与实践层面上。城乡统筹工作是一项系统的社会工程,涉及经济建设、政治建设、文化建设、社会建设以及生态文明建设,同时还要兼顾当前与长远、产业与城市、城镇与农村、经济与社会、开发与保护等发展中的重大关系。另一方面,标准是对重复性事物和概念所做的统一规定,它以科学、技术和实践经验的综合为基础,经过相关部门协商一致,由主管机构批准,以特定的形式发布,作为共同遵守的准则和依据。然而我国的城乡统筹是一项解决城乡二元结构的创新性实践与探索,对于哪些方面的工作可以做统一规定,面对众多的协商主体,如何实现一致性,对于标准的建立与实施具有深远影响。

因此,本书的创新点主要有三个方面:一是项目以纵向分层与横向分类相结合的角度首次构建出一个省域性的城乡统筹标准体系框架,确保了标准的类别、标准服务的对象边界是清晰的,既相互关联又不重复交叉,具有系统性和科学性,对推动我国城乡统筹工作的标准化建设具有示范推广价值。二是标准体系的构建是基于对城乡统筹的理论与实践的深入研究,紧密结合了四川省委省政府关于城乡统筹工作的战略部署,具有明确的指导性和可操作性,对于引导四川加快推进城乡统筹标准化建设具有实际指导意义。三是在全面分析国内外已有的城乡统筹标准的基础上,系统梳理出哪些标准与城乡统筹相关,哪些标准可以直接纳入城乡统筹标准体系框架,哪些事项目前还没有相关标准,哪些属于四川特殊的需求标准等,从而确保了标准体系的全面覆盖,既具有地方特性又有推广指导意义。

1.3 研究意义和运用前景

研究符合城乡统筹发展特点的标准体系,构建四川省城乡统筹标准体系框架,建立四川省城乡统筹标准体系表,是落实2003年中央农村工作会议提出的"全面建设小康社会,必须统筹城乡经济社会发展"目标,从根本上改变城乡二元体制,推动我国从传统的城乡二元发展模式向城乡统筹发展模式转变,形成城乡经济社会一体化新格局,实现城乡经济社会的协调发展;有利于推进四川省城乡统筹工作向纵深发展,加强城乡统筹工作的有序、规范开展,进而发挥四川省的示范作用,在全国推广城乡统筹工作中有价值的经验。

四川省城乡统筹标准体系框架的建立,有益于体系内标准的前期研究,有益于体系内标准的规划制定，可将四川省城乡统筹工作中总结出来的新思路、新经验、新方法、新的技术成果转化为行业或地方标准，以推动我国城乡统筹工作向科学化标准化方向发展。

课题组通过对四川省城乡统筹标准体系的研究，目前共整合标准1365个，其中国家标准573个、行业标准662个、地方标准95个（其中四川省的标准只有36个）、企业标准3个、国际标准7个、国外标准25个，提出新增标准67个。

第 2 章　城乡统筹的内涵及理论框架

2.1　城乡统筹的内涵探讨

2.1.1　城乡统筹的定义

　　城乡统筹是党中央从贯彻落实科学发展观，构建社会主义和谐社会的全局出发做出的战略部署，作为国家层面主导下的理论创新，已经在各级地方政府层面如火如荼地展开实践。但是，直到目前学术界对城乡统筹或统筹城乡的概念界定仍有不同理解和认识，综合起来，主要有两种看法。

　　一种看法主张城乡统筹就是要改变城乡二元结构，实现城乡协调发展和城乡一体化，这也是比较普遍的观点。张红宇认为，城乡统筹发展，说到底是在新的发展时期，城市与农村、工业与农业之间要协调发展、共同进步；通过改变二元经济社会结构，在市场经济体制下，实现城乡社会一体化发展[1]。陈希玉认为，统筹城乡发展就是改变和摒弃过去的重城市、轻农村，"城乡分治"的传统观念和做法，通过体制改革和政策调整，清除城乡之间的樊篱，破除"城乡二元结构"，把城乡作为一个整体，对国民经济发展计划、国民收入分配格局、重大经济政策等实行城乡统一筹划，把解决"三农"问题放在优先位置，更多地关注农村、关心农民、支持农业，实现城乡协调发展[2]。胡进祥提出，统筹城乡发展是指党和国家及各级政府在谋划城乡关系与经济发展和社会进步时，要紧紧把握城乡一元化发展观，消除城乡二元结构及其赖以存在的政策和制度安排，构建城市和农村相互兼顾、协调发展的平台，全面建设包括广大农村在内的小康社会[3]。陶武先认为，统筹城乡发展的基本内涵在于：把工业与农业、城市与农村、城镇居民与农村居民作为一个整体，统筹谋划、综合研究，通过体制改革和政策调整，协调工农关系、城乡关系，逐步清除城乡之间的藩篱，从根本上解决"三农"问题，促进城乡经济社会协调发展，推进城乡分割的二元结构向城乡一体的现代社会经济结构转变[4]。黄祖辉和卫龙宝提出，统筹城乡发展，就是要使城市和农村紧密地联系起来，实现城乡经济社会一体化发展，改变城乡二元结构，建立社会主义市场经济体制下平等和谐的城乡关系[5]。周琳琅指出，统筹城乡发展，就是要站在国民经济和社会发展的全局高度，把城市和农村的经济社会发展作为整体统一筹划、通盘考虑，把城市和农村存在的问题及其相互关系综合起来研究，统筹解决。既要发挥城市对农村的辐射作用、工业对农业的带动作用，又要发挥农村对城市、农业对工业的促进作用，实现城乡良性互动，以改变城乡二元结构为目标，建立起社会主义市场经济体制下的平等、和谐、协调发展的工农关系和城乡关系，实现城乡经济社会一体化[6]。姜长云认为，统筹城乡发展是指从促进经济社会和人的全面发展的大局出发，按照以人为本和全面、协调、可持续发展的要求，统筹城乡体制改革、政策转型和结构战略性调整，促进城乡制度创新、政策调整和结构转型的良性互动，将完善市场经济体制、加快城镇化和新型工业化有机地结合起来，促进城乡协调发展及其机制的形成[7]。高珊等指出，城乡统筹是指打破城乡二元结构，使城市和农村紧密联系，城乡享有平等的发展权利和发展机会，建立起社会主义市场经济体制下平等和谐的城乡关系[8]。

另一种看法倾向城乡统筹不完全等同于城乡协调发展、城乡一体化，其内涵十分丰富。如刘国炳提出，一般来看，统筹城乡发展是个城乡关系问题，是过去城乡一体化、城乡协调发展等观点的一个延续和发展，实际上它与城乡一体化、城乡协调发展、城乡融合、农村城市化等的内涵有很大的区别[9]。具体而言，城乡一体化、城乡融合、农村城市化可以说是一种目标和结局；城乡协调发展体现的是一种关于城乡关系的愿望和要求；而统筹城乡发展是一种解决城乡问题的手段和途径。它们的共性都牵涉城乡关系问题，但个性各有所指，意义结果是不同的。"统筹"二字，应该说是这一战略观点的价值核心。在现阶段，提出统筹城乡发展，实践上看，是推进共同富裕的重要举措，是社会主义发展目标的现实要求。莫建备等认为，城乡统筹发展内容很丰富，它既包括资源、经济等物质实体，又包括科技、教育等非物质实体，同时，城乡统筹又是一个人口、资源、环境、经济和社会的动态持续的协调过程[10]。

由上可见，虽然学术界对城乡统筹的理解不完全一致，但城乡关系是国民经济和社会发展系统中最重要的一对经济社会关系，这是不容置疑的。统筹就是兼顾、统一筹划之意，实质是协调好改革和发展进程中各方的利益关系。本课题组认为城乡统筹的内涵十分丰富，总体上来说，就是要在制定城乡发展战略，考量城乡利益，实施城乡发展政策时，站在国民经济和社会发展的高度，统一筹划城乡关系及其经济社会发展，做到总揽全局、全面规划、综合考虑、统筹兼顾。包括统筹城乡物质文明、政治文明、精神文明和生态文明建设等，打破城乡分割，缩小城乡差距、工农差距和地区差距，逐步实现城乡利益均衡和城乡经济社会全面协调可持续发展。

2.1.2 城乡统筹的内涵本质

1. 城乡整体发展是城乡统筹的出发点

城市和农村都是人类赖以生存、活动和发展的地域实体，也是实现我国经济社会整体发展的两个重要层面。我国经济社会快速、持续和健康发展，离不开这两个重要层面。党的十六大提出要统筹城乡经济社会发展，这里的统筹就蕴含一个基本要求，即把城市与农村连在一起，结成一片，坚持用整体观把握城乡关系，以此作为研究城乡发展的出发点。因此，在统筹城乡发展中如何认识和协调好这两个层面的关系，需要在推进统筹城乡发展中必须把城市和农村看作一个相互依赖、相互促进、密不可分的整体，通盘考虑统筹城乡发展中的一些重大问题。这既是对过去城乡发展经验教训的总结，又是统筹城乡经济社会发展内在规律的客观要求。众所周知，近年来党和国家一直致力于"三农"问题的解决和城乡二元结构矛盾的消除，因为这是影响和制约我国现代化建设的主要症结，但直到今天，"三农"难题远未破解，城乡二元结构的矛盾又呈加剧发展趋势，其中一个重要原因就在于以往研究、解决问题的方法和视角存在着很大的局限性，缺少战略性的辩证思维。没有把城市与农村联系起来作为一个有机整体研究，仅仅只从农村内部去考虑农村、农业和农民问题，思想上和行动上跳不出农村这个圈子，习惯于就农村论农村、就农业论农业、就农民论农民，忽略了事物内部的客观联系，仅用孤立和片面的观点去分析问题和解决问题，必然收不到好的效果。

2. 城乡互通是城乡统筹的基础

随着我国社会生产力发展水平的不断提高，城乡经济的快速发展，城乡逐步由分离走向互通是历史的必然。所谓城乡互通，就是指打破城乡界限，按照社会化大生产和市场经济的运行规律，使城乡相互开放、相互依赖、相互促进，向一体化方向迈进。城乡互通是城乡统筹发展的重要前提，也是城乡统筹发展的基本要求。离开城乡互通，城乡统筹发展就成了一句空话。事实上，城乡是不可分割的人地关系空间系统，"城市与农村作为一种非均质的地域经济空间，是人类赖以生存、活动和发展的地域实体。从区域经济的空间组织角度看，可将城市与农村视为区域空间系统中密切关联的两个系统。"[11]按照系统理论，系统间必然要发生物质、能量的交换，封闭是不符合系统发展的自身规律的。我国城乡生产力发展极不平衡，城乡之间存在严重的二元结构，城乡差别显著。特别是在过去高度集中的计划体制下，政府以牺牲农业来加快工业化发展的战略思想将城市和农村严格对立起来，以户籍制度为核心的一整套制度安排在城乡之间筑起了一道道屏障，阻碍了城乡之间正常的"交流"。城乡封闭、隔离的结果就是，不论城市还是农村，发展都受到了损害。事实证明，在城乡封闭的情况下，城乡任何一方试图独立发展都会困难重重。城乡经济构成了区域经济，而各区域经济又构成了国民经济，城乡联系的脱节，必然会影响整个国民经济的发展。

3. 城乡全面发展是城乡统筹的关键

把握城乡发展的全面性，是指在推进城乡发展过程中，不能顾此失彼，只注重城乡某一层面的发展，而忽视其他层面的发展。城乡发展不单纯是个经济概念，不能把城乡发展当作单一的城乡经济增长过程，城乡发展应是包含经济、政治、文化等各层面相互协调、共同发展的统一和社会范畴，既要促进城乡经济繁荣，又要实现城乡社会全面进步。因为城乡经济发展与社会发展是相互依存、相互促进的辩证关系。城乡经济发展是社会发展的前提和基础，社会发展则是经济发展的目的和结果。在推进统筹城乡发展时，应切忌片面性，注意处理好城乡间经济发展和社会发展的关系，努力把握好城乡统筹发展的全面性，这是城乡统筹发展的关键所在。

4. 机会平等是城乡统筹的内在要求

城市和农村是构成社会的两个密不可分的组成部分，城市居民与农村居民同是历史的创造者和国家经济社会发展的主体。无论从理论上看还是从城乡经济社会发展的内在要求看，城乡地位是平等的。城市与农村只有空间区域上的差异、产业发展布局上的差异、社区形态上的差异，城市居民与农村居民只有劳动分工上的差异、文化样态上的差异，而不应该存在社会地位上的高低之别，公民待遇上的优劣之差。处理城乡关系的基本准则是机会平等、责任义务平等，即城乡各类经济主体应平等地拥有市场准入、财政支持、信贷服务等发展机会，平等地承担国家法律法规规定的税收、劳工保险等社会义务；城乡居民应平等地拥有财产、教育就业、社会保障和个人发展等方面的权利，平等地承担国家法律法规规定的公民应尽的义务。只有坚持城乡地位平等，给农村经济主体包括广大农民以同等待遇，城乡间才能在平等的条件和环境下，进行平等的合作和竞争，实现共同繁荣。

5. 城乡利益均衡发展是城乡统筹的核心

统筹城乡发展，就其实质而言，最终目标是实现城乡无差别尤其是城乡利益的均衡发展。如果农民仍处于城市边缘状态，城乡地位不平等，城乡利益长期非均衡，厚城薄乡，亲城疏乡，农民的同等待遇得不到保证，统筹城乡发展就只能是一句空话。我国城乡二元结构由来已久，由于受城乡不同的自然禀赋、发展基础、社会条件和改革开放对城乡经济社会发展的影响，我国城乡在近期内虽然不可能同时、同步、同水平实现利益均衡发展，但应该统筹谋划，协调均衡发展，通过各种途径和方式最终实现城乡利益的均衡发展。

6. 城乡一体是城乡统筹的目标

城乡统筹发展，其实质就是促进城乡二元结构向一元结构转变，从根本上解决"三农"问题，这也将是我国今后几十年社会经济发展的基本走向。当前，解决"三农"问题，不能专门围绕"农"字做文章，而应注重从"农"外找出路，通过建立有利于改变城乡二元结构的体制，促进"三农"问题的根本解决。当然，实现城乡一体并不是要去乡村化，也不是要消灭农村。如果农村文明消失了，那么国家的经济社会形态将是单调的，也不符合人类社会的发展规律。城乡一体是要充分尊重城乡发展规律，在保持城乡差异特色的同时，发挥城市与乡村各自的优势，统一城乡发展规划，统筹城乡产业发展，统筹城乡社会进步，统筹城乡发展政策等，让过去导致城乡利益差异的"两张皮"体制融为一体，不再出现"农民真苦，农村真穷，农业真危险"[12]的状况，也不应存在城乡一体误解下导致"走了一村又一村，村村像城市，走了一城有一城，城城像农村"[13]的异象，而是实现城乡经济、社会、文化、生态协调发展，城市促进农村、农村促进城市的融合状态。

7. 可持续发展是城乡统筹的根本

在推进城乡统筹发展过程中，要坚持实施发展的可持续性，一方面必须以长远的战略眼光，对加快城乡发展，缩小城乡发展差距做出长期谋划，并进行持续的奋斗；另一方面，从实际出发，面对现实，规划好城乡发展近期的行动和方略，积极化解目前所面临的突出矛盾，从而在城乡发展中做到当前与长远、现实与未来的统筹兼顾。

2.2 城乡统筹的理论基础

2.2.1 刘易斯二元经济理论

20世纪50年代，经济学家阿瑟·刘易斯注意到发展中国家的二元经济结构问题，在其《劳动无限供给条件下的经济发展》一文中提出了经典的二元结构模式，揭示了发展中国家城乡二元经济关系。刘易斯认为，在二元经济体系中，并存两个经济部门，即资本主义生产方式的现代部门，包括制造业、采矿业和种植园；以传统生产方式进行的仅够维持生计的部门，包括农业、小型商业和某些服务业。其假设不考虑对外经济封闭的条件下，如果在一个人口众多，而资本和资源缺乏的国家里,来自生计部门的劳动力供给是无限的,"劳动的边际生产率很小或等于零,甚至为负数"[14]。而现代部门为了吸引生计部门的劳动力,往往工资水平高出生计部门30%,即使现代部门的工资水平停滞不变,劳动力市场始终是供大于求,"支持生活的最低工作就可以获得无限的劳动力供给"[15]现象是存在的。那么,如何使二元经济结构中的两个部门工资水平趋同?刘易斯指出,关键是利用资本主义的剩余拉动,"在人口密集的国家中,现代部门的扩张成了传统部门的生命线,在这种情况下,传统部门的人口向现代部门的涌流,超过了后者所能吸收的数量;不管现代部门的就业增长有多快,失业仍然增加",如此反复,直到传统生计部门多余的劳动力被现代部门吸收完毕,工资相应上涨时为止。刘易斯的二元经济理论的重点是说明国民经济增长和现代"城市工业"的加速增长呈正相关关系,反映了发达国家走出的所谓经典的工业化道路范式。

此后,拉尼斯、费景汉对刘易斯的二元经济理论做了进一步改进,从城乡共同发展角度准确定位了城乡之间的关系应该是发展过程中的互动关系,即农业必须与工业同步增长。他们把经济发展分为三个阶段:第一阶段,传统农业部门存在大量隐蔽失业,其中有相当一部分劳动者的边际生产率接近零,当这部分劳动力转向现代部门时,农业总产量维持不变。第二阶段,随着工业的扩张,逐步吸收边际劳动生产率低于平均产量的农业部门隐蔽失业人口,直到全部吸收完毕。由于他们转入现代部门,会引起农业总产量下降,农业剩余不能满足他们转入工业后的需要,从而开始出现粮食短缺。第三阶段,经济进一步发展,要求进一步扩大资本积累,推动农业技术进步和提高农业劳动生产率,以此解决粮食短缺问题[16]。不过,刘易斯等的二元经济理论只关注了劳动力的转移问题,忽略了开放经济条件下的资金、技术、贸易等要素的转移流向,而且其假设是建立在城市不存在失业和城市工人工资保持不变的前提下,本身与事实不符,因此具有一定的局限性,但是,该理论强调城市工业与农村农业联动发展的观点,对我国的城乡协调发展具有重要的借鉴意义。

2.2.2 哈里斯·托达罗的农村-城市人口迁移模型

1969年,美国经济学家托达罗在美国经济评论发表论文《欠发达国家的劳动迁移与城市失业模型》,该模型指出发展中国家的二元经济结构导致城乡经济收入差距较大,进而引起农村人口源源不断地涌向城市,然而,城市的就业机会拓展有限,开创城市就业机会无助于解决城市失业问题,相反会引起更多的农村剩余劳动力涌向城市,致使城市劳动力市场出现严重失衡,失业问题愈加严重。因此,该模型从城乡协调角度,主张一方面重视农村和农业发展,鼓励农村、农业的综合开发,增加和扩大农村的就业机会,提供教育和卫生设施,发展电力、交通、供水等公共基础设施，改善农村的生产生活条件，减缓农村人口向城市的流动。另一方面，缩小城乡间收入的不平衡；也就是减少城乡人口转移，降低城市失业率，使工业与农业同步发展。

缪尔达尔提出了二元空间结构发展学说，认为如果某个地方先受到外部因素的作用，经济发展稍快于其余地区，就会出现不均衡的局面，但是地区间差距的扩大总是有限度的，一旦较发达的地区由于人口日趋稠密和自然资源相对不足而发生成本的递增扩散，较为落后地区的发展速度将继续加快，区域间的差距就会缩小，这就是经济发展的"扩散效应"。

2.2.3 田园城市理论

1898年，英国人霍华德提出了田园城市理论，代表著作《明日：一条通向真正改革的和平道路》。他认为城市本身具有的吸引人的磁力导致城市人口聚集，应该建设一种城乡结合，兼有城市和乡村优点的理想城市，即"田园城市"。霍华德的田园城市思想始终坚持城市外围要有相当面积的永久性绿地（城乡土地面积比例为1:6），他用图解的形式描述了田园城市结构，对城市规模、布局结构、人口密度、城市绿化以及城市群的建立等问题做了详细的规划。在城市的发展上，强调把城市与外围乡村当作一个整体来分析，对资金来源、土地分配、城市财政收支和田园城市的经营进行科学管理，使城乡协调发展。他倡导的是一种社会改革思想，即用城乡一体的新社会结构取代城乡分离的旧社会结构形态，这种思想影响了英国（英国于1899年建立了田园城市协会）、奥地利、澳大利亚、比利时、法国、德国、美国等发达国家，田园城市运动一度成为世界性的运动。

2.2.4 中心－边缘理论

中心－边缘理论认为在整个空间经济结构中，城市是核心地区并处于支配地位，聚集了资本、知识、信息等各种要素，而小城镇和乡村等边缘地区则不断地输出各种资源，逐渐走向衰退或相对停滞状态；但是，当工业化发展到一定阶段日趋成熟时，上述过程会出现逆转，即由处于中心地位的城市向边缘地区扩散，从而逐步达到平衡发展，实现区域经济一体化。

2.2.5 网络－簇群－流理论

道格拉斯从城乡相互依赖角度提出了区域网络发展模型，认为网络概念是基于许多聚落的簇群，每个簇群都有它自己的特征和地方化的内部关联，而不是努力为一个巨大的地区选定单个的大城市作为综合性中心。他认为乡村的结构变化和发展通过一系列"流"与城市的功能和作用相联系,他划分了5种"流":人、生产、商品、资金和信息,每种"流"都有多重要素和效果,它们还体现出不同的空间联系模式和多样的利益趋向特点。为确保均衡发展目标的实现,"流"必须导向一种"城乡联系的良性循环"。

参 考 文 献

[1]张红宇. 城乡统筹:工业化进程中的阶段性、结构转换与制度创新[C]// 城乡统筹发展与政策调研学术研讨会. 2003:24-29.

[2]陈希玉. 城乡统筹:解决"三农"问题的重大战略方针[J]. 山东农业(农村经济),2003,(9):12-14.

[3]胡进祥. 统筹城乡发展的科学内涵[J]. 学术交流,2004,(2):113-120.

[4]陶武先. 坚持城乡统筹促进协调发展[J]. 四川省情,2004,(7):4-10.

[5]黄祖辉,卫龙宝. 论统筹城乡经济社会发展[C]// 城乡统筹发展与政策调研学术研讨会. 2003:26-28.

[6]周琳琅. 论江泽民农业农村改革观[J]. 湖北社会科学,2005,(2):16-18.

[7]姜长云. "十一五"期间统筹城乡发展的对策思路[J]. 经济研究参考,2005,(1):6-9.

[8]高珊,徐元明,徐志明. 城乡统筹的评估体系探讨——以江苏省为例[J]. 农业现代化研究,2006,27(4):262-265.

[9]刘国炳. 论市场体制与我国区域可持续发展战略实施[J]. 经济地理,2004,24(2):162-166.

[10]莫建备,徐之顺,曾骅. 大整合·大突破:长江三角洲区域经济社会协调发展研究[M]. 上海:上海人民出版社,2005.

[11]曾菊新. 现代城乡网络化发展模式[M]. 北京:科学出版社,2001.

[12]李昌平. 一位乡党委书记含泪诉说[J]. 乡镇论坛,2000,(10):10.

[13]胡进祥. 统筹城乡发展的科学内涵[J]. 学术交流,2004,(2):113-120.

[14]威廉·阿瑟·刘易斯. 二元经济论[M]. 施炜,译. 北京:北京经济学院出版社,1989.

[15]阿瑟·刘易斯. 再论二元经济:二元经济论[M]. 施炜,译. 北京:北京经济学院出版社,1989.

[16]拉尼斯,费景汉. 一个经济发展理论[J]. 美国经济评论,1961,(9):533-565.

第3章 国外城乡统筹发展实践综述

3.1 美国城市化实践经验

3.1.1 破除城乡制度障碍

美国的城乡一体化从19世纪中期开始，经历了城市化、郊区化和一体化三个发展阶段。早期通过发展制造业使工业占据经济的主导地位，带动农村人口不断向城市集中。随着城市化的快速发展和交通网络的日趋完善，大量工厂、商业中心和居民住宅区向城市周边地区分散，形成了优势互补的众多中、小城市群。科学技术发展带来交通、通讯的革命，进一步促进了美国的城市分散化和城乡一体化，城市郊区人口在总人口中的比例越来越大。目前10万以下人口的小城镇占美国城市总数的99.3%，美国的农村已不再向传统的城市发展，进入了城乡一体、统筹协调的良性循环。

美国一直采取保护性收购政策和目标价格支持相结合的做法来稳定和提高农民收入。1933年美国《农业调整法》提出的支持价格政策，1973年出台的农产品目标价格补贴政策以及1996年依据《联邦农业完善与改革法》对价格与收入支持政策进行调整，政策的重点始终是调控农产品市场价格，稳定和提高农民收入。近年来，美国农民还通过所谓生产灵活性合同和反周期补贴等形式，获得政府的直接收入支付和农产品补贴，政府通过各种政策性倾斜，如对农民购买大型农业机械实行的优惠贷款与补助等，扶持农业产业部门[1]。

从美国城乡一体化的发展过程来看，加快城乡一体化建设，一是经济发展一体化，正是制造业的转移和商业、住宅区的迁移加速了美国郊区化的发展，产业的均衡分布和城乡互补，为美国的城乡一体化奠定了经济基础。二是生活水平一体化，在美国很难严格划分农村居民和城市居民，能够区别的只是有无职业、有无保障，就业和社会保障的一体化基本消除了城乡收入差距，为城乡一体化发展提供了重要前提。三是基础设施一体化，发达的交通路网，便利的交通工具，先进的通信设备，完善的水电气等配套设施，基础设施的科学规划和建设，为美国平衡城乡格局、协调城乡发展发挥了关键作用。四是公众服务一体化，美国普通民众的生活比较简单，休闲方式不是很多，但是教育、就医、健身、购物以及社区服务等较为健全和均等，极大地消除了城乡生活方式的差别。五是社会文化一体化，不少社区都有非营利组织为本地居民提供文化服务，甚至专门有组织为外来移民以及弱势群体提供咨询和服务，文化的融合加快破除了城与乡的思想差别，成为推进城乡一体化发展的重要动力。

3.1.2 形成工业化、城市化和农业现代化的良性循环

美国的工业化从棉纺织业开始，经过几十年的发展，到1860年时，工厂制度已在各工业部门如棉毛、纺织、面粉、肉食罐头等行业占据了支配地位。19世纪最后30年里，一系列新兴工业部门如石油工业、汽车工业、电气工业、化学工业、炼铝工业等得以建立并迅速发展；工业的部门结构也发生了巨大变化，按产值大小的次序排列，1860年时名列前茅的是面粉、棉纺织、木材加工、制鞋等轻工部门，19世纪末排在前列的则是钢铁业、屠宰和肉类罐头业、机器制造业、木材加工业。

美国这种工业化特点促使农业等基础产业发展较快，反过来又刺激了工业发展，农工协调发展促进了城市化较快发展。农业发展对城市化的促进作用表现在：一方面为城镇化解决了粮食问题，提供了原料和广大的国内市场；另一方面为城镇化提供了大量资金积累。

3.1.3 全球范围内吸引、配置劳动力资源

美国是一个地多人少的国家，城市化面临劳动力不足问题，国际移民正好满足了这一需求。1851~1860年从欧洲到美国的移民为248.8万人，1881~1890年增长到473.7万人，1901~1910年高达821.3万人。在这些国际移民中，工人约占50%，专业技术人员约占25%，来自英国、德国、法国的移民带来了先进的冶铁、纺织、炼油和其他工业部门的知识和技术，对美国的工业化进程发挥了重要作用。外来人口也是城镇人口增长的主要来源，外来人口中从事农业的只有16%左右，绝大部分转移到了城市。目前，美国运用各种可能的机会或方式千方百计地吸引全世界的优秀人才到美国工作、生活，尽其可能使全球的人力资源服务于美国利益，从而为城市和农村的协调发展奠定了雄厚的人力基础。

3.2 德国城市化发展经验

3.2.1 均衡持续发展观及其政策措施

德国在联邦宪法中规定，追求全国区域的平衡发展和共同富裕。因此在城乡建设和区域规划的政策上，有两项最高宗旨：一是在国内形成平等的生活环境，减小各地区的差异；二是追求可持续发展，使后代有生存和发展的机会。德国的政治、经济和文化中心职能分散在全国各地，有利于形成全国城市均衡分布的局面，如二战后成立的联邦宪法法院，设在巴登符腾堡州的卡尔斯鲁厄市（28万人），德国房地产建设银行的总部设在施瓦本哈尔县城（18万人）。德国政府和企业通过技术改造和加大环保投入，不仅改善了环境，更提高了土地利用率，实现了资源的优化配置、持续发展，创造了更高的综合效益。保护城市绿地是城市可持续发展的重要方面。增加市区中心的绿化，不仅可以改善环境，减少城市"热岛"现象，环境优良的市区中心有助于解决城市交通问题，为城市留有发展的空间，防止城市环境恶化、犯罪率上升、城市空心化等城市衰败问题出现，实现城市的可持续发展。

3.2.2 城乡规划管理体制为城市提供了自由发展的空间

德国在城乡管理上有四级机构，联邦一级为联邦规划局，其主要任务是制定政策框架，通过部长会议衔接和协调联邦与联邦州以及联邦州之间的规划，联邦通过制定框架性法律《联邦规划法》规定基本的规划目标、职能划分、区域规划的操作过程。联邦政府通过不断发布区域规划报告，指导全国的城乡建设。联邦州以下具体编制和执行规划。联邦州有区域规划法。根据联邦州的有关法律，各市共同制定土地使用规划，通过城市共同协商确定。土地使用规划是高一层次的规划，其一旦确立，就作为法律，不可轻易更改。各市在土地使用规划的指导下，编制城市的建筑规划。同时土地使用规划对可建用地的类别划分并不十分详细，为各市的具体操作留下很大的自由空间。

3.2.3 统一而健全的社会保障体系为城市化降低了门槛

德国在宪法上规定了人的基本权利，如选举、工作、迁徙、就学、社会保障等平等的权利，在社会上没有明显的农工、城乡差别，可以说农民享有一切城市居民可享有的权利。农工差别只是从事工作的性质差别。因此，在政策上没有农业人口转化的政策门槛，只要农民进城工作，按章纳税，进入社会保障，就成为城市居民。在政策上保障了人口的自由流动和农业人口向城市转移。

20世纪50年代德国出台了农民养老机制。为了促进土地的流转，集中土地，提高农业效率，鼓励农民脱离传统农业，出台了农民卖地退休补贴政策。对农民卖地退休者国家给予额外退休金，使农业用地集中，适合农业向现代化大生产的方式转变。同时，脱离农业的劳动力转变为工业和服务业劳动者，加速了生产力的转移和城市化过程。

3.2.4 便利的交通系统为城市均衡发展提供了重要保障

德国现在还有大量的有轨电车，其数量甚至超过了公共汽车。有轨电车有相当多的优点：运量大、无污染、安全、速度快而且准时。由于有了有轨电车，为城市的跨区域发展提供了便利的交通条件。2000年德国各类公路总长约46.1万公里，其中高速公路1.15万公里，总里程居世界第四。2000年全国注册机动车共5136.5万辆。同时方便的公共交通将各市镇联系起来，形成网络，加之小轿车的普及，人们的活动半径扩大。人们可以居住在小镇而到别的城市工作，良好的居住环境往往成为人们居住的首要目标。城市单元之间的空间距离已变得不重要，而时间距离才是人们所关心的。

3.2.5 注重广泛的市民参与

在市级的城市规划中，都有市民广泛参与的过程。在编制控制性详细规划中，市政府要向市民公示，广泛听取市民的意见，对市民提出的意见和建议，市政府或者规划局必须给出书面答复并逐条解释说明。因此，市民对自己的城市，特别是居住地附近的规划要求非常了解。市民积极参与的主人翁意识，有助于对居住周边的建设管理形成自觉的共同监督、共同管理。可以说市民参与制定具体地区的详细规划有助于在规划执行过程中的社会监督，防止违反规划的行为发生。同样，广泛的市民参与，增强了市民的参与意识，形成共建共管的良好氛围。

3.3 日本城市化实践经验

3.3.1 重视对农业的改造，促进农业现代化

农业的发展是工业起步的前提和物质基础，日本出台了一系列政策极大地促

进了农业的发展和农村土地的集约，这为农业机械化提供了前提条件。1960年日本用于农业机械的支出为841亿日元，1975增加到9685亿日元，比1960年的农业机械支出增长了10多倍，20世纪70年代中期基本实现了从耕作、插秧到收获的全面机械化。农业的发展，为工业的发展奠定了物质基础，也为后期的城市化快速发展提供了必要的前提条件。

3.3.2 制造业和第三产业发展吸纳了大量劳动力

第三产业的发展增加了许多就业岗位，为农村剩余劳动力提供了大量的就业机会，农村劳动力迅速向大城市集中。1950~1970年，日本第一产业就业人数比例从48.3%下降到19.4%，第二产业就业人数比例由21.9%增加到了33.9%，第三产业就业人数比例从29.8%上升到46.7%。在非第一产业的就业增员中，来自第一产业的从业人员占比从1961~1970年的54.6%下降到1971~1978年的52.7%。

3.3.3 建设了便利的交通网络

日本从1964年开始建设覆盖全国的新干线和密集的高速公路网络，提出建设"日本列岛一日到达经济圈"。近几十年来，日本的交通发展迅速，新干线铁路里程由1970年的515千米增加到2005年的2176千米，高速公路里程由1970年的638.5千米增加到2005年的8744千米。如今日本的公共交通网络遍布城乡，对缩小城乡经济差距起着至关重要的作用。

3.3.4 大量吸引外资和技术

第二次世界大战后，日本经济萧条，生产力低下，朝鲜战争使日本有了大量吸取外资，利用国外资金发展的机会，使日本经济进入飞速发展阶段。日本在购买国外先进技术方面也始终走在前列，1950~1973年，日本共引进技术21863项，累计金额43.56亿美元，其中20世纪50年代年平均引进技术233项，60年代年平均引进数猛增到1090项，1970~1973年，每年引进技术2157项，技术引进带动了日本的技术革命。

3.3.5 加强农村基础设施建设

农村基础设施的建设，不仅可以缩小农村与城市的差距，更重要的是为农村建立了一个良好的投资环境。投资的加大推动了农村的经济发展，为农村提供了更多的就业机会，也为城市产业和人口的扩散开辟了道路。1998年日本对农村基本建设的投入为10840亿日元，1999年增至10910亿日元。农村基础设施的改善，加强了城镇间、城乡间的联系，为实现城乡一体化创造了条件。

3.3.6　重视教育和社会保障

第二次世界大战后，日本非常重视发展基础教育。1947年日本国会的《基本教育法》和《学校教育法》将义务教育年限从6年提高到9年，以实现基础教育全民覆盖。日本对公共教育投资力度不断加大，1965~1973年日本的公共教育投资年增长率为17.6%，超过了经济总量的增长速度。到20世纪80年代，日本已经普及了高中教育，40%的农村适龄学生能够进入大学继续深造，劳动者的素质大幅提高。此外，日本还加强了对农村劳动力的职业教育和技能培训，以政府和当地企业为主体为农村劳动力提供就业信息并针对不同的就业岗位进行技能培训。普遍的技能培训为农业机械化在农村的推广奠定了基础，对提高劳动生产率发挥了积极作用。

3.3.7　工业反哺农业

日本工业反哺农业主要表现在两方面：一是为适应城市化、工业化的发展，颁布了一系列农业政策，推动农地制度的变革以促进农业生产的发展。二是工业发展所带来的技术进步又提高了农村机械化程度和土地利用率，推动了农村的发展。

3.4　韩国新村运动

3.4.1　阶段性发展和组织保证

韩国的新村运动分为三个相对独立的阶段，这种一步步的阶段性发展是其成功的重要经验。新村运动前5年(1971~1975年)取得的重大发展证明，渐进靠近目标是行之有效的农村发展措施，这一经验已引起国际劳工局和东南亚国家政府有识之士的高度重视。另外，新村运动的组织保证是其成功的另一条重要经验。由于新村运动是一个全国范围的运动，规模巨大，十分复杂，协调、合作是新村运动的生命，所以，它必须在政府与政治力量强有力的支持下进行。

3.4.2 注重实效和政府的支撑与投入

首先,韩国新村运动的成功,关键在于务实和注重实效。组织农民修建桥梁、河堤、公共浴池、洗衣场所,改善饮水条件、拓宽进村公路。通过组织增产协同,统一推广高产水稻良种,统一粮食作物的栽培、施肥,统一病虫害的防治。新村运动正是这样一步一个脚印地逐步取得成绩,使农业发展逐年得到提高。其次,韩国新村运动的重点在于精神启发。精神启发教育,社会公德的培养,为韩国的城市和农村经济发展起到了潜移默化的推动作用,形成了社会生产和社会服务的秩序化,赢得了良好的国际形象。最后,新村运动取得成功必不可少的条件是政府的支持和投入。韩国政府为全国每个村免费提供330袋水泥和1吨钢筋,用于村的公共事业建设;总统亲自为新村运动的新歌作词谱曲做宣传,政府公务员和大学教授们一人抓一村,持之以恒20年,将新村运动不断引向深入发展。

3.4.3 经济发展、社会发展与人的改造相结合

经济发展、社会发展与人的改造相结合,三位一体,相互促进。韩国政府意识到,不改造农民,振奋其奋发向上的精神就无法改善农民生活;而农民生活的提高反过来又会促进农民信心的恢复。新村运动把思想启蒙、精神改造作为起点,把经济发展、社会发展与人的改造有机结合起来,融入农村开发政策目标的制定和实施中。

3.4.4 重视国民的素质教育是国家发展的潜在力

韩国对国民的教育十分重视,教育资金占政府总支出的19.3%,全国已扫除了文盲,免费普及初中达100%。国家不仅重视知识教育,精神文明教育也纳入了新村运动计划。全国从高级官员、公务员、企业家到普通妇女、青少年都要轮流到研修院接受意识形态教育。重知识、重人才、重技术、讲实效是国家发展的基础。韩国农村振兴厅草坪上,竖立着写有"技术报国""尖端研究""技术指导""专门教育"等的大理石雕塑,它是让人们随时都有技术报国、知识兴国、教育救国的责任感、紧迫感和使命感。

3.4.5 强化分类指导,加强基础设施建设

韩国将农村村庄划分为基础村、自助村和自强村三类,针对三种不同类型的

村庄实行不同的发展政策；在韩国的新村运动过程中，政府通过政策手段，并注重调动社会各界的投资，加大对各地农村经济发展和社会发展项目的建设。这些基础设施建设，对于增加农村的可进入性、活跃农村与外界的经济联系、增加农村与城市的经济往来发挥了重大作用。

3.5 国外城市化发展对我国的启示

3.5.1 城市化要与工业化和农业现代化同步发展

中国必须克服城市化相对滞后的状况，加快城市化发展，赶上工业化的步伐，同时谨防过度城市化。必须保持城市工业与乡村工业比重平衡，努力使城市人口增长与城市建设发展相适应，实现三大产业的协调发展。城市化要促进传统农业的改造和农业生产方式、技术及管理方式的现代化。

3.5.2 在城市规模与布局上要实现多元化同步发展

首先是城市规模结构的多元化，即大中小城市并举，适度发展大城市，鼓励兴建卫星城，严格限制特大城市，重点发展大中城市，大力发展中小城市。其次是实现城市化形式的多元化，即集中型城市化与分散型城市化相结合、"据点式"城市化与"网络式"城市化相结合、内涵式城市化与外延式城市化相结合、政府发动型城市化与民间发动型城市化相结合。最后是城市化投资和建设主体多元化，改变以往政府作为单一发动主体的状况，形成城市投资和建设主体（政府、银行、企业、居民、农民、外商）等在内的多元化格局。

3.5.3 城市化进程要建立均衡利益的发展机制

要加快我国的城市化进程，必须从根本上改变20世纪50年代中后期形成的非均衡利益机制。将非均衡利益发动机制逐步转变为均衡利益发动机制。导入市场机制，应深化以市场为导向的改革，公平分配政策资源。在市场经济条件下，在一定的历史阶段，经济活动有着自发向大城市聚集的倾向。如果政策资源继续向大城市倾斜，必然会造成生产和人口过度集中的局面，结果使主要城市之外的基础设施建设、公共服务以及地区间的联系在很长一段时期内得不到发展。

3.5.4 充分发挥市场经济体制下的政府主导作用

在重视市场机制的同时,中国的城市化必须重视政府作用的发挥。必须由政府制定总体规划,对城市化的进程、城市人口、城市布局、城市规模等方面,实行必要的宏观调控,而不能放任自流,完全由市场调节。与此同时,要逐步转变政府职能,改变政府的作用方式,从以行政手段管理为主,转变为以经济和法律手段管理为主。这样既让市场机制力量推动城市化,又能保证城市化稳步健康发展。

参 考 文 献

[1] 张霞. 基于国内外城乡统筹发展模式比较的几点思考[J]. 湖北经济学院学报:人文社会科学版,2007,(3):51-52.

第 4 章 我国推进城乡统筹的发展历程

"统筹城乡经济社会发展"是党的十六大作出的重大战略部署之一。2003年,中央农村工作会议提出"全面建设小康社会,必须统筹城乡经济社会发展"。2007年,十七大明确将"统筹城乡发展,推进社会主义新农村建设"作为促进国民经济又好又快发展的八项任务之一。国家之所以提出城乡统筹发展,实际上是针对城乡利益分割的现实问题,为了从根本上改变城乡二元体制,推动我国从传统的城乡二元发展模式向城乡统筹发展模式转变,形成城乡经济社会一体化新格局,实现城乡经济社会的协调发展。

为了使城乡统筹战略有序推进,2007 年 6 月 7 日,国家发展和改革委员会批准重庆、成都两市设立全国统筹城乡综合配套改革试验区,重点要求重庆市和成都市针对城乡统筹发展中的体制障碍,全面推进各领域的体制改革,并在重点领域和关键环节率先突破、大胆创新,尽快形成统筹城乡发展的体制机制,为促进城乡经济社会协调发展,推动全国深化改革、实现科学发展与和谐发展发挥示范和带动作用。

然而,城乡统筹作为我国重大的理论创新,其内涵、理论基础、生成动力、发展目标、体制机制等问题如何界定,在实践中又怎样创新改革,这既是各级政府应高度关注的重要问题,也是学术界需要深刻认识和准确把握的主要问题,特别是面对国家城乡统筹改革的紧迫形势,究竟成渝试验区在为全国推进城乡一体化改革探路、引路的先行实践中产生了哪些值得推广的经验和需要总结的教训,成为我国科学推进城乡统筹改革战略的迫切需求和重要研究任务。

4.1 我国城乡二元结构的历史格局

4.1.1 城乡二元结构的本质

通常而言,城乡二元结构主要指城乡二元经济结构,即以社会化生产为主要特点的城市经济和以小农生产为主要特点的农村经济并存的经济结构。但在城乡统筹战略背景下,城乡二元结构本质上是指城乡利益结构。

利益问题是人与社会最根本的问题。在《韦氏大词典》中,"利益"指受到的好处或福利。在《辞海》中"利益"指的是"好处"。正因为"利益"即"好处",故自古以来,人类逐利的行为从未停歇,无论是原始的部落冲突,还是近现代的世界大战、恐怖活动,无不是人类以不同方式谋求利益、争夺利益的具体表现。所以,人是利益的人,人类社会是利益的社会,似乎已是不争的共识,对此国内外均有普世性的阐释。我国早在春秋时期就开始了对人类利益问题的讨论。《管子》中"夫凡人之情,见利莫能勿就,见害莫能勿避",即反映了管仲所认为的人类趋利避害的利益观。荀子也认为"今人之性,生而有好利焉"。而司马迁在《史记·货殖列传》中直接以"天下熙熙,皆为利来;天下攘攘,皆为利往",揭示人类追逐利益的本能。在西方国家,同样认为人有了追求利益的冲动,才会有进步和发展。法国爱尔维修就认为,利益能赋予人们快乐或消除人们痛苦的一切。霍尔巴赫把利益确定为"人的行动的唯一动力"。马克思也认为"人们为之奋斗的一切,都同他们的利益有关。"然而,什么才是人类追逐的"利益"?换句话说,人类对利益的需要是什么?

毋庸置疑,不同历史时代、不同社会阶层、不同区域、不同群体和个体等,在逐利行为中,对利益的需求目标、内容、程度、能力等的判定和衡量有所不同,导致人类对利益的需要是多元的,从而致使利益构成体系十分庞杂。但是,人类对利益的需要其根本目的还是为了解决人类的生存和发展。因此,利益不是纯客观或纯主观的存在,它是人类社会发展的根本需要。从此意义上可以说,人类的利益需要主要是物质利益和精神利益的需要,其中,物质利益是人类最重要和最根本的需要,是决定其他利益实现的基础利益。

在现代社会,人们所要实现的自身利益愿望也基本没有脱离物质利益和精神利益的范畴。然而,相对于我国城乡居民而言,从个人生存和发展的角度看,实际上两者都面对比较一致的共同利益愿望,即主要追求个人收入、社会保障、文化教育和医疗卫生等利益的平等诉求。可是,新中国成立后至改革开放前,为了保证我国城市重工业的高速发展,我国构建了城乡二元体制藩篱,使城乡有了显著的差别。而改革开放以来,我国经济虽然实现了持续高速增长,为社会创造了巨大的物质财富,但是与之并存的却是城乡利益差距不断拉大的事实,主要体现在:城市经济以现代化的大生产为主,而农村经济以典型的小农经济为主;城市的交通、通信、卫生和教育等基础设施发达,而农村的基础设施落后;城市的人均收入和消费水平远远高于农村;相对于城市,农村人口众多,享受社会保障的机会却较少,公共医疗服务设施水平低。城乡利益失衡的状态越来越严重。

按照历史唯物主义观点,城乡利益失衡的根源是社会分工的出现。正如马克思、恩格斯所说,一个民族内部的分工,首先引起工商业劳动和农业劳动的分离,从而也引起城乡的分离和城乡利益的对立。并指出:"物质劳动和精神劳动的最大一次分工,就是城市和乡村的分离……在这里,居民第一次划分为两大阶级,这种划分直接以分工和生产工具为基础。城市已经表明了人口、生产工具、资本、享受和需求的集中这个事实;而在乡村则是完全相反的情况:隔绝和分散。"[1]可见,社会分工使得城市与乡村变成了两个不同的利益主体,城市具有先天优势,乡村则具有天然弱势,城乡利益的分化从一开始似乎就已经注定。

4.1.2 我国城乡二元结构的历史轨迹

纵观新中国成立以来我国城乡二元利益结构的产生与演进历史,可以说城乡利益失衡是在特定的历史条件下逐渐形成和加剧的。大致可以分为以下两个主要阶段。

第一阶段:1958~1978年,城乡二元结构形成与快速发展阶段。中共七届二中全会曾提出城乡兼顾的发展战略:"城乡必须兼顾,必须使城市工作和农村工作、使工人和农民、使工业和农业紧密地联系起来。绝不可以丢掉农村,仅顾城市,如果这样想,那是完全错误的"[2]。城乡兼顾的发展战略思想,从政治上为消除城乡之间的利益冲突起到了保障作用,因此,新中国成立的最初几年城乡之间的利益冲突尚不明显。然而,自1957年起,国家为了把我国从贫穷的农业国变成强盛的工业国,实施了集中计划经济体制下推行重工业优先增长的发展战略,即将农村定位于为城市和工业发展服务,通过工农业产品价格"剪刀差",逐渐拉大了城乡利益差距。据统计,国家通过工农业产品价格的"剪刀差",在新中国成立后的30年间共拿走农民收入达6000亿元之多[3]。到1978年,全国城市居民人均收入为476.28元,远远高于农村居民的145.33元,城乡居民收入差距比达到了3.28。尤其是国家实行了严格的城乡分离户籍政策后,国家以刚性的限制,把农民固化在农村,最终导致占全国总人口80%的农民被排斥在城市福利保障制度之外。由于这一时期快速的城市工业化是建立在过度剥削农业的基础上,造成工农业发展严重失调,城乡发展十分不均衡,城乡利益关系明显扭曲。根据库兹涅茨曲线分析,1978年我国工农业二元结构强度达到了6.08倍,而此间其他发展中国家最大的仅有4.09倍①。

第二阶段:1979~2006年,城乡二元利益结构发生新突破、新变化的关键阶段。严格意义上讲,我国城乡利益分化最突出的阶段就是出现在改革开放以后,随着我国分配体制改革及其社会主义市场经济体制的建立,城乡之间的利益差距越来越明显。过去在计划经济体制时期,忌讳谈论社会主义社会中的利益群体、利益分化问题,强调利益的一致,实际上改革的过程就是利益的重新调整[4]。正是在体制变革过程中我国分化出比较显著差别的城乡利益关系。

---

① 工农业二元结构强度越大,说明其农业比较生产率及比较收益率越低,并且说明同期农业发展速度太慢,农业剩余劳动力转移很慢。

1. 分配机制的变化导致城乡收入差距显著扩大

1978年，在收入分配上，邓小平同志提出"让一部分地区、一部分人先富起来，带动和帮助其他地区、其他的人，逐步达到共同富裕"，这是邓小平同志改革开放重要思想之一。这一思想实质上意味着对利益差别的客观承认和肯定，真正体现了社会主义利益分配的按劳分配原则。当然，"一部分人先富起来"并不是放弃"共同富裕"，邓小平同志特别强调了共同富裕的作用，强调了先富者的带动和影响作用。这一政策的实践便是农村家庭联产承包责任制的推行和城市国有企业内部分配制度的改革。农村家庭联产承包责任制的推行承认了农民的个人贡献，意味着农民个人收入的多少与他的劳动成果密切相关，允许农民在完成承包合同的前提下从事多种经营，参与市场交换，增加收入。在国有企业内部，对企业的工资制度进行了重大改革，将工资分配与经济效益挂钩，刺激工人的积极性。分配制度的变革从计划经济体制下的平均主义到改革开放下允许一部分人先富起来，承认劳动贡献的差别，事实上也就承认了利益分化的客观趋向。然而，由于城乡之间先天的优劣势差别，即使使出同样大小的劲，结果也会有天壤之别，依然挡不住城乡居民收入差距的进一步拉开。从现实情况看，1978~2007年，我国城镇居民人均实际可支配收入从343.3元提高到13786元，增加了7.5倍，农村居民人均纯收入从133.6元提高到4140元，增加了7.3倍，但是，城乡居民收入差距绝对额却从209.8元上升到9646元。尤其是1990年以来，农民收入增幅减缓，1991年，我国城乡居民的收入差距比首次突破4，达到了4.02，并在随后的8年里有增无减，最高时达到5.84。2007年，城乡居民收入比为5.1，2008年，城乡居民初次收入分配的基尼系数达到0.45，超过了安全警戒线。

2. 社会保障制度在城市建立，却在农村长期缺失，城乡失衡日趋严重

改革开放很长一段时间以来，我国的社会保障体系仍旧是一种显著的二元社会保障格局，即在农村，主要依靠土地自我保障的家庭养老模式；在城镇，则享有较完善的、水平较高的社会保障。但是，随着我国社会转型发展，城市化的快速推进，大量乡村人口涌入城市，乡村将先于城市进入老年社会，并随着农村家庭的小型化、核心化，家庭养老功能将受到弱化，加之土地流转长期受限，土地保障功能难以产生作用，假如一旦失去了土地或劳动能力，靠家庭养老的风险陡增。因此，乡村养老保障问题日益严峻，城乡社会保障的差距不言而喻。当前，城乡间社会保障资源分配严重失衡，除少数经济发达的地区开始建立农村社会保障体系外，农村社会保障的缺失性依然比较严重。从社会保障水平来看，1991~2001年，城镇居民人均社会保障支出占人均GDP的15%，而农村居民只占其纯收入的 0.18%，城镇居民人均享有的社会保障是农村居民的 90 多倍；2004 年，我国政府对全社会的抚恤和社会福利救济支出为 5.6 亿元，对社会保障补助支出为 15.6 亿元，总计 21.2 亿元。其中，对农村救济费用支出仅为 0.85 亿元。2008 年，国家对农村的社会保障支出约占全国社会保障支出的 12%，仅在城市设立了最低生活保障制度、医疗保险制度、养老保险制度等，这无疑扩大了城乡之间的利益差距。

3. 城乡居民的受教育机会和教育水平差距显著，导致社会关系的严重不公平

教育公平是社会公平的前提与基础，在收入、社会保障等差距显著影响下，我国城乡居民的教育差距令人担忧(表 4-1、表 4-2)。

表 4-1 1981~2005 年城乡居民家庭平均每人全年消费性和教育支出对比情况

年份	城镇居民 全年消费/元	城镇居民 教育投入/元	城镇居民 占比/%	农村居民 全年消费/元	农村居民 教育投入/元	农村居民 占比/%
1981	456.84	38.52	8.43	190.81	4.64	2.43
1982	471.00	33.84	7.18	220.23	4.93	2.24
1983	505.92	33.60	6.64	248.29	5.48	2.21
1984	559.44	39.60	7.08	273.80	6.53	2.38
1985	732.24	75.48	10.36	317.42	12.45	3.92
1986	798.96	76.80	9.61	356.95	11.44	3.20
1987	884.40	75.05	8.49	398.29	20.15	5.06
1988	1103.98	101.51	9.19	476.66	27.05	5.67
1989	1210.95	114.69	9.47	535.37	16.54	3.09
1990	1278.89	117.37	9.18	584.63	31.38	5.37
1991	1453.81	128.76	8.97	619.79	36.44	5.88
1992	1672.00	147.45	8.82	659.01	43.77	6.64
1993	2110.81	194.01	9.19	769.65	58.38	7.59
1994	2851.34	250.75	8.79	1016.81	75.11	7.39
1995	3537.57	312.71	8.84	1310.36	102.36	7.81
1996	3919.47	374.95	9.57	1572.08	132.46	8.43
1997	4185.54	448.38	10.71	1671.15	148.18	9.16
1998	4331.61	499.39	11.53	1590.33	159.41	10.02
1999	4615.91	567.05	12.56	1577.42	168.33	10.67
2000	4998.00	627.82	12.56	1670.13	186.72	11.18

续表

年份	城镇居民			农村居民		
	全年消费/元	教育投入/元	占比/%	全年消费/元	教育投入/元	占比/%
2001	5309.01	690.00	13.00	1741.09	192.64	11.06
2002	6029.88	902.28	14.96	1909.68	219.97	11.52
2003	6510.94	934.38	14.35	2023.98	246.38	12.17
2004	7182.10	1032.80	14.38	2273.88	259.14	11.40
2005	7942.88	1097.46	13.82	2652.23	308.74	11.64

资料来源：根据刘云忠、徐映梅《我国城乡教育差距与城乡居民教育投入差距的协整研究》的资料整理而得。表中数据取自 1981~2006 年《中国统计年鉴》中"城镇居民家庭平均每人全年消费性支出构成""农村居民家庭平均每人生活消费支出构成"的有关数据。其中，城镇居民每年的教育投入是根据该年度的"文化娱乐用品、书报杂志、学杂费、保育费、文娱费"5 项加后平均而得；农村居民的教育投入则是以年度教育投入划分的"低收入户、中低收入户、中等收入户、中高收入户、高收入户"5 项加后平均而得。

表 4-2　1990~2005 年我国城乡教育差距和城乡居民教育投入差距对比

年度	城乡教育差距/年	城乡居民教育投入差距/元	年度	城乡教育差距/年	城乡居民教育投入差距/元
1990	2.26	823.9	1998	2.367	3263.1
1991	2.282	992	1999	2.403	3634.7
1992	2.279	1242.6	2000	2.28	4026.6
1993	2.275	1655.8	2001	2.47	4493.2
1994	2.272	2275.2	2002	2.426	5227.2
1995	2.268	2705.3	2003	2.498	5850
1996	2.296	2912.8	2004	2.432	6485.2
1997	2.448	3070.2			

资料来源：转引自林志伟《我国城乡收入差距与教育差距的协整性分析》。

综合分析城乡教育失衡情况，具体有三个方面的表现。

(1)教育资源一直存在明显的"偏袒城市""城市优先"事实。"细察义务教育的制度设置，可以看出其存在某种'城市优先'倾向。我国九年制义务教育采取有步骤推进策略，这一策略蕴含一种不言自明的规定，这就是城市中的义务教育先行于农村中的义务教育。"故跨入 21 世纪我国仍未实现"普九"义务教育的地区无疑是农村贫困地区，即使在已推行的区域，不少地区因要应对上级持续的"普九"督导压力，在办学资金严重不足的情况下，只好举债推进，据全国人大委员会执法检查组关于检查《义务教育法》实施情况的报告显示，全国农村'普九'欠债高达 500 多亿元。[5] 可以说，城乡教育待遇的"先天"性差别，不仅影响教育投入的渠道和力度，也折射出教育条件和师资水平的巨大差异。仅就教师队伍而言，城市以公办教师为主体，农村以民办教师为主体，2006 年，农村中小学民办教师分别占全国总数的 48.31% 和 85.65%，并且所雇佣的民办教师总体上"学历低、待遇差、不稳定"，必然导致教育结果的天壤之别。

(2) 教育机会的失衡。教育投入的差异，致使农村教育资源严重不足，无法更好地满足农村居民对教育的需求，这一点仅从升学机会即可窥见一斑。据资料表明，1983 年全国农村地区共有小学毕业生 1631.7 万人，进入初中的仅有 970.6 万人，占总数的 59%；城镇地区共有小学毕业生 349.6 万人，进入初中的 346.5 万人，占总数的 99%，中学升学率二者相差 40 个百分点。而高中升学率相差更大，城镇升学率为 56%，农村仅有 13%，相差 43 个百分点。

(3) 获得教育质量的不公平。教育质量不公平是由教育机会和教育投入不公平等所造成。一方面，农村学生没有城市学生的入学机会多，也没有城市学生可以接受优秀教师教育培养的机会多；另一方面，城乡文化发展水平的差异性十分明显。单就城乡公共文化服务设施资源看，城市拥有齐全的服务设施，包括图书馆、博物馆、美术馆、科技馆、纪念馆、文化宫、书店、影院等，而农村则缺失这样的服务体系，即使有，与城市也是不可比拟的。以公共图书馆为例，城市通常都建有多座大型的公共图书馆；而农村则只有小型图书室，不仅设施差，存书数量也少，且成旧，适用性、可读性都较差，缺乏良好的学习环境。

4. 城乡居民享有的医疗卫生等基本公共服务利益差别较大

首先是医疗设施条件差别大。改革开放后，农村合作医疗制度被取缔，原本农村为数不多的医疗卫生机构被大量撤销，只得依靠乡村私人医生或赤脚医生，医疗设施缺乏，医疗水平低下，缺医少药成为常态。据 2003 年第三次国家卫生服务调查显示，全国县级以下公共卫生机构只有 1/3 能够维持正常运转。由于 80% 的医疗资源集中在大城市，农村居民看病就医只得涌入城市，从而造成城市医疗卫生资源的紧张。其次是投入不均等。仅 2002 年全国政府投入医疗卫生的总费用中 67.7% 流向了医院，其中 50.5% 流向城市医院，只有 7.3% 流向农村卫生院。政府卫生资源配置的不均衡，造成了城乡公共卫生、基本医疗等条件和水平的不均衡。最后是医疗保障不公平。世界各国的医疗保险制度主要分为五种形式：商业性医疗保险、社会医疗保险、国家医疗保险、储蓄式医疗保险、社区合作医疗保险。我国在医保制度改革中，最先推出国家提供的社会医疗保险，亦称强制性医疗保险，最初仅覆盖了城镇在职人口，未包括退休人员及未在职人员，特别是广大的农村居民更是排除在制度之外。尽管 20 世纪 90 年代提出恢复和重建农村合作医疗，但自 1998 年以来，国家把建立城镇职工基本医疗保险制度作为医保改革的重点之一，究竟如何解决占人口绝大多数的农民的医疗保险问题，没有具体举措。1998 年国家第二次卫生服务调查显示，全国享受公费医疗和劳保医疗的人口不足 15%，但却占用了 65% 的卫生开支。由于经济困难无力支付医药费，37% 的患病农民应就诊而未就诊，65% 的患病农民应住院治疗而未住院[6]。2003 年，国家启动了新型农村合作医疗保险的试点工作，截至 2006 年，全国已有 4.1 亿农民参加了新型农村合作医疗保险，占全国农村总人口的 47.2%。但是该制度设计中的补偿模式存在不少缺陷，导致农民参保积极性不够、基金风险保障不足等问题，特别是城乡居民之间享受医疗保险的公平性较差。

4.2 传统城市化与城乡利益的分化

4.2.1 我国传统城市化道路

世界各国设立城市的标准并不一致，多数国家并不区分城市和城镇，如美国将 1 万人口的居民点都称之为市；联合国的统计标准中，则以 2 万人口的居民点为城市标准。我国在 2014 年以前使用的标准是：2 万~10 万人口为城镇，10 万~20 万人口为小城市，20 万~50 万人口为中等城市，50 万~100 万人口为大城市，100 万以上人口为特大城市。2014 年 11 月，国务院发布了关于调整城市规模标准的通知，新的城市规模划分标准以城区常住人口为统计口径，将城市划分为五类七档，即城区常住人口 50 万以下的城市为小城市，其中 20 万以上 50 万以下的城市为Ⅰ型小城市，20 万以下的城市为Ⅱ型小城市；城区常住人口 50 万以上 100 万以下的城市为中等城市；城区常住人口 100 万以上 500 万以下的城市为大城市，其中 300 万以上 500 万以下的城市为Ⅰ型大城市，100 万以上 300 万以下的城市为Ⅱ型大城市；城区常住人口 500 万以上 1000 万以下的城市为特大城市；城区常住人口 1000 万以上的城市为超大城市。

按照我国《城市规划基本术语标准》，城市化是"人类生产与生活方式由乡村型向城市型转化的历史过程，表现为乡村人口向城市人口转化以及城市不断发展和完善的过程。"新中国成立初期，我国城市人口占全国总人口的比重仅为 10.6%，城市数量只有 136 个。到 1960 年我国的城市化比重提高到 19.76%，城市数量也快速增加到近 200 个。然而，由于受"三年自然灾害"的影响，我国的城市化进入逆行减退时期，中央政府陆续撤销了一批城市，动员近 3000 万城市人口返回农村，到 1965 年，城市人口比重下降为 18%，城市数量总体减少了 30 多个。"文革"时期，不但农村人口很少迁入城市，而且有上千万的城市知识青年和上百万的机关干部流向农村，我国的城市化水平再次持续下降，出现"逆城市化"现象。直到改革开放前,无论是城市人口比重还是城市数量都没有达到1960年的水平。改革开放后,我国城市化发展迎来了前所未有的新机遇,一方面插队知青和下放干部落实政策返回城市;另一方面农村实行家庭联产承包经营后,政府对农村人口束缚土地的强制管理明显放松,农村人口开始向城市流动,城市化进程呈现加速提升的新特征。1980~1995年,我国城市化率从19.35%提高到30%,到2000年达到36.09%;城市数量也从1980年的223个迅速增加到2000年的663个[7]。十六大以来,我国城市化水平进一步提高,2009年城市化率为46.6%,比2000年提高了10.9个百分点。根据美国城市地理学家诺瑟姆(Ray. M. Northam)的城市化发展S曲线(亦称诺瑟姆曲线①)[8],我国城市化开始加速进入前半期向后半期转折的阶段。

在城镇化加速的前半期阶段,即改革开放期间,我国城市化先后走了"离土不离乡""离乡又离土"的发展道路。

"离土不离乡"的城市化,"是以农村非农产业发展为动力,以农村人口小范围、小规模空间集聚为特征,以小城镇发育壮大为实现形式的农村地域转化为城市地域的过程。"[9]由于改革开放初期,我国城市经济发展动力不足,城市就业机会少,城市待业青年逐年增加,但是面对农村日益增长的富余劳动力,为了解决农村剩余劳动力的转移问题,我国在"七五"规划中把发展乡镇企业作为振兴农村经济的必由之路,迅速推动乡镇企业铺天盖地地在广大农村发展起来。"十五"期间,乡镇企业仍然是县域经济的主导力量和国民经济中最具活力的增长点之一。2005年,乡镇企业利润总额达到11200亿元,上缴税金4200亿元,占国内生产总值的近30%、工业增加值的45%、出口的34%。对我国经济的贡献十分突出,乡镇企业的迅速发展,直接推动了大批小城镇的复苏和兴盛,对"离土不离乡"的城市化起到了历史性影响。一方面增强了小城镇的生产功能,使小城镇摆脱了过去孤立地作为农村商业服务中心的地位,成为兼备生产、流通、消费功能的新一级经济增长点,表现出较强的区域辐射带动能力,成为推动农村区域经济繁荣的动力之源;另一方面,乡镇企业的发展不断创造就业机会,成为承载农村剩余劳动力转移的主要载体,推动小城镇人口聚居效益日益强化[10]。在改革开放初期,我国建制镇仅为2176个,到2001年,建制镇数量增加了近10倍,达到20374个。1978~2003年,全国建制镇平均每年增加830个,是同期全国城镇数量增长速度的1.8倍[11]。

"离乡又离土"的城市化,是指20世纪90年代中后期以来,随着城市加快

---

① 诺瑟姆曲线,将城市化进程分为3个阶段:第一阶段:初级阶段。该阶段城市化率小于25%,农业占国民经济绝大比重,且人口分布较散;第二阶段:加速阶段。城市化率大于25%,增长到50%甚至70%,经济社会活动高度集中,第二、三产业增速超过农业,且占GDP比重越来越高,制造业、贸易和服务业的劳动力数量也持续快速增长;第三阶段:成熟阶段。城市化率超过70%以上,但是仍有乡村从事农业生产和非农业来满足城市居民的需求,当城市化率达到80%时,增长开始变得缓慢。

建设，城市产业快速发展，农村劳动力逐渐涌入县城以上的城市务工就业，特别是2003年以来，成都率先推进城乡一体化后，其城镇非农业人口迅速增长，成为城市异军突起的"市民"或"城市农民工"群体。"市民"是由于各地一系列政策推动，有少数农民通过以下途径实现了身份的市民化：一是通过征地"农转非"而实现市民化；二是通过在城市购房入户实现市民化；三是通过投资（纳税）入户实现市民化；四是通过考上大学、研究生等途径实现市民化。当然，绝大部分农民并未成为拥有城市户籍的"市民"，除去一部分冬去春来的候鸟式"两栖人"外，还有相当部分农民户籍身份是农业人口，却长期生活、工作在城市，成为名副其实的以工资为主要收入来源的非农业劳动力，通常称其为"农民工"群体。农民大规模进城务工，对推动工业化、城市化发展起到了积极作用，也急剧改变了城市人口结构特征。据农业部抽样估计，1997~2004年，全国各城市农民工总人数由4461万人增长为1.2亿人。2005年以来，四川外出务工的农民有六成以上选择在成都等省内大中城市就近转移。据成都市第五次和第六次人口普查资料，2010年全市常住人口为1404万人，比2000年的1110万人增加了294万人。其中，居住在城镇的人口为920万人，比2000年增加了318万人，城镇人口比重上升了12.03%，增长的这部分城镇人口主要是成都本地农村居民和外来暂住人口，而外来暂住人口中数量居多的还是农民工。

4.2.2 传统城市化进程中城乡利益冲突的新分化

总体上看，传统城市化发展对推进我国城乡经济社会发展的影响是极为深刻和广泛的，一方面，以乡镇企业为代表的城市经济在广大农村小城镇的扩散，使得城市文明得以向农村渗透，让大量农民转入小城镇从事非农业劳动，使其不仅获得新的收入来源，同时还增长了生产技能，转变了生活方式、思想观念和行为习惯，特别是对GDP增长的贡献率十分显著。过去我国在测算对GDP增长贡献的因素时，主要基于资本、劳动和全要素生产率等因素，其中全要素生产率的贡献主要包括技术进步与体制改进因素。据测算，1978~1998年，仅劳动力从农业向非农产业的转移，对中国GDP增长的贡献率就占到21%，远高于体制改进因素的贡献[12]。另一方面，"离乡又离土"的城市化进程，使大量农民进城务工，给城乡经济社会带来巨大收益。如随着劳动力转移规模的逐年增长，农业劳动生产率提高的内在需求日益增强，农业机械化水平以前所未有的速度提高。据分析，"2001~2008年，外出6个月以上的农民工以年均8.4%的速度增长……与2000年相比，2008年农用机械总动力增加了56.3%，大中型拖拉机配套农具总数增长率为211%。"[13]同时，2001~2006年，农民工每年给城市经济创造1万~2万亿元的GDP增量[14]。然而，传统城市化发展并没有从整体上缩小城乡利益差距，不仅在收入、社会保障、教育及医疗卫生利益方面进一步加剧分化，而且在以下一些重要领域产生了新的冲突，蕴涵了不可避免的矛盾风险。

1. 经济利益的新冲突

理论上讲，无论是农村居民还是城镇居民，同属我国公民，都具有同享祖国和时代一起成长与进步的机会。但事实上，城乡经济始终处于不平衡发展地位，并伴随着城市化进程而呈现加剧分化的态势。一方面，城乡居民收入差距不断加剧分化，据世界银行1997年发布的《共享不断提高的收入》报告中指出，中国20世纪80年代初期反映居民收入差距的基尼系数是0.288，到1995年是0.388，这一数据除了比撒哈拉非洲国家、拉丁美洲国家稍好外，贫富悬殊比发达国家、东亚其他国家和地区以及苏联东欧国家都大。报告指出，全世界还没有一个国家在短短15年内收入差距变化如此之大。"九五"以来，由于城镇化发展中城乡利益分配机制没有真正建立，因而城乡收入分化更加突出，到2006年反映收入差距的基尼系数达到了0.46，城乡差距的扩大并没有从根本上缓解。另一方面，城市化进程中城乡经济利益矛盾转化成城市内部的新矛盾。尽管在制定"十五""十一五"规划时，中央决策层已认识到城镇化进程中失地农民进城带来的一系列问题，然而，在长达十年的发展期间对这一问题的解决并不令人满意。

严格讲，我国传统城市化进程并非是城市发展的过程，而是农民自然融入城市而转变成市民的常规性过程。一方面，大多数"市民化"的农民实际上是因失去家园，被制度安排成"市民"的。1996~2003年，是我国城市化快速扩张和大量占用农民耕地的高潮，耕地面积从19.51亿亩急剧减少到18.51亿亩，平均每年减少1429万亩。"土地财政的高效、蛮横，主要表现在城市及其周边，而城市及其周边土地资源日益枯竭时，地方政府一资本联合而成的推土机，就必然借助各种各样的名义，更加大规模地向农村开去，而正在被快速推进的农村城镇化进程，就是这辆硕大无比的推土机的加速器。"[15]因失去土地被转移到城市的农民，有相当一部分因缺乏谋生手段而成为城市中的"新贫困人口"。据调查，2007年重庆市新贫困群体中，失地农民有57.9%是从最低生活保障金获得收入来源，其次是靠做零工解决部分收入，家庭人均收入为每月121元，有59%的人感觉农转非后生活水平下降[16]。另一方面，尚未"市民化"的农民工，虽然主要收入来源是依靠工资，但因受教育水平和工作技术水平的差异，与同样从事第二、三产业的城市工人比较，其劳动时间在远高于城市工人的情况下，收入却明显低于城市工人。

据2006年调查分析，农民工平均每周的工作时间达到56.6小时，超过劳动法规定的8小时工作制，比城市工人每周工作时间(47.9小时)多了近9小时，但是，农民工平均月工资仅为921元，只相当于城市工人平均月工资(1346元)的

68.4%，而且 80%的农民工月工资在千元以下，甚至有 27%的农民工月工资在 500 元及以下[17]。以上数据折射出传统城市化道路的风险事实，即城市化发展并没有真正解决好城乡二元结构下的城乡利益矛盾，反而转化成城乡利益关系中更加复杂、深刻、棘手的社会新矛盾。

2. 社会利益的新冲突

客观上讲，城乡两种不同地域形态自然存在着二元社会结构，这是人类历史发展的必然产物，如同费孝通先生对城乡分别作出的论述，他在《乡土中国》《江村经济》等一系列著述中用"差序格局"等准确刻画了农耕文明下中国乡村社会的关系本质，并且将小城镇定位于"城乡的结合部"[18]，指出"从地域、人口、经济、环境等因素看，城镇既有与农村社区相异的特点，又与周围的农村保持着不可缺少的联系"[19]；同时强调城乡关系不是单向的，既有"大鱼帮小鱼"，也有"小鱼帮大鱼"，是一个相辅促进的模式[19]。在这一点上西方发达国家从实践路径上亦给予了明确回答。西方发达国家在工业化初期，依然有城乡二元结构，但是并没有城乡二元体制，不存在发展工业化以牺牲农业、农民、农村的利益为代价的情况，所以，这些国家到工业化后期就着力于发展农村经济，以保持城乡的协调发展和社会稳定，至今城与乡仍具有显著不同的经济文化形态。可是，我国改革开放 30 多年来，改革领域还没有真正触动城乡二元体制，在加快城市化进程中，工业和城市演变为先进的代表，始终处于支配和主导的地位；而农业和农村则成了落后的象征，往往处于被支配和依附的地位。在长期的城乡二元体制下，无论是"离土不离乡"还是"离乡又离土"，城市化不但没有缩减城乡差距，反而推动城乡社会结构发生了深刻变化，重构出城乡社会利益分化的新格局，即城乡差别在空间上已经从城乡之间延伸到了同城内部。可以说，城乡社会利益的新结构、新冲突，不仅是费孝通先生未曾预料的，也可能是众多学者难以估计到的一种新的社会表征，究其原因，还是源于城乡二元户籍制度。1958 年《中华人民共和国户口登记条例》建立了中国特有的限制城乡人口迁移的二元户籍制度，从此户籍具有了分割城乡的重要功能，相应地在粮食供应、劳动用工、干部人事、社会保障等方面形成了一系列配套的身份、权利、待遇等二元制度。改革开放后，随着市场在资源配置中的作用越来越强，控制人口流动的相关配套制度均相应发生了重大变化，唯独户籍管理制度没有同步改革，尽管公安部在 1998 年出台的《关于解决当前户口管理工作中几个突出问题的意见》①，在一定程度上解决了少数农民的市民化身份问题，但是没有动摇到二元户籍制度，依

---

① 1998 年 6 月 23 日，公安部颁布《关于解决当前户口管理工作中几个突出问题的意见》，提出在城市投资、兴办实业、购买商品房的公民及随其共同居住的直系亲属，凡在城市有合法固定的住所、合法稳定的职业或者生活来源，已居住一定年限并符合当地政府有关规定的，可准予在该城市落户。

然使得农村到城市的流动人口和劳动力无法迁移户口、改变户口性质，无法享受到与迁移地居民同等的福利待遇，让大量的农民工从"工"到"工人"的身份转变面临巨大困难，长期处于城市边缘的尴尬境地。

1）社会保障待遇制度不公的新冲突

在城乡之间，城镇居民的养老、医疗、失业、工伤等各项基本社会保险种类齐全，启动保障时间早，保障基本水平高。如20世纪90年代初，城镇就已经开始建立居民最低生活保障制度和各种社会救助制度，而农村居民的最低生活保障制度是2007年才开始逐渐实行，且各省区市对城镇居民的最低生活保障每月补助一般在200元以上，而农村则只有50～100元，差距显而易见。可是，随着城市化进程的推进，城乡社会保障的差距在同一城市空间里演绎新的冲突。据国家统计局调查显示，截至2008年，我国城市农民工总量已达到2.25亿人[20]，但由于户口、教育、技能、经验等因素，他们完全不能同城市工人站在同等社会福利层面上，"即使在同样的人力资本、工作状况、就业地点条件下，农民工和城市工人拥有的社会保障有着明显的差异。城市工人享有的养老保险、失业保险和医疗保险报销比例分别是农民工的2.99倍（1∶0.335）、3.22倍（1∶0.311）和1.62倍（1∶0.619）"[17]。

2）住房待遇权利不平等的新冲突

截至目前，农村中的农民依旧与房屋产权无缘，因承包的土地没有产权，宅基地就没有产权，那么对自己花钱建在宅基地上的住房，自然没有产权，所以农民与城市居民不一样，后者无论是继承的房屋还是购买的商品房，都有房产证，可以自主将房屋出售、出租或抵押，而农民则无此权。对于进城务工的农民，因先行的土地制度妨碍了农民工享受城市福利房待遇，加之收入低，在买不起昂贵的商品房困境下，只能居住在恶劣的环境中，"这就是所谓的'两只老鼠'的故事（自己在农村的房屋成了老鼠窝，进城后又过着同老鼠一样的地下室生活）"[21]。农民工聚居区恶劣的生活环境、突出的安全隐患，已经严重影响到城市社会秩序和安全稳定，换言之，农民工住房问题是我国社会转型时期无法绕开的重要问题。

3）农民工子女难享同等教育机会的新冲突

据国家统计局调查资料显示，2004年全国随父母外出务工进入城市的6～14岁义务教育阶段适龄儿童达700万人；四川省为140万人[22]。由于大量农民工子女进城，陡然间使城市的公共教育资源处于紧缺或超负荷状态。尽管2001年国务院在《关于基础教育改革与发展的决定》中决定"以流入地区政府管理为主，以全日制公办中小学为主，采取多种形式，依法保障流动儿童少年接受义务教育的权利。"2003年，国务院办公厅转发了教育部等6部委《关于进一步做好进城务工就业农民子女义务教育工作的意见》，再次强调"两为主"的原则，即"以流入地政府为主，负责农民工子女的教育工作；以全日制公办中小学为主，接受农民工子女入学"，然而，因农民工子女教育问题被制度性的定位于地方层面的解决范畴，由于地方性教育利益的保护，一些优质教育资源往往是城市中少数成员独享的利益，农民工子女根本无法实现共享，即使获得共享机会，也是高成本付出的代价。事实上，农民工子女的教育长期分割在城市教育之外，更多的是"城市中的农村教育"[23]。据调查，2004 年，在成都市上小学的农民工子女年均学费为 2496 元，是农村年均学费(660 元)的 3.8 倍。相当部分农民工子女因就读门槛太高，无奈只有选择处于城乡接合部，设施简陋，师资无保证，收费低廉的民办学校。

3. 文化利益的新冲突

改革开放前，长期实行的二元户籍制度在很大程度上限制了城乡之间人口的大规模自由流动，因而在城乡彼此互不影响和干扰的情况下，城乡之间原本就存在的文化差异并没有成为一种问题。但是，随着"离乡又离土"的城市化进程，2 亿多农村人口从乡村转移到城市，农民工与市民同时生活在一个屋檐下，城乡文化突然交织在一起，不仅给市民带来冲击，而且也给生活在城市中的农民工群体造成了巨大压力。关于这一点，可以从两个角度进行审视。

一是从城市角度看。进入城市的农民工(也包含大量农转非的新市民)，文化程度普遍较低，思想观念和基本素养整体难以达到市民水平，面对城市多元、复杂、现代的文化环境，很难找到自我融入城市生活的切入点，因此，大多数农民工成了"人在城市，心在农村"的身心分离群体或"候鸟"型群体。据调查，有 80% 以上的农民工认为自己没有成为市民，更喜欢在城市过乡村闲散、无拘无束的生活。如部分农民工缺乏公共礼仪意识，在社区大声喧哗、大声呼喊的扰民现象随处可见；不讲究环境美化与卫生，随地乱扔垃圾、烟头，在自家阳台或院落乱堆乱放杂物，把公共绿地围起来养鸡养鸭等现象也比较常见。由于农民工难以更改"乡村"生活习惯，他们精神上对城市缺乏归属感和主人翁意识，加之一些市民对农民工存有歧视偏见甚至刁难，给农民工内心造成较大的不安全感和压力感，至少有 30% 的农民工不希望自己成为市民。这种心态进而转化成与市民之间互不认同、互不体谅的对立与隔阂，隐含着文化冲突带来的社会冲突隐患。课题组通过对网络信息的调查显示，近年来，农民工与市民的摩擦与冲突事件呈现增长态势①。

二是从农村角度看。农村凝聚了中华民族几千年丰富多彩的农耕文化遗产。

---

① 课题组在百度上输入关键词"农民工与市民的摩擦与冲突"，共有 24893 条结果，排除 30% 的重复信息和 5% 的不相关信息，余下的 17000 条信息中，2008 年占 11%，2009 年占 14%，2010 年占 24%，2011 年占 26%，2012 年占 25%。

然而，随着城市化的推进，城市文化中的一些价值观对乡村传统价值观造成了巨大冲击，乡村社会面临其文化失传、失忆的威胁。据调查，走出乡村的进城农民平均年龄为 30 岁左右，其中，16~25 岁的占 28.8%，26~30 岁的占 12.3%，31~40 岁的占 31.4%，41 岁以上的占 27.4%[24]。70%以上的进城农民工的年龄主要集中在 16~40 岁，也就意味着留守农村的主要是老幼群体，"空村"使不少浓郁的乡土文化在传承上缺失了精英群体的参与，文化消退及匮乏现象令人心痛，已经引起了学术界的疾呼。而部分进城农民工因对飞速发展的现代城市心驰神往，一旦挣钱回乡建设时，就不愿保留乡土气息浓郁的乡村文化，硬是一味的模仿城市文化，陷入了"画虎不成反类犬"的尴尬窘局。还有一些地方政府急功近利，发展乡村旅游不是突出乡村的山清水秀、民风民俗，而是盲目照搬城市建设模式，房屋缺乏特色，建设不合时宜的娱乐设施，造成投资浪费，还破坏了当地原有的文化价值。

总而言之，传统城市化道路不仅造成了城乡差距进一步拉大，还使地方政府、农民、市民和资本多方利益博弈中出现了非均衡的制度定格机制，导致弱势群体的利益无法受到公平对待，从而由利益关系引起的社会矛盾和冲突明显增加，为我国城市化带来了巨大风险和压力。

4.3 新型城镇化道路与城乡统筹发展

4.3.1 新型城镇化道路的内涵

按照世界发达国家城市化发展经验，当传统城市化发展产生财富分布空间已经相当不平衡，城乡二元结构系数很高，且城市开发度和工业化程度较高时，必须及时调整城市化战略，即由农村支持城市、农业支持工业的基本格局转移到城市反哺农村、城市支持农村、工业支持农业的新格局。我国在前期传统城市化发展进程中产生了上述诸多城乡利益矛盾，如果不及时加以调整，这些矛盾会阻碍我国城市化健康发展，甚至成为妨碍我国全面建成小康社会、和谐社会目标的重大阻力。因此，我国面临着走一条什么样的城市化道路，以推动城乡关系转向均衡互动发展的选择问题。

自党的十六大提出"新型工业化""走中国特色新型城镇化道路"的战略决策后，"新型城镇化"的概念开始不断出现在国内学术界、媒体及地方政府的报告和领导的讲话中，2010 年十七届五中全会对积极稳妥推进城镇化作出了具体部署，2012 年党的十八大报告正式明确提出了必须坚持走中国特色的"新型城镇化"道路[25]。然而，相对传统城市化，新型城镇化究竟新在何处，如何纠正传统城市化的发展偏差，同时既能顺应世界各国城市化发展的一般规律，又符合中国国情,成为社会的热点问题。

关于新型城镇化的内涵,杨继瑞认为是"走城乡一体化发展路子,增强产业集聚功能,形成结构合理的城市体系,实现集约化和内涵式发展模式,增强城市自主创新能力。"[26]牛文元认为是"实现可持续发展战略目标,坚持实现人口、资源、环境、发展四位一体的互相协调,坚持实现农村与城市的统筹发展和城乡一体化,坚持实现城乡公共服务的均等化,以城乡之间和城际之间财富和分享财富的机会平等为标志,逐步减缓和解消城乡二元结构达到社会和谐的城市化之路。"[27]刘嘉汉和罗蓉从发展权角度指出统筹城乡发展是新型城镇化的思路与办法[28]。马凯站在国家战略层面做出的阐释是"中国特色城镇化道路应当是一条以科学发展观为指导,坚持集约发展、多元形态、三化同步、两手结合、以人为本的新型城镇化道路。"其中"三化同步,就是要坚定不移地走统筹城乡,城镇化、工业化和农业现代化协同推进的城镇化道路"[29]。可见,普遍认同新型城镇化道路的实质是要打破城乡二元利益分割体制,走城乡一体化道路。当然,城乡一体化不是城乡一样化、一律化,而是城市和农村各有不同功能定位,互为资源、互为市场、互补发展、城带乡、乡促城,最终达到城乡经济、社会、文化、生态协调发展的过程。而城乡统筹发展,是实现城乡一体化的主要途径。

4.3.2 新型城镇化道路下城乡统筹发展的战略意义

1. 城乡统筹是新型城镇化道路的必然选择

"无论从联合国的标准看,还是从经合组织的标准看,城镇人口和非农就业比例是区分发达国家和发展中国家的一个很重要、很清晰的界限。"[30]目前,世界上发达国家的城市化率基本在75%~80%,有的甚至更高。尽管目前我国的城镇化率已经超过50%,然而有2亿农民工是"被城市化"的,他们并没有获得与城市居民同等的福利、住房、教育、医疗等公共服务机会,所以,我国真实的城镇化率充其量只有40%。更为特殊的是,我国是一个农业人口大国,即使城镇化率达到50%,农村中还有6亿多农业人口。我国提出到2020年城镇化率达到60%,意味着将有1亿农村人口需要转移。即使未来我国城镇化率为65%~70%,依然有几亿人口生活生产在农村。一方面,大规模转移农村人口需要城镇产业极大发展,建立均等化的公共服务体系,有效解决进城农民的就业、生活和身份转变问题,使之成为真正的市民;另一方面,生活在农村的广大农民需要改善和提高生活质量,要满足农民过上城市人生活的基本愿望。因此,新型城镇化绝不能再是以牺牲农村、农业和农民利益为代价的传统城市化,也不能是经济社会资源由偏向城市配置转为偏向农村,而应该选择城乡统筹发展、城乡协调推进的城镇化之路。

2. 城乡统筹是积极稳妥推进新型城镇化的重要路径

从本质上讲，城镇化是人的城镇化，是农民转化为市民的过程，而并不是简单的农民户籍身份转变的问题。其涉及城乡之间在土地制度、户籍制度、社区制度、教育制度、就业及福利制度、社会保障制度等一系列相关制度上，能否形成一体化体制机制的重要问题，而城乡统筹的本质就是要建立以工促农、以农促工、以城带乡、以乡促城、城乡协调的长效机制，优化各种经济社会资源在城乡间的配置，解除城乡之间的束缚机制，排除人为障碍，为农村人口城镇化打通自由转移的通道，形成地位平等、开放互通、和谐共进的城乡经济社会发展一体化新格局。所以，推进城乡统筹是加快新型城镇化的重要路径。

3. 城乡统筹是新型城镇化健康发展的动力

城乡统筹的空间重点是小城镇和新农村建设，小城镇又是我国新型城镇化发展的基点。小城镇与农村有着密切的空间联系，小城镇可以为农村提供集中的市场、便捷的服务，能够带动农村产业发展，具有集聚、辐射和带动作用。小城镇是乡镇企业的集中地，有利于吸纳农村富余劳动力就近转移，降低农民转市民的成本负担。小城镇发展对农产品需求的不断扩大，有利于推动农业产业化、农业特色化、农业现代化进程，增加农民收入、改变农村面貌，带动农村经济社会的快速发展。反之，农村的发展有利于夯实小城镇发展基础，有利于推动农民的文明生活方式，有利于促进高素质的农民流向大中城市，从而加快城镇化进程。

总体而言，我国最大的发展差距仍然是城乡差距，最大的结构性问题仍然是城乡二元结构。为了消除城乡二元结构，实现城乡一体，根本解决城镇化进程中的"三农"利益问题，国家将把城乡统筹作为长期性的战略方针。自 2002 年十六大提出"统筹城乡经济社会发展，建设现代农业，发展农村经济，增加农民收入，是全面建设小康社会的重大任务"之后，2003 年 10 月，十六届三中全会把统筹城乡发展作为科学发展观的重要组成部分，摆在"五个统筹"之首，提升到了国家战略层面。2007 年，十七大继续明确将"统筹城乡发展，推进社会主义新农村建设"作为促进国民经济又好又快发展的八项任务之一。2012 年，十八大把坚持走中国特色新型城镇化道路，统筹城乡经济社会协调发展放在更加突出、更加重要的位置，清晰地表明我国政府下大力推动城乡一体化的决心和信心。然而与 2001 年诺贝尔经济奖获奖者、美国经济学家斯蒂格列茨所认为的新世纪对于中国最大的挑战就是城市化一样，我国推进新型城镇化，要让千万世代勤耕陇亩的农民过上像城里人一样的生活，面临诸多困难和压力，需要勇于探索、改革实践，国家建立统筹城乡综合改革试验区成为开辟扭转城乡差距的开山之路。

参 考 文 献

[1] 中共中央马克思恩格斯列宁斯大林著作编译局. 马克思恩格斯全集(第1卷)[M]. 北京：人民出版社，2006.
[2] 毛泽东著作选读编辑委员会. 毛泽东著作选读(下册)[M]. 北京：人民出版社，1987.
[3] 易炼红. 我国城乡利益关系格局及其调整[J]. 贵州社会科学，1992，(6)：1-5.
[4] 何海兵. 当代中国社会利益分化研究综述[J]. 理论参考，2005，4(3)：65-68.
[5] 路甬祥. 全国人大常委会执法检查组关于检查《中华人民共和国义务教育法》实施情况的报告——2007年6月28日在第十届全国人民代表大会常务委员会第二十八次会议上[R]. 北京，2007.
[6] 单纯刚. 叩问九亿农民的健康——吉陕豫三省农村医疗困境调查[J]. 中国改革：农村版，2003，(6)：9-12.
[7] 李文. 近半个世纪以来中国城市化进程的总结与评价[J]. 当代中国史研究，2002，9(5)：41-50.
[8] 陈明星，叶超，周义. 城市化速度曲线及其政策启示——对诺瑟姆曲线的讨论与发展[J]. 地理研究，2011，30(8)：1499-1507.
[9] 张泉，王晖，陈浩东，等. 城乡统筹下的乡村重构[M]. 北京：中国建筑工业出版社，2006.
[10] 郭晓鸣. 论中国乡镇企业发展与农村城市化道路选择[J]. 当代经济科学，1992，(5)：72-76.
[11] 张泉，王晖，陈浩东，等. 城乡统筹下的乡村重构[M]. 北京：中国建筑工业出版社，2006.
[12] 蔡昉，王美艳. 中国经济增长究竟有多快？[J]. 国际经济评论，2002，(5)：15-18.
[13] 蔡昉. 城市化与农民工的贡献——后危机时期中国经济增长潜力的思考[J]. 中国人口科学，2010，(1)：2-10.
[14] 国务院研究室课题组. 中国农民工调研报告[M]. 北京：中国言实出版社，2006.
[15] 姚新勇. 加速农村城市化：风险高于机遇[J]. 探索与争鸣，2011，(2)：24-26.
[16] 吴正俊，俞萍. 重庆城市新贫困群体收入现状调查分析[J]. 天府新论，2007，(6)：57-61.
[17] 李培林，李炜. 农民工在中国转型中的经济地位和社会态度[J]. 社会学研究，2007，(3)：1-17.
[18] 费孝通. 费孝通集[M]. 北京：中国社会科学出版社，2005.
[19] 费孝通. 费孝通论小城镇建设[M]. 北京：群言出版社，2000.
[20] 人力资源和社会保障部，国家统计局. 2008年度人力资源和社会保障事业发展统计公报[R]，2009.
[21] 程志强，潘晨光. 中国城乡统筹发展报告(2011)[M]. 北京：社会科学文献出版社，2011.
[22] 四川省农村社会经济调查队. 教育公平：构建和谐社会的基础——四川省农民工子女教育问题的调查[J]. 调研世界，2005，(12)：32-35.
[23] 曲正伟，周小虎. 农民工子女教育"问题"：基于公民身缺失的原因[J]. 教育科学，2008，(4)：34-38.
[24] 简新华，黄琨. 中国农民工最新情况调查报告[J]. 中国人口·资源与环境，2007，(6)：

1-6.

[25] 胡锦涛. 坚定不移沿着中国特色社会主义道路前进为全面建设小康社会而奋斗[M]. 北京：人民出版社，2012.

[26] 杨继瑞. 中国新型城市化道路的探索与思考[J]. 高校理论战线，2006，(11)：32-35.

[27] 牛文元. 中国新型城市化战略的设计要点[J]. 科技促进发展，2009，24(1)：130-137.

[28] 刘嘉汉，罗蓉. 以发展权为核心的新型城镇化道路研究[J]. 经济学家，2011，(5)：82-88.

[29] 马凯. 转变城镇化发展方式 提高城镇化发展质量走出一条中国特色城镇化道路[J]. 国家行政学院学报，2012，(5)：4-12.

[30] 李克强. 协调推进城镇化是实现现代化的重大战略选择[J]. 行政管理改革，2012，(11)：4-10.

第 5 章　城乡统筹利益均衡机制的生成动力

从本质上讲，均衡是矛盾运动暂时的相对统一，或者说是相反力量所形成的均势。均衡是一种理想状态，当一个系统达到均衡，此时系统处于相对稳定阶段，系统的能量最大、发挥最好。同样，统筹城乡利益均衡必将给社会带来最大利益。但非均衡却又表现为常态，事物总是处在不断克服非均衡，努力实现均衡和更替上升的发展过程。

随着我国市场经济的发展，我国进入了体制转轨、经济社会转型的关键时期，面临城乡之间的非均衡利益分割，建立和完善统筹城乡利益均衡机制，实现社会各群体的利益均衡，已成为当前改革发展的紧迫任务。

5.1　城乡统筹的基本原则

城乡统筹主要基于以下原则：

1. 坚持以人为本原则

统筹城乡发展是中央提出的"五个统筹"之首，其根本目的是站在最广大人民群众利益的立场上，以人民群众为发展之本。统筹城乡发展就是要坚持以人为本，树立全面、协调、可持续的科学发展观。以人为本是科学发展观的本质和核心，统筹城乡发展归根结底都要着眼于人，着眼于满足城乡人民日益增长的物质和精神需求。我国在推进统筹城乡发展中必须坚持以人为本的理念，一切从最广大人民群众的切身利益出发，以发展为第一要务，不断缩小城乡差距，扩大公共产品覆盖面，逐步打破城乡二元结构，多渠道增加农民收入，协调好统筹城乡发展中各种利益关系，最终实现共同富裕。

2. 坚持多元化发展原则

城乡统筹发展涉及"城"与"乡"，但"城"有强弱之分，"乡"也有贫富之别。城乡对比关系的多样性意味着城乡统筹发展不可能只有一种模式，而是会呈现出多元化的统筹发展模式，不仅全国层面是这样，就是一个特定的城市及其辖区的农村之间的统筹，也会出现多元化的特点。譬如，在多数大城市的辖区内，都包含着三种类型的农村：偏远而贫困的农村、城郊及其附近的富裕农村和介于两者之间的普通农村。其中，城市近郊的农村，由于土地的升值空间很大，一些村民仅仅通过转让土地，就过上了"食有鱼，出有车"的好日子，其生活水准早已超过不少城市居民。这类农村居民对于城乡统筹的期望，与偏远地区的农村居民相比，实质上存在着相当大的差距。此外，即使同为偏远的农村，有无矿藏、森林等自然资源，也会使不同的村民做出不同的选择。这些错综复杂的情况，都会加剧城乡统筹模式的多元化。

3. 坚持效率和公平兼顾原则

评判我国城乡发展是否协调，不仅是一个经济问题或单纯的效率问题，而且还涉及公平问题。试图避开效率和公平问题来解决统筹城乡发展问题是不可能的。对效率和公平关系的不同认识，会导致在统筹城乡发展问题上存在原则性差别。真正的效率与公平是统一的，统筹城乡发展必须坚持效率与公平兼顾、对等的原则。鉴于我国城乡关系失调主要表现为城乡差距过大、农村和农民处于受损害地位的情况，统筹城乡发展的对策主要集中在按平等要求，促进农村经济发展及提高农民的政治、经济、文化地位，以城乡的平等发展来促进城乡共同发展和社会整体效率提高，加速推进我国的现代化进程。任何以追求效率为借口忽视农村、农业发展的观点都是错误的，最终必将导致整体效率的降低。

4. 坚持政府主导原则

统筹城乡发展是一个牵动全局的系统工程，涉及思想观念的更新和政策措施的创新，也涉及经济发展机制和增长方式的转变。要达到预期目标，就必须发挥政府的主导作用和调控职能，但不是说政府把什么都"统"起来，也不是要干预生产经营者的生产经营活动；而是指在市场配置资源起基础性作用的条件下，政府为市场机制的运行提供制度和政策空间，对城乡协调发展中的制度性障碍进行改革和创新，维护公众利益，实现以人为本的发展理念。根据一般规律，一个国家在走向现代化的进程中，城乡差距会由小到大，再由大到小。在社会经济发展中，合理的城乡、产业差距有助于刺激、拉动梯度发展和产业升级，但过大的差距却会导致城乡资源和市场的正常梯级传递链断裂，产业间互相支持的效应丧失，市场作用失灵。而在纯粹由市场配置资源的条件下，城乡差距自动缩小的过程相当漫长。发达国家的发展历程表明，政府的适度干预对加快缩小城乡差距是必要的。因此，缩小我国城乡差距不能单靠市场自发的力量，而必须通过政府的宏观调控，积极创造条件使城乡差距由大到小的"拐点"提前到来。这就要求各级政府，在考虑城市和农村的发展方面，在考虑工业和农业的发展方面，在考虑市民和农民的利益方面，能够做到城乡统筹。从这个角度看，统筹城乡发展思想的提出，主要是希望政府能够转变观念和行为，进而改变体制。

5. 坚持市场机制基础性作用原则

统筹城乡发展，是在完善社会主义市场经济体制下提出的，必须更大程度地发挥市场机制在资源配置中的基础性作用。市场机制作为配置资源的一种手段，通过市场参数体系确定的利益关系来引导生产者、投资者和消费者的行为。市场机制发挥作用的过程，就是突破狭小封闭的生产方式、打破城乡之间的市场藩篱的过程，就是促进城乡经济活动成为开放式、社会化活动的过程，也是城乡资金、劳动力、人才、技术、信息等资源要素充分流动、高度整合的过程。以市场机制为基本手段，不仅是市场经济体制健全完善的本质规定，也是统筹城乡发展的客观要求。

6. 坚持因地制宜原则

统筹城乡发展是一个长期的过程，不可能一蹴而就，并且由于不同地区的地理、人文和发展阶段的差异，在统筹城乡发展上面临的基础和问题不同，这就要求实事求是地认识和分析客观实际，因地制宜，把握好本区域统筹城乡发展的主要矛盾，确立正确的方向，科学地安排统筹城乡发展的政策、措施和方法。

7. 坚持全面统一协调发展原则

统筹城乡发展涉及政治、经济、社会的方方面面，不仅要调整城乡的产业结构和经济结构，还要调整国民收入的分配结构和全社会的利益结构；不仅要统一城乡居民的经济权利，还要统一城乡居民的民主政治权利；不仅要改变城乡二元结构，还要变革整个社会的管理结构；不仅要改造经济基础和生产力布局，还要改造上层建筑和生产关系。因此，必须坚持全面性的原则。统筹城乡发展必然要对工农关系、城乡关系及国家宏观发展战略进行调整，各项措施之间相互联系、相互制约，必须坚持统一性原则。此外，统筹城乡发展，需要全社会各部门、各利益群体、各社会阶层的协调配合，因此必须坚持协调性的原则。

8. 坚持渐进性发展原则

城乡统筹发展的实质，是缩小城乡在经济社会发展水平上的差距。要实现这个目标，既要增加农村居民的经济收入，也要提高农村居民的文化素养，同时还需要更好地保障农村居民的政治权利。这一系列的发展，既是一个逐渐展开不断深化的过程，也是一个蜿蜒曲折的过程，甚至还可能"进两步，退一步"。换言之，在短期内，城乡之间的"统筹发展过程"难以抵达它的终点。对于各级政府来说，无论心情有多迫切，若想指望"实施几个工程"，就"毕其功于一役"，无论如何都是不现实的。因此，在推进城乡统筹发展的过程中，不宜沿袭过去"运动式"或"大跃进式"的发展模式与工作思路。相反，有必要坚持渐进发展的原则，追求点点滴滴的进步，稳健地、逐渐地弥合城乡之间越拉越大的"裂痕"。

9. 坚持动态性发展原则

统筹城乡经济社会发展，是一个动态的过程，需经过较长时间在逐步缩小城乡差别的基础上实现。我国的城乡差别大，不仅表现在城乡经济收入差距悬殊，还表现在生活环境、生活方式、生活质量、政策待遇、文化教育、观念形态等方面的差异，要消灭这种差别，必须随着经济的发展逐步推进，不可能一蹴而就。因此，在推进城乡统筹发展时必须立足于本国、本地的实际，实行多层次的动态性发展战略，在逐步缩小城乡差别的基础上逐步消灭城乡差别，实现城乡一体化。

10. 坚持生态文明原则

党的十七大报告指出："要建设生态文明，基本形成节约能源资源和保护生态环境的产业结构、增长方式、消费模式。"这是我党在全面建设小康社会奋斗目标的新要求中第一次明确提出了建设生态文明的目标。改革开放以来，党中央、国务院采取一系列政策措施，有力地促进了城乡生态建设和环境保护事业的发展。但是，由于自然、历史和认识等方面的原因，我国在取得巨大发展成绩的同时，也造成了严重的环境污染和生态破坏，目前农村的生态环境问题应引起高度的重视，不能再走过去"先污染、后治理"的老路，在实施统筹城乡发展战略时，必须坚持生态文明的原则，促进城乡政治、经济、文化和生态环境的全面协调可持续发展。

5.2　我国城乡统筹发展的主要障碍

城乡统筹发展是党中央科学把握世界各国现代化发展的一般规律，在深刻总结新中国成立以来，特别是改革开放后我党处理城乡关系问题的经验教训的基础上做出的重大战略决策，对落实科学发展观、解决"三农"问题、实现城乡利益均衡、推动城乡共同繁荣、实现全面建成小康社会的奋斗目标等，具有十分重要的理论和实践意义。然而，城乡统筹内涵十分丰富，涉及面广，是一项复杂的系统工程，在实施中面临着诸多障碍。

1. 城乡二元经济体制的障碍

新中国成立至改革开放前，我国一直实行"城乡分治"的二元经济体制。改革开放初期，我国经济体制改革的重点是推进农村家庭联产承包责任制，让农场释放出巨大活力。20世纪80年代中期以后，我国把经济体制改革的重心由农村转到城市，城市经济体制和宏观经济体制改革进程加快，并取得明显效果，而农村的改革国家从宏观上重视不够，事关"三农"问题方面的改革滞后于农业、农村经济发展的需要。1980年以来我国国民经济两大部类中产出与劳动力分布严重不对称，创造国民财富不到25%的农业部门承载了全社会50%以上的就业，而农业与非农业部门生产率差距逐年拉大，农业部门生产率的低下和大量就业人员的沉淀，导致了城乡差距的拉大和二元结构强度的深化。1980年农业GDP比重为30.1%，农业从业人员比重为68.7%，农业GDP相对生产率为0.44，非农业GDP比重为69.1%，非农业从业人员比重为31.3%，非农业GDP相对生产率为2.23，二元结构强度为5.07；虽然期间二元结构强度有所下降，然而到2005年农业GDP比重为12.4%，农业从业人员比重为44.8%，农业GDP相对生产率为0.27，非农业GDP比重为87.6%，非农业从业人员比重为55.2%，非农业GDP相对生产率为1.59，二元结构强度为5.88。[①] 近年来，虽然有所改善，但还是没有从根本上完全消除城乡二元经济体制的矛盾和障碍。

2. 城乡居民利益不均的障碍

长期以来，城乡居民所处的不平等地位，直接或间接源于不平等的体制和制度。体制上的不平等，如城乡实行不平等的劳动就业体制、社会保障体制等，使广大农民享受不到平等的待遇，即使是进城务工多年的农民，也仍处于城市边缘状态。制度上的不平等，最典型的莫过于我国的户籍制度，导致了农民与城镇居民天生不平等，使广大农民长期处于城市边缘状态。又如农村的金融机构基本上是城市金融机构的下属和派出机构，不具有独立性，农村金融资金大部分被转移到城市，这种城乡不统一的财税金融制度，使农民承担了过多的负担和责任，而没有享受到应有的权益，扩大了城乡差距。土地征用制度落后，农民的土地权益得不到充分体现，集体所有的土地既不能进入一级市场，也不能进入二级市场，造成大量农民失地、失业又失利。农村居民享受不到城市居民的待遇和利益，这与广大农民对社会做出的重大贡献不相称，也与社会主义公正原则、市场经济的平等原则相矛盾。

3. 城乡经济结构不合理的障碍

当前我国经济存在的许多问题和困难，都与城乡经济结构不合理有关。如在产业结构上，这几年工农业增长出现了失衡现象，工业超高速增长，发展速度十

---

① 数据来源：根据《中国统计年鉴》和《中国劳动和社会保障统计公报》进行整理。

分迅猛，但农业增长乏力，发展远远跟不上工业，结果导致城乡产业结构变动不合理的现状。又如在城乡空间结构上，城乡空间结构是点（城镇等点状设施）、线（交通等线状设施）构成的拓扑结构，科学合理的大中小城市和小城镇建设，通畅、便捷的城乡交通网络连接，对城乡统筹发展至关重要。但目前城乡空间结构不科学、不平衡的状况还未从根本上扭转。城镇的空间结构在东中西部地区布局不合理，大中小城市和小城镇发展不协调，不少地方存在城镇布局和建设各自为政，离而不群的状态。此外还出现了城乡技术结构、分配结构、价格结构等方面的矛盾，影响了城乡经济社会的协调，给新型城乡关系的发展和完善带来了巨大障碍。

4. 城乡资源配置失衡的障碍

城乡统筹发展，有赖于城乡资源的合理流动和有效配置。在我国市场化改革不断深入，城乡社区更加开放的态势下，市场在城乡资源配置中的基础性作用不断强化，城乡资源流速加快，流动规模不断扩大。由于我国农业是个弱质产业，风险大、比较效益差、资金回报率低，因此城市资源要素缺乏向农村流动的内在动力，农村资源要素受市场利益机制的驱动，争相外流，向城市集聚，包括农村的一些优质资源流失现象十分严重。随着我国工业化和城市化进程的加快，农村资源要素加速向城市流动，比如大量的土地资源用低廉的价格，以公益性和非公益性的形式被强制征收用于工业或城市建设，数以千亿计的资金通过金融系统以只存不贷或多存少贷的形式从农村流向城市。又如20世纪90年代以来，全国共建国家级开发区、省级开发区以及省级以下开发区6000多个，占地面积高达3.6万平方公里。按每减少一亩耕地有1.5个农民失业计算，因开发区占地使农民丧失就业机会多达8100万个。当土地、资金等要素向城市快速流动时，如果农村剩余劳动力向城市转移快于或者能与这些要素流出保持同等速度，则农村人口与资源、财富的占有关系要么得到改善，要么保持不变。实际情况恰恰相反，在土地、资金大量流出的同时，农业、农村的剩余劳动力向城市转移受到了结构和制度两方面的限制，一方面是工业乃至非农产业的结构升级，用资本和技术大量替代劳动力，使得非农产业产值增长远远快于劳动就业的增长，由此造成农村剩余劳动力进入非农产业领域就业难；另一方面是受城乡二元结构体制约束，我国的城市是"关住城门"搞城市化和现代化，把大量的土地、资本吸进"城池"，却将大量的农民排斥在城市化之外。当农村人口向非农产业和城市转移受阻后，农村人口与土地、资本、技术等资源的占有关系就会恶化，财富分配矛盾也越来越尖锐。

5. 城乡公共基础设施供给严重失衡的障碍

基础设施是城乡赖以存在和发展的重要基础条件，是国民经济运行不可缺少的重要组成部分。在城乡二元体制影响下，我国城乡之间基础设施的建设投资情况差距较大，对城乡统筹发展是明显制约障碍。尽管近二十年来农村的基础设施得到了明显改善，但是相较于城市，国家财政资金对农村基础设施建设的投资仍偏少。据统计，1990~2008年，扣除物价上涨因素，全国城市市政公用设施固定资产实际投资额增长较为显著，从1990年的121.3亿元增加到2008年的2925.05亿元，年均增速为20.09%。其中，2000~2008年城市道路里程年均增速为6.18%，城市道路面积年均增速为8.28%。而从1990~2008年，全国乡级道路里程、桥梁实物存量却呈下降态势，从村庄来看，村庄公用设施投入平均增速为24.7%，但是村庄道路里程却下降，平均增速为-0.73%。[1] 又如1998~2002年国家连续发行国债6600多亿元，其中用于农业和农村的资金只有1897亿元，仅占28.7%。[2] 且这些投资大部分用于大江大河治理、生态环境建设等大型项目，与农民密切相关的中小型基础设施的投入则很有限，难以直接让农民受益。从水利设施看，虽然近十年，国家在乡村基础设施建设上投入的力度相当大，基本实现电力、电信、公路、广电村村通、全覆盖的状况，但是农村集中供水设施还很缺乏，覆盖率仅有58%左右，尚有1亿多农村人口存在饮水不安全问题。很显然，我国城乡基础设施建设和资金投入呈现明显的二元特征。

5.3 统筹城乡发展的基本路径

我国幅员辽阔，各地情况千差万别，因此统筹城乡发展必须从实际出发，从解决当前的突出矛盾和问题入手，在强化基础、抓住关键、加大投入上下功夫。

5.3.1 创新城乡统筹发展规划思路

统筹城乡的协调发展，头绪多、任务重，实际工作中，统筹城乡规划，要破除厚城薄乡、二元结构的旧观念，树立城乡并重、城乡一体的新理念，实现城乡空间布局一体化。重点包括以下四个方面：

(1) 统筹规划城乡用地。对城乡所有建设用地和非建设用地进行统一的区划和布局，并着重加强村镇的规划和整理。

(2) 统筹城乡基础设施建设规划。加快城市基础设施向农村延伸，着力建设城乡一体的"路网""水网""气网""电网""信息网""生态网"。

(3) 统筹城乡交通体系规划。其中，重点要搞好公路、水运及铁路网络规划。

(4) 统筹城乡产业规划。引导形成城乡互动的、合理的产业空间布局。对能沟通城乡、联结工农、对双边经济具有联动效应的相关产业，如农区畜牧业、农产品物流业、农用生产资料生产产业、食品加工业、农业科学技术创新研究产业等，政府应制定相关政策，从资金、技术和管理服务上扶持其发展。对面向城乡关联产业的投资者，政府可采取减免税收等优惠措施予以鼓励。政府还应尽快打破现有的城乡分离的组织结构，废除现有的阻碍城乡产业连接的组织模式，建立起能促进农业产业化和现代化城市产业融合的新型组织运行机制。

5.3.2 大力发展现代农业

现代农业是继原始农业、传统农业之后的一个农业发展新阶段。实现统筹城乡发展要有坚实的产业基础，而基础就在于夯实农村经济，大力解放和加快发展农村生产力。而农村生产力的发展，核心是现代农业的发展。

1. 树立现代农业的新观念

现代农业相对于传统农业的变革，既包括农业的增长方式，又包括农业的经营方式；既涉及农村第一、第二、第三产业的布局与发展，又涉及农村社会的方方面面。因此要取得新阶段现代农业发展的主动权，就必须革除传统农业的旧观念，树立现代农业的新观念。用科学发展观统领农业和农村经济社会发展全局，加快推进现代农业建设的进程。

2. 从实际出发、科学规划、协调发展

发展现代农业，要从实际出发，抓好试点示范，有步骤、有计划、有重点地逐步推进；要以提高粮食等农产品的供给能力，促进农民收入持续增加，改善生态环境，促进城乡协调可持续发展作为出发点；引导农民认识现代农业建设的长期性、艰巨性和复杂性，增强其建设新农村的自觉性、主动性和创造性；要科学规划，把握规律，合理布局，第一、第二、第三产业协调发展；要加快形成"以城带乡、以乡促城"的城乡良性互动、协调发展的新格局。

3. 加大对现代农业的投入力度

加大对现代农业的投入力度，逐步建立农业基础设施建设的投入机制，遵循"谁投资，谁受益，谁承担风险"的原则，发挥各级政府的主体地位，积极扩大投融资市场，要始终坚持以市场机制为主的投入机制，积极调动农民、个体、集体、私营经济和外资企业投入现代农业建设的积极性。

4. 培养社会主义新型知识化农民，实现农民生产、生活方式现代化

发展现代农业，统筹城乡发展，建设社会主义新农村，离不开培育和造就新型知识化农民。应按照"培养有文化、懂技术、会经营的新型知识化农民"的要求，加大对农民的培训力度，通过发展农村教育事业，活跃农村文化体育活动，加强农村精神文明建设，完善农民职业技能培训教育等措施，依托产业发展对农民进行农业实用技术培训，使他们能掌握机械、电气、计算机等先进技术装备，懂得市场经济和经营管理，使适龄农民具有较高的科学文化素质和较强的就业、创业、创新能力。实现农民生产、生活方式现代化。

5. 要素投入集约化、资源配置市场化

现代农业注重集约投入生产要素，应提高生产要素的配置效率。现代农业坚持以市场需求为导向，调整农业结构和生产布局，健全农产品现代流通体系，提高农产品市场占有率。要通过增加资本投入、应用现代科技和装备、适度集中土地等生产要素和强化组织管理来提高农业的效益和农民收入，要加强具有充满活力的市场主体和完善的市场体系的建设，发挥市场机制对农业资源配置的主导作用。逐步实现农业要素投入集约化、资源配置市场化。

6. 改善现代农业装备的物质条件，实现现代农业生产手段的科技化

现代农业的发展过程，实质上是先进科学技术在农业领域广泛应用的过程，是用现代科技及装备改造传统农业的过程，是用现代农业科技知识培养和造就新型农民的过程。当前我国现代农业建设的关键是增强农业自主创新能力，降低农业资源消耗，提高农业生产率，走出一条可持续发展的现代农业发展道路。在现代农业中，要在生产、加工、运销等环节采用先进的科学技术，要改善现代农业装备的物质条件，实现农业生产手段科技化，建立以科学技术为强大支柱的现代农业体系，增强农业科技创新能力，加大开发具有自主知识产权的品种和技术研发力度，培育优质、高产适用品种，加强科技综合实验示范基地建设，提高农业科技成果转化率、商品率和贡献率，使科技进入产业链的各环节；依靠科技优先发展先进、适用的关键技术，如：绿色耕种技术、节水灌溉技术、配方施肥技术、病虫害综合防治技术、农林牧品种遗传改良技术、"绿色"化肥、农业生产技术及其他现代高科技农用技术等，总结推广各种类型的生态农业发展技术模式，如：模拟自然生态系统形态结构而设计的农业立体种植、养殖技术；利用太阳能、风能、水能、地热能等技术。

5.3.3 大力协调推进工业化

由于我国初次工业化阶段实施的是片面工业化战略，致使工农业比例严重失调，加之其严格的户籍管理制度等，使农民被排除在工业化过程中，而农村又严禁非农业发展，使工业几乎也排除在农村发展之外，所以"农村农业、城市工业"的二元格局十分突出,而"重工轻农""重城轻乡"的体制和政策又强化了城乡二元结构。可见,大力协调推进工业化是城乡经济统筹发展的内在要求。这种统筹城乡协调推进的工业化不是传统的、狭义的工业化,而是广义的工业化,既包括工业本身的发展和技术水平的进一步提高,也包括实现农业的现代化,以及由于技术进步和第三产业发展所引起的产业结构和就业结构的深刻变化。这种工业化就是"化"传统农业为现代农业、"化"农业社会为工业社会、"化"农民为市民的过程,是二元经济结构向现代经济结构转变的过程。

1. 进行合理的城乡工业分工与协作

(1)针对城乡工业各自相对封闭运行、重复建设、产业同构、资源浪费、低水平竞争的状况,制定城乡工业发展规划,实行合理分工与协作。

(2)打破自成体系的布局,搞好城乡分工和协作。城乡工业具有各自的比较优势和特点,应鼓励两种工业在一种体制、一种产业政策下,在统一市场中,根据各自的资源、技术、经济条件,选择各自具有相对优势的部门和产品进行开发、生产,建立城乡工业合理的部门结构和产品结构,按照利益共享、风险共担的原则,采取各种途径和步骤,促进城乡工业联合,组建企业集团,增强企业竞争力,形成利益共同体。

(3)要特别注重发展城乡关联产业,打造城与乡、工与农之间的产业链,通过农业产业化的纵向分工,完成城与乡、工与农之间双向的产业延伸。要在政策上正确引导城乡工业的合理分工与协作:乡镇企业以发展劳动密集型产业、农产品加工业和农村服务业为重点;城市工业以发展高新技术产业、为都市服务的工业和第三产业为主,要把大部分劳动密集型工业、农产品加工业向县和县以下小城镇转移,并积极引导工商资本、外商资本进军农村,加深城乡工业的关联度。

(4)农村工业要适应走新型工业化道路的要求,从实际出发,正确处理好发展高新技术产业和传统产业、资金技术密集型产业和劳动密集型产业、虚拟经济和实体经济的关系,推进产业结构优化升级。重视发挥信息化对工业化的带动作用、高技术对产业发展和结构升级的导向作用。

(5)要基于综合比较优势、竞争优势和可持续发展的要求,促进城乡产业分工的深化,发挥城市产业结构升级对农村工业战略性结构调整的辐射带动作用。

2. 依托小城镇实现农村工业化

小城镇是农村工业化的空间载体和依托。产业结构的演进需要小城镇作产业多层次布局的空间。小城镇在产业转移的过程中,一方面在经济竞争中以"补隙"的作用补充大城市产业的市场空隙;另一方面也在产业转移的过程中,为大城市的劳动密集型产业转移腾出空间,跟进、接替大城市的产业转移。无论是城市工业产业链向农村延伸,还是农业产业链向城市延伸,其最佳交汇点都是小城镇。实现农村工业化,要利用小城镇连接城乡的区位优势,促进农村生产要素的优化配置,形成三产联动、城乡要素合理流动的产业格局,推进三大产业的协调发展,为加速农村工业化提供产业支撑和动力源。

3. 加强对农村工业发展的政策扶持

在工业化战略和经济技术政策的选择上,要充分利用我国人力资源丰富特别是农村人力资源丰富的优势,发挥劳动密集型产业和资本技术密集型产业中的劳动密集生产环节的竞争优势;通过对农村工业发展政策的扶持,积极促进乡镇企业体制创新、技术进步、结构调整和发展模式转型的良性互动,加快乡镇企业走新型工业化道路和融入现代工业体系的步伐,要以促进产业集聚和产业基地的成长为重点,积极实现乡镇企业发展思路的根本性转变,为统筹城乡发展培育新的生长点。在法律和国家产业政策的规制下,鼓励有条件的农民创业办厂,既可以在农村办,也可以到城市办,取消各种歧视性的准入限制。

5.3.4 加快农村城镇化步伐

农村城镇化是指农村或农村地域的城市化过程,其实质是在以农村和农业人口为主的广大农村地区,通过发展小城镇和非农产业,推动向城镇集中,使区域城镇人口的比重逐步上升,并将城市文明和城市生活方式扩散到广大农村地区的过程。一般而言,城镇化水平是一个国家文明发达和社会进步程度的重要标志。当今世界的发达国家无一不是高度城镇化的社会。当前我国面临城镇化水平较低的现状,统筹城乡发展要求加快城镇化步伐。

1. 因势利导,科学规划

搞好农村城镇化的长远发展规划是一项错综复杂的系统工程,要根据当地农村经营条件和产业集聚发展的态势,因势利导,坚持经济建设、城乡建设、生态环境建设同步规划、同步实施、同步发展的方针,合理布置生产、生活、生态空间,合理布置教育、医疗、文化等服务设施,并与城镇外部的基础设施、生态环境、交通道路、产业园区、水利设施等专项规划相衔接。特别要充分考虑到农村城镇化可能产生的环境影响,进行环境影响评价和必要的环境风险评估,通过科学的评价、预测,提出环境保护对策措施。此外,还应充分总结国内外在城镇化过程中的成功经验和失败教训,全面落实科学发展观,注意发挥后发优势,高起点、高标准、高质量搞好农村城镇化的长远发展规划。

2. 加强领导，因地制宜，有计划有步骤地推进城镇化发展

农村城镇化是一场深刻的社会大变革，它不仅面对社会传统的挑战，而且涉及社会各领域，是一个极其复杂、极其艰难的系统工程。为使城镇化健康、快速地发展，必须加强对城镇化工作的领导，设立农村城镇化工作专门机构；搞好城镇建设试点工作，防止"一刀切"和"一哄而上"，各地必须要先搞好试点工作，取得经验，以点带面，逐步完善；要按照比较优势的原则，因地制宜，根据不同区位、资源条件、人口规模和经济发展水平，把发展大中小城市与有重点的发展城镇有机结合起来，促进由现有乡、镇到城镇的转变。

3. 加速发展产业集群

产业集群可为城镇的经济集聚提供动力和实现方式，在城镇经济发展中可发挥非常重要的作用。产业集群通过发挥集聚经济和竞争优势降低了产业集群的平均成本和产业集群中单个企业的平均成本，使产业集群所在区域的无形资产提高，从而吸引大量的资本和劳动力流入集群地区，促进城镇经济增长。特别应加快特色产业群的培育，以各地特色资源为依托，遵循系统工程原理和产业自然生态有机循环机理，以市场需求为导向，以提升集聚（群）内有序竞争力为目标，着力培植具有市场前景、对整个经济发展具有较强关联带动作用的特色产业，形成一批集中度大、关联性强、集约化水平高的特色产业集群。

4. 建立城镇化建设的多元投融资体制

政府应在城镇化建设中负有重要职责，要为城镇化建设努力搭建平台，提供服务，要在投资方面发挥主体作用，同时要充分运用市场机制，建立多渠道、多层次、多元化的投融资机制，最广泛地吸引外商投资，搞活城镇经营，为城镇建设提供持续不断的资金来源；用好土地收益，确保城镇土地经营所得主要投入到城镇基础设施建设和城镇开发中；放开经营性城镇基础设施的开发权，广泛吸收社会资本参与城镇建设。

5. 消除不利于城镇化发展的体制和政策障碍

推进户籍制度改革，加快城镇住房、就业、医疗、教育和社会保障制度的改革，为进城农民提供公平的就业和生活环境。改革完善城镇用地制度，调整土地用地结构，盘活土地存量，大力发展城镇房地产业，扩大城镇规模，在保护耕地和保障农民合法权益的前提下，妥善解决城镇建设用地，引导农村宅基地向城镇建设用地集中，改造城中村，归并小村庄，引导农村人口向城镇集中。

5.3.5 促进城乡教育公平化

1. 统一协调规划，确保社会事业发展目标的落实，建立城乡教育一体化管理体制

促进城乡教育公平化，应从城乡教育事业一体化的角度出发，充分发挥各级政府部门、各地区间相互合作、相互协调的功能，建立统筹城乡规划、统筹城乡预算、统筹城乡资产、统筹城乡人事的城乡教育一体化大教育体制。

2. 加大教育投入，创新投融资体制

加大教育投入经费，减少教育不公平现象，发挥各方合力，广泛开掘财源，建立多元化的投融资体制。充分发挥各级政府、企业、社团、个人的合力，共同填补统筹城乡教育发展的资金缺口，建立一个全社会多元供给主体广泛参与的、投融资渠道多元化的、对内对外更加开放的、充满生机与活力的投融资新体制与新机制。

3. 扎实抓好农村学前、义务、普高教育

学前教育应积极鼓励社会力量办学；义务教育阶段仍以政府办学为主体，大力发展民办学校；普通高中教育，要在继续大力发展公办学校的同时，制定优惠政策，鼓励、支持社会力量通过多种形式加快发展民办学校，形成公办学校与民办学校共同发展的办学体制新格局。

4. 大力加强农民的实用技术培训与创业教育

依靠科技进步和智力开发，紧紧围绕产业结构的调整，大力开展针对农民的实用技术培训与创业教育，真正使接受培训的农民在掌握必需的文化知识的同时，具有熟练的职业技能和适应职业变化的能力。

5. 采取灵活多样的教育形式，提高农民的科学文化素质

积极采取多种教育培训形式，如委托代培、联合培养、引进人才等办法培养和造就一支爱农业、有文化、懂技术、善经营、会管理的有较高素质的农民劳动者队伍。利用广播教育、电化教育、函授教育等现代远程教育培训资源加强农业科技成果的推广应用，推进技术革新，提供知识和技术，加速科技普及，为农村劳动力提供先进实用的生产生活技术，提高农民的科学文化素质和运用科技成果转化为现实生产力的能力。

6. 逐步形成覆盖城乡的终身教育体系

大力扶持贫困地区、民族地区教育，保障经济困难家庭、进城务工人员子女平等接受义务教育，加强农村教师队伍建设，提高农村教师素质，普及学前教育和 12 年基础教育，提高各种形式的高等教育大众化水平，健全和完善全民终身学习的各项政策和措施，逐步形成覆盖城乡的终身教育体系。

7. 建立城乡统筹的教育长效机制

划分事业性质，解放政府与非政府机构，形成政事企分开的新体制。应在合理界定社会事业单位规模的基础上，按照承担任务的公益性程度以及营利和非营利性质，把社会事业单位划分为公益性、非营利性和营利性的不同类型，针对不同类型实行不同的经济政策和管理运行模式，重新调整教育资源的城乡布局，解决社会事业主体缺位、越位与错位问题，从而建立一个"政企分开、政事分开、事企分开、管办分开"的统筹城乡教育的新分工体制。

5.3.6 加快促进城乡社会保障统一化

目前，我国城乡社会的保障水平较低。加快促进城乡社会保障的统一化，是我国社会保障制度的改革方向，也是实现城乡社会保障公平性的本质要求。

1. 建立城乡统一的最低生活保障制度

最低生活保障是国民应该享受的基本权利，是农民维持生存的最后防线。对于经济发达的农村地区，可根据情况适时地实现与城市居民最低生活保障制度的衔接。对于经济落后的农村地区，加大中央财政支持力度，充分利用现有社会保障资源，把五保户供养、扶贫措施、定期救济与优抚等按最低生活保障制度的要求进行整合和规范，并适当给予充实，促进最低生活保障制度建设。不论是发达地区还是落后地区，都要加强救灾制度建设，改变传统的救灾模式，提高救灾标准，控制和防范救灾款的流失，尽可能减少因灾害致贫现象。此外，还应加快建立农村最低社会保障制度。

2. 建立城乡统一的医疗保险制度

农村社会医疗保障制度的重点是建立以大病统筹为主的互助合作医疗保险模式。经济发达的农村地区，可以考虑与城市基本医疗保险制度的接轨；条件成熟的农村地区，也可以鼓励农民参加商业医疗保险；对于经济落后的农村地区，重点加强医疗保险制度的建设和资金的投入。中央可以按照地区差别，通过转移支付的方式对贫困地区的医疗保险予以补贴。最终实现城乡社会医疗保障一体化。

3. 建立城乡统一的养老保险制度

随着工业化、城市化的逐步实现，经济发达的农村地区的养老保险要适时与城镇并轨。经济落后地区，参加农村养老保险的市郊农民要转变为城市市民，其养老保险要向城镇养老保险体系转轨。针对农村中的非农业群体，即居住在农村，但从事的是非农业生产活动，如乡镇企业职工。他们已与城镇职工无异，对这一群体，应追求与城镇职工的社会养老保障制度相统一。对于农民工，因工作单位的变动或工作性质转变（如回家务农）而在城市和农村养老保险制度间双向转移的，养老保险关系要随之变动。养老保险模式应是个人账户与社会统筹相结合，统筹层次也要提高为全国统筹。对于个人账户的资金，可随农民工而流动；对于统筹基金部分，由于是全国统筹，只要符合统筹基金支付条件，不论农民或城市居民都可以使用。对于在城市有固定住所、有稳定工作的农民工，他们实际上已经成为城市居民，应将其纳入城镇社会养老保障系统。对于居住在农村且从事农业的农民，随着城市化水平的提高，农村人口的减少，政府应加大养老保险投入，适时地与城市养老保险制度相统一。

5.3.7 促进统筹城乡制度一体化

要有效解决"三农"问题，实现城乡经济社会良性运行，融和共进，推动整个国民经济和社会又好又快的发展，就必须为城乡经济社会的全面繁荣提供强有力的制度支撑，建立城乡统一的制度，实现制度一体化。

1. 建立城乡统一的产权制度

目前我国的城乡产权制度不统一，具体表现在：城市土地属于国有，农村土地属于农村集体所有；城市公有和混合所有住房多，农村以私房为主等。城乡不统一的产权制度使城乡之间的劳动力转移面临巨大障碍，使城乡之间的生产要素优化配置难以顺利进行，阻碍了城乡协调发展。因此，要逐步建立起城乡统一的产权制度。

2. 建立城乡统一的户籍制度

我国现行的户籍制度是统筹城乡经济社会发展过程中的核心问题，也是最大的制度障碍。因此，必须按照国际惯例，建立城乡统一的以身份证管理为核心的人口流动制度，剥离户口管理中过多的不合理的附加功能，如作为就业、教育、医疗等方面的条件。加大力度放宽农村户口迁向城镇的限制，推广以公民住房、生活基础为落户标准的户籍迁移办法，逐步打破城乡分割的二元户口管理结构，建立城乡统一的户口登记制度。

3. 建立城乡统一的就业制度

城乡统一的劳动就业体系，是保障城乡劳动者平等享有劳动权利和发展机会的制度基础。城乡统筹发展，实现城乡经济共同繁荣，出路在于解决农村剩余劳动力，必须打破将劳动力分割为城镇劳动力和农村劳动力、本地劳动力和外来劳动力的就业管理体制，统一城乡就业制度。统一城乡就业制度虽然涉及多方面内容，但其最终目标是保证劳动力市场的有效运行，达到劳动力资源优化配置的目的。一是充分发挥劳动力市场在调节就业中的基础作用，建立劳动者自主择业、市场调节就业和政府促进就业的新型就业制度；二是简化农民外出就业手续，取消专对农民工设置的就业证等各种登记项目，清除各种针对农民工的不合理收费，建立覆盖城乡的职业教育和培训体系；三是从扩大城乡就业要求出发，注重发展劳动密集型产业，注重扶持中小企业，注重发展非公有制经济，注重采取灵活多样的就业方式。

4. 建立城乡统一的市场制度

在统筹城乡经济社会发展过程中，必须积极整合市场资源，合理布局，推进城乡统一市场制度的建立。建立城乡统一市场制度的关键是改革农村市场制度，加快发展和培育城乡一体化的商品市场和生产市场，建立健全城乡统一的市场网络，促进商品和各种生产要素在全国范围内合理流动，实现资源的优化配置。充分发挥城镇的聚集辐射功能，运用城镇市场引导和带动农村市场的发展，提高农产品的商品化程度和农业市场的发展。大力发展多种类型的农民专业合作经济组织，鼓励和引导城市的工商经济组织向农村延伸和发展，促进农村经济组织化程度的提高。建立市场准入机制，审查各类市场主体的资质。建立严格的市场退出机制，对行为不规范、产品不合格、服务质量差的市场主体，坚决要求其退出或整改，切实保护农民作为市场主体的利益不受侵犯。

5. 建立城乡统一的金融制度

农村的金融机构基本是城市金融机构的下属和派出机构，不具有独立性，农村金融资金大部分被转移到城市。这种城乡不统一的金融制度，使农民承担了过多的负担和责任，而没有享受到应有的权益，扩大了城乡差距。改变长期以来我国金融资源的城市偏向，保证农民和农村企业平等的融资权，建立城乡统一的金融制度势在必行。

（1）改革农村信用社，建立多元化的农村金融服务体系。要采取股份制的办法，广泛吸纳村集体经济组织、农村企业、农村专业合作组织、农业专业大户参股，把农村信用社改造成为农村合作金融组织，并采取免税或低税的政策，在保证农村信用社获得不低于一般商业银行同等赢利水平的条件下，鼓励农村信用社以低于商业银行的利率给农民发放贷款。

(2)完善农业发展银行的政策性金融职能，支持国家粮棉等主要农产品调控体系建设、支持农业和农村基础设施建设、支持农业结构调整、支持农业和农村生态环境建设和支持区域扶贫开发。同时，承担政策性金融职能的国家开发银行，不仅应支持城市开发，还负有支持农村基础设施建设和农业资源开发的义务。

(3)国家应建立政策性的农业保险公司。要切实改变农业保险无人问津的局面，对风险较大的农业项目进行保险，以保护投资者和生产者的利益。

(4)在防范风险的前提下，根据农民需求扩大农村金融服务范围，创新贷款品种方式，从而为农业、农村发展提供宽松的融资环境。

(5)创新农村信贷抵押担保形式，建立专门的担保基金或担保机构从事农业担保服务。

(6)适当降低农村金融市场的准入门槛，发育、培养民间金融机构。

6. 建立城乡统一的财税制度

城乡不统一的财税制度，扩大了城乡差距。因此，要统筹城乡发展，必须建立城乡统一的财税制度。要坚持城乡一体化的政策导向，改变重城市轻农村的支出政策，明确国家与地方各自的农村公共产品的供给职能，向城乡提供均衡的公共产品与服务；严格按照建立公共财政体制和现代税制的要求，使农民作为纳税人取得与其他社会成员平等的纳税地位；按照我国《农业法》的规定，建立和健全较为规范的农业投入机制，加大对农业的投入力度和深度；要进一步改革农业投融资体制，以法律形式约束各级政府对农业的投资行为，明确界定政府在农业投入上的事权和财权关系，从根本上解决农村公共开支财力不足的问题。

5.4 城乡非均衡利益分割机制的形态

统筹城乡利益均衡是构建和谐社会的必然要求。城乡关系问题是人类社会发展史上长期存在的一个重大问题，它主要表现为城市与农村在社会、政治、经济、人口等方面的差别。长期以来，我国为了实现工业化的目标，主要推行了一整套城乡分割的倾向性制度，造成了城乡二元社会的格局。在政府主导型经济发展的战略下，这种制度使政府在投资取向、财政分配、土地利用及其他政策的制定上均有利于城市，在城市和农村之间进行不合理的倾斜，形成城乡在生产力水平、科学教育发展程度、经济收入、生产条件和卫生发展上的不平衡，最终导致城乡利益分割机制的非均衡形态。

5.4.1 经济地位的不平等

1. 从国家制度来看，我国长期实行的是资本流向城市的偏向制度

改革开放前，在计划经济体制下，一方面，政府作为工业投资的主体，城市始终是资本流向的重点区域。尽管曾有过一段时间的"三线建设"，但上海、沈阳、武汉等大城市始终是我国国家投资的重点地区。另一方面，国家人为地压低农产品的价格和提高工业品的价格，通过"剪刀差"将农业剩余源源不断地输向城市[3]。这种"剪刀差"为重工业及城市的发展提供了充足的资本，但大大削弱了农村自我发展的能力。改革开放后，资本的城市偏向主要表现在国家财政投入上。在资本流向城市偏向的制度安排下，城市始终是国家财政投入的主体，国家用于农业的财政投入始终不足。从表5-1可以看出，改革开放以来，国家财政用于农业的支出总额虽然在增加，但其所占的比重基本上都在10%以下。尤其是近些年来，用于农业的支出占财政总收入的比重仍然偏小，始终在一个较低的水平(7%)徘徊。

表5-1 国家财政用于农业的支出

年份	财政总收入/亿元	用于农业的财政投入/亿元	用于农业的支出占财政总收入比重/%
1978	1132.26	150.66	13.43
1985	1159.93	153.62	7.66
1990	2937.10	307.84	9.98
1993	4348.95	440.45	9.49
1995	6242.20	574.93	8.43
1997	8651.14	766.39	8.30
2000	13395.23	1231.54	7.75
2002	18903.64	1580.76	7.17
2003	21715.25	1754.45	7.12
2005	316491.29	2450131	7.22

资料来源：《2006年中国统计年鉴》。

2. 从人均收入来看，我国城乡居民收入差距较大

1978年我国城乡居民人均收入比为2.57∶1，农村改革开始后这一比例逐步降低，到1983年降到最低点1.82∶1，随后城乡收入差距又有扩大，到1990年城乡收入比为2.2∶1，1995年为2.71∶1，2001年全国城镇居民家庭人均可支配收入为6869.6元，农民家庭人均纯收入为2366.4元。从这两个指标看，我国城乡居民的收入差距相当大。

到2005年，据国家统计局资料，市民人均可支配收入为10493元，农民人均纯收入为3255元，两者之比为3.2∶1。有学者提出即使不考虑如城乡社会保障城市的隐性收入，仅仅将农业收入的不确定性、农业耕种的辛苦程度、农业生产资料物价等因素考虑在内，如果深入观察，市民与农民的收入差距也是3.2∶1。[4]若考虑城市居民的各种福利性补贴，农民收入中按照现行统计标准，还包括要缴纳的税费以用作生产资料的投入，把这些因素计算在内，城乡居民收入差距约为6∶1。而国际劳工组织1995年发布的36个国家的城乡居民收入情况显示，城乡居民收入差距比为1.5∶1，超过2∶1的国家只有3个，中国为其一。城乡居民收入差距1985年曾缩小为1.86倍，以后逐年扩大，2004年扩大为3.21倍。实际的城乡收入差距应为6倍左右，这一比例大大超过了世界各国。据2003年的《中国劳动统计年鉴》和《中国民政统计年鉴》数据，我国城镇劳动者(包括私企、个体、离退休人员)人均社会保障支出为1765元，而农村劳动者仅有14元，城乡差距比例高达126∶1，这是城乡差距比例最大的领域。

3. 从政府公共产品的配置来看，城乡利益分割存在非均衡状态

由于公共产品非排他性和非竞争性的特点，政府必须承担起供给公共产品的重任。而政府供给公共产品的数量、质量对不同区域社会经济的发展具有十分重要的影响。新中国成立以来，我国各级政府在公共产品的建设上，始终以城镇为中心，公共产品供给的城市偏向制度不断形成、强化。在城市偏向型公共产品供给制度安排下，我国除国防、外交等公共产品能够大致在城乡居民间均衡分享外，其余的公共产品均采用分割分享制度。在户籍制度等不合理的制度安排下，城市居民可以享受包括基础教育、社会保障、基础设施、公共卫生医疗等众多良好的公共产品和服务，而广大农民却没有享受应有的"国民待遇"，社会保障、生活设施、医疗卫生等公共产品的供给十分短缺，农民公共产品的消费权益屡屡受损。公共产品供给的城市偏向制度促进了城市的发展，提高了城镇居民的生活水平，却阻碍了农村的发展和农民生活水平的提高。

1)教育资源配置不均衡

我国的城乡教育发展水平差距非常明显。从城乡教师的配备看，2001年农

村小学师生比1:23，城市小学为1:19。从城乡生均经费看，2001年农村小学生均经费900元，而同期城市和城镇小学生均经费4651元。从教育投入方面看，国家教育督导团发布的《国家教育督导报告2005》显示，全国农村的小学和初中的预算事业费增长率高于城市6个百分点，城乡之比由原来的1.5:1缩小到目前的1.2:1。截至2004年，全国还有163个县的小学、142个县的初中生均预算内公用经费拨款为零，维持学校的运作基本是靠向学生收学杂费。从城乡升学率看，1999年城市小学到初中全部升学，而农村只有91%的升学率，初中到高中的升学率，城市由1985年的40%提高到1999年的55.4%，而同期农村则由22.3%下降到18.6%。[5] 2000年城市学生的人均教育经费为1497元，农村学生的人均教育经费仅为516元，其中初中生的人均教育经费分别为2714元和845元，城市学生的人均教育经费是农村学生的2.9倍多。城镇高中、中专、大专、本科、研究生学历人口的比例分别是农村的3.4倍、6.1倍、13.3倍、43.8倍、68.1倍。更重要的是在九年义务教育阶段，农村学生辍学、流失现象比较严重。

教育资源配置的不均直接导致了教育人才配置的不均。据2000年第五次全国人口普查统计，我国农村人口中初中及以上文化程度的占39.1%，远低于城市人口占65.4%的水平；小学文化程度占42.8%；15岁以上文盲率为8.3%，分别高于城市人口中23.8%和4%的水平。农村人口主要由受过小学和初中教育的群体组成，城市人口主要由接受了高中及其以上教育的群体组成，这无疑是中国城乡之间最大的不平等。

2)公共卫生资源配置不均衡

根据第五次全国人口普查数据，我国城乡人口分别约为36%和64%，但城乡公共卫生资源分配的比例与之相反，即城市占60%以上，而农村仅占不到40%。尤其重要的是政府对农村卫生投入的比例呈逐年下降趋势。1990~2000年，在农村卫生总费用中，政府投入的比重由12.5%下降到6.6%；国家新增的卫生经费投入中只有14%投到了农村。2000年全国有10.2%的农村还没有医疗服务点，全国医疗卫生资源的80%集中在城市，其中2/3又集中在大医院。2001年，全国乡镇卫生院比上年减少了1139个，农村医生和卫生员减少了3万人。2002年，占总人口60%的农村居民，拥有床位数和卫生技术人员数分别仅占全国总拥有量的23.4%和23.2%。政府对农村卫生投入的减少，直接导致了一部分农村居民尤其是贫困农村居民健康状况的恶化。城乡居民医疗保健消费支出方面，1990年城市居民用于医疗保健的费用是农村居民的1.35倍，到了2000年，这一数字上升到3.63倍，差距急剧拉大。

3)就业不均衡

我国就业制度明显存在城乡分割，国家负责城市居民的就业安排和就业登记，而农村居民就业基本处于自发状态。进城农民工一般不纳入城市劳动就业管理体系，不能享受与城市职工相同的劳动保障待遇。这种城乡分割的就业制度，扭曲了劳动力的价值和供求信息，不利于劳动力在城乡之间优化配置。

目前，城市劳动人口的登记失业率为5%，农村劳动人口的失业率没有人计算得出。据估计，我国农村剩余劳动力已近2亿人，大约占农村劳动力总量的1/3，农村大量剩余劳动力的存在，严重影响了农业劳动生产率的提高和农民收入的增长，阻碍了城乡经济社会的协调发展。

4) 社会福利不均衡

我国城乡居民不仅在统计收入上存在较大差距，在统计收入之外，享受的各种社会福利也存在较大差距。很多社会福利实际上是居民的一种隐性收入。因此，城乡居民实际收入差距应比统计收入差距要大。目前，城市居民享受的住房补贴、物价补贴等各种补贴，以及各种社会保险如医疗保险、失业保险、最低收入保障等，绝大多数农民都不能享受。城镇居民以社会福利方式获得的隐性收入难以准确估计。有人对1994年城镇居民享受的公有住房、公共医疗及保险福利进行统计，人均大致1081元，相当于当年农民人均收入1221元的83.4%。世界银行1997年的估计，如果考虑城镇居民享受的各种社会福利，城乡居民人均收入比应在4：1，也就是说，平均一个城镇居民的年收入超过了一户农民全家的年纯收入。

5) 财产不均衡

对城乡居民的财产情况目前尚无准确的统计，但从城乡居民的储蓄存款余额来看，城乡之间的差距相当大。根据1996年的统计，城镇居民人均储蓄存款8831元，农村为1025元，二者之比为8.6：1。近几年由于农民收入增长幅度大大低于城镇居民的收入增幅，城乡居民储蓄存款的差距应不会减少。有人估计1999年农村人均储蓄存款余额1600元，同年城镇居民人均储蓄存款11570元。如果以3口之家计，每户农民家庭存款平均不足4800元，而城镇居民家庭的存款超过34700元。农民家庭存款余额仅相当于城镇家庭的零头。

从居民财产性收入的差距看，1995年城镇居民家庭人均财产性收入90.43元，同期农民人均财产性收38.15元，城乡之比为2.37：1；2001年城镇人均财产性收入134.62元，农村为41.05元，城乡之比扩大到3.27：1。

6) 税收政策不均衡

在我国目前的市场经济条件下，个人所得税有月收入为3500元的免征额，按年收入有42000元可以不纳税；而农业税没有起征点，不论农民收入多少，是自用还是外销都要纳税。农业税率偏高，农业税率和附加税率合计为8.4%。增值税一般纳税人的基本税率为17%，设计时是按照平均5%销售收入倒算出来的，这样农业税率比一般纳税人的平均税负高出3.4个百分点；比商业企业以外的小规模纳税人6%的税率高出2.4个百分点；比商业企业的小规模纳税人4%的税率高出4.4个百分点。城镇居民就其取得的工薪收入，每月扣除3500元（折合为每年42000元)后,最低一档税率是5%,比农业税低3.4个百分点。在全国农民人均收入远未达到工薪收入年扣除标准的前提下,农民反而要承担比城镇居民高出3.4个百分点的税负。就生产方式和规模而言,我国农业生产者主要以家庭为单位,用人均分得的有限耕地进行农业生产活动,与个体工商户的经营规模相仿。个体工商户的应税所得是总收入扣除生产成本、费用和损失后的余额,年应税所得不超过5000元的,税率仅为5%,这一比率也比农业税率低3.4个百分点。在城乡居民收入存在较大差距的情况下,农民却承担着比城市居民还重的负担,显然有失公平。

7)城乡消费水平不均衡

城乡收入非均衡的最终反映是消费水平的非均衡。1999年城镇居民的人均消费水平为6796元,而农民人均消费水平只有1927元。城镇居民人均消费水平是农民人均消费水平的3.53倍。事实上,近十多年来城乡消费水平的差距一直在扩大。1985年城镇居民与农民人均消费水平之比为2.31:1,1990年扩大到2.95:1,1995年为3.4:1,1999年达到3.53:1。农民的消费水平本来基数就比较低,从20世纪90年代开始,农民消费水平提高的速度又明显低于城镇居民。1990~1999年扣除物价因素影响,农民的消费水平提高了77%,而城镇居民的消费水平提高了87%。农民的消费水平与城镇居民相比相差9年左右。

城乡居民家庭拥有耐用消费品方面,1999年,城镇百户拥有彩色电视机120.5台、电冰箱81台、洗衣机92.2台;农村百户拥有的彩色电视机、电冰箱、洗衣机分别为54.4台、13.6台和29.9台,分别相当于城镇拥有量的45%、17%和32%。城乡之间其他耐用消费品如音响、空调、电脑、微波炉等的拥有量差距更大。

恩格尔系数是指食品消费在整个生活消费的比重,是国际上衡量居民生活水平的一个重要指标,恩格尔系数越低说明生活水平越高。2001年城镇居民恩格尔系数为37.9%,而农村为47.7%,农村比城市要高出近10个百分点。

5.4.2 权利资源的不平等

美国政治学家本特利(Arthur1 Bentley)认为,社会是利益集团的组合,政府行为是利益集团相互作用的结果。在我国现实的社会经济生活中,农民利益集团的缺失必然会导致没有任何部门对农民负责,没有任何组织去代表、维护农民的利益,农民在国家政治体系中的投票参政权不断弱化。以我国历年全国人大代表中的农民数量为例。根据1995年2月28日第八届全国人大常务委员会第3次修订的选举法,在人大代表的选举方面,农村每名居民的选举权只相当于城市每名居民选举权的1/5~1/4,这本身已经就很不公平了。但是,即使按照这个标准,农民代表的实际名额还是远远低于他们所应得到的人大代表名额(表 5-2)。

表 5-2 历届全国人民代表大会农民代表比例一览表[6]

届别	代表总名额/人	农民代表比例/%	应选农民代表/人	实选农民代表/人	实选占应选比例/%
一届	1226	5.14	—	—	—
二届	1226	5.46	—	—	—
三届	3040	6.87	—	—	—
四届	2885	22.9	—	—	—
五届	3500	20.59	—	—	—
六届	2978	14.9	668	348	53.7
七届	2970	10.5	680	312	50.5
八届	2978	9.4	708	280	35.9
九届	2981	8.0	876	240	27.4
十届	2985	8.4	815	251	30.8

资料来源：转引自王开盛，杜跃平《投票参政权、城市偏向制度与城乡收入差距》。

全国人大作为我国最高的权力机关，是我国重大政策的制定机构。然而，从表 5-2 中可以看出，人大代表中的农民比例有逐年下降的趋势，农民在国家政治体系中的声音日趋微弱。即使在这些不多的农民代表中，有很多都是农民企业家、农村干部等，基层农民代表则十分少。这使得在我国国家公共政策的制定过程中缺少农村、农民利益代表的制衡，城市居民则在国家公共政策的制定过程中处于十分有利的地位，使得城市偏向制度形成甚至不断强化。而在国外一些发达国家中，农民对政府的决策具有十分重要的影响。如日本的农业人口不足全国总人口的 5%，但代表日本农民利益的全国农协联盟(NOKYO)控制着全国 25% 的选票，政府的农业政策在很大程度上受到农协的制约，任何损害农民权益的行为很可能会导致执政联盟的崩溃。

美国哈佛大学政治经济学教授艾尔波托·艾莱斯那在"2005 诺贝尔奖获得者北京论坛"中提出人均收入与经济发展程度关系不大，而与一国的民主化程度、权利资源配置相关。联合国 2005 年的人类发展报告中也指出城乡差距的根源在于剥夺农民的市场机遇、限制他们使用各种服务设施，而更为关键的是否认他们的政治声音的那种权利结构。即农村居民所拥有的合法政治权利的缺乏。张富良在对我国从第一届到第十届全国人大的代表构成进行研究后发现：在一个农村人口占到 64% 的国家里，农民代表的比例居然不到 10%[7]。还有学者的研究显示，每 96 万农村人口选举一名全国人大代表，每 26 万城镇人口选举一名全国人大代表，前者是后者的 4 倍。除少数民族地区外，城镇人口比例高的地区百万人口全国人大代表数就多，如天津(4.5)、北京(4.27)、上海(4)，农村人口比例高的地区百万人口全国人大代表数就少,如河南(1.76)、河北(1.78);工人和农民代表的比例及合计比例分别由第五届全国人大的26.71%、20.59%和47.3%下降到第九届全国人大的10.8%、8.0%和18.8%[8]。如果在国家的最高权力机构里,农民代表所占比重都不能达到比较合理的程度,那么在省里、市里,尤其是在最基层,他们的合法政治权利就更难拥有。

5.4.3 利益表达机制的缺位

城市偏向制度形成根源:我国农民利益集团的缺失和利益表达机制的缺位。如前所述,城市偏向制度促进了城市经济的发展和城市居民收入的提高,但阻碍了农村经济的发展和农村居民收入的提高,使我国城乡收入差距不断扩大。那么,为何会形成城市偏向制度呢?诺贝尔经济学奖获得者阿马蒂亚·森曾指出,贫困不单纯是一种供给不足,而更多是一种权利不足。城市偏向制度形成的背后是我国农民权利的弱化,是农民利益集团的缺失,是农民利益表达渠道不畅。

1. 利益集团与我国农民利益集团的缺失

利益集团是具有共同利益要求并为此采取共同行动的人们。一般而言,利益集团具有三个特征:①群体有共同利益;②成员有群体意识,能意识到共同利益的存在;③能采取集体行动来维护共同的利益[9]。

随着我国社会主义市场经济的建立和完善,原有的计划经济体制下的社会利益格局逐渐被打破,新的利益群体和阶层逐步形成并分化成不同的利益集团。但是,我国还尚未建立起真正代表农民利益的利益集团。究其原因,美国经济学家奥尔森认为,农民缺乏政治力量归咎于因居住分散而导致集体行动中过高的沟通成本,以及由于单个农民的产品只是农业产出的微小份额,因而造成搭便车现象。我国是一个农业大国,农民数量众多,6亿多农民的存在使得农民在建立利益集团过程中交易成本会更高,搭便车的现象会更普遍。因此,缺少有效的激励机制来促进我国农民利益集团的建立。

2. 农民利益表达渠道不畅

利益表达是指社会利益主体向外界表明自己的利益诉求以实现自己利益要求的行动。利益表达渠道的多寡与权力、地位、金钱等密切相关。只有广开渠道,才能让弱势者得到更多的表达机会。当前,在我国利益表达渠道主要有三类:①利益组织表达,即由相关的利益主体形成一个组织机构来集体表达自己的观点。如各种行政组织和团体组织。②公共舆论表达,指利益主体通过报纸、电台、电视、网站等来表达自己的权利要求。互联网的发展已经使其成为人们最为青睐的表达渠道,人们在互联网上的表达往往来自于人们的亲身感受,很多也都反映了他们的现实状况。③行动表达。在前两种渠道不奏效的情况下,利益主体可能会采取实际行动去争取自己的权利。但是这种方式一般比较激进,容易引起社会的不稳定。利益表达渠道的公开化是一个社会、一个国家进步的表现,只有让不同利益主体的诉求得到满足才能够缓和社会冲突,维持社会的均衡发展状态,也只有这样才能使国家的各项决策得到不同利益群体的支持。决不能因为出现了大辩论、大批判形式的讨论改革就要封杀"言"路。

事实上,由于农民处于弱势群体的地位,缺乏表达自身利益和参与影响公共决策的渠道和形式,缺乏一种谈判和对话机制,缺少农民利益的代表人。当农民通过上访甚至是越级上访或者集体上访这种比较激烈的方式反映问题时,问题往往得到重视并迅速得到解决。长期以来,农民就形成了这样一种观念"大闹大解决,小闹小解决,不闹不解决。"因此,当农民的正当权益受到侵害或者威胁时,其选择的直接表达方式就是上访。

我国正在构建的社会主义和谐社会不是一个没有利益冲突的社会,而是一个能够容纳冲突并能够用制度化的方式解决冲突的社会,是一个通过冲突和解决冲突实现利益大体均衡的社会,是一个各方面利益都能得到尊重的社会。现代社会中,社会冲突是一种常态。解决冲突的关键是解决权利失衡的问题,特别是强势群体和弱势群体之间的权利失衡。利益失衡时产生利益表达需要,利益表达往往意味着冲突。如果缺乏有效的制度化的表达渠道,矛盾得不到化解,累积起来就会导致社会不稳定。因此,保持社会稳定就需要建立各利益群体的利益表达机制,保持农村社会稳定就要建立顺畅的农民利益表达机制,形成农民利益表达的制度化空间。和谐社会是一个稳定的社会,但是这种稳定不是一种静态的稳定,而是一种动态的稳定,一种发展中的稳定。"动态的稳定就是,只要不违法,公民有什么不满就可以说,可以申诉,甚至说一些使政府不高兴的话,做一些使政府不高兴的事。政府根据公民的合理要求,对政策和制度进行及时的调整,这样就把原来的平衡打破,建立新的平衡。"[10]在这种公民和政府的互动中,使各方的利益得到维护,从而达到社会的稳定与和谐。现阶段,农民的利益表达渠道还相当有限,主要以信访活动为主。建立顺畅的农民利益表达机制,维护农民利益,化解社会矛盾,必须进一步拓宽利益表达渠道,推进制度创新,构建合理的利益表达空间。

5.5 城乡非均衡利益分割机制的生成原因

在市场经济体制下,出现不同的利益主体是正常的,利益主体追求自己的利益最大化也是正常的,不正常的是不通过市场的充分竞争和个人的努力实现财富的积累，而是通过非市场因素，通过不公平竞争获得财富。由此产生了不同阶层之间的利益分割非均衡，产生利益矛盾和冲突。具体说，城乡利益关系的非均衡是由多方面原因造成的。

1. 市场经济体制的不完善强化了非均衡利益分割机制

我国于1992年的十四大上确立了社会主义市场经济体制的目标，到2001年，我国市场经济程度超过了市场经济临界水平60%，近似为69%（北京师范大学经济与资源管理研究所所长李晓西教授领导的课题组经过测算得出的结果），这表明我国的市场经济体制基本确立。但是，与市场经济体制相配套的各项制度、政策并没有随之建立。

一方面，由于市场经济体制不完善，管理上的疏漏和现行政策法规的不完善、不配套，缺乏必要的规则和监督，出现了政府不规范分配行为，以及违法和腐败行为，导致城乡非均衡利益分割的扩大。首先，权力参与分配，最主要的就是寻租活动和内部人控制，它们是形成城乡非均衡利益分割的重要因素。由于行政权力控制着大量的社会资源，并经常介入市场对资源的配置，出现了形形色色的设租寻租现象和腐败行为。在一些权力机构中官商勾结、寻租、钱权交易、贪污受贿等现象造成了收入分配差距的扩大。执行资源配置功能的市场职能和政府职能的紊乱是寻租活动产生的根源所在。其次，在市场竞争中，由于行业垄断和市场竞争的不公平，也导致了城乡非均衡利益分割的扩大。最后，市场秩序混乱中的制假、售假、走私、偷税、漏税行为也造成了城乡非均衡利益的扩大。通过这些行为获得的非正常收入在我国的城市居民收入中占有一定的比重，是我国当前城乡收入差距扩大的不容忽视的因素。许多经济法规缺失和不完善，导致市场监督难度加大，造成了非正常收入在总收入中比重过大，从而在一定程度上扩大了城乡收入分配的差距。

另一方面，与市场经济体制相配套的各项制度、政策缺失或不完善，是导致非均衡利益分割的主要原因。比如，市场经济最大的特点就是资源能够自由流动，从而实现资源的优化配置。随着改革的深化，市场经济的建立，物质资源的流动基本得到了实现，但是人力资源的流动却障碍重重。

第一，现行户籍制度的存在，限制了农村人口向城市转移，是城乡利益非均衡分割得以长期维持的主要原因。由于现行户籍制度的存在，应该说大量的人口转移发生在农村内部，从农业转移到非农业，乡镇企业的发展起到关键作用。但是，随着国民经济的高速发展，大多数乡镇企业在市场导向下经过多年的发展已经饱和，不再有超常发展的空间；而高技术含量的生产领域虽然广阔，却需要乡镇企业进行重大调整，不可能再以低技术和粗放经营的方式生存，我国乡镇企业的发展面临着一个调整期，与此相关，乡镇企业吸纳农村剩余劳动力的能力趋于下降，从"七五"期间平均每年吸纳农村剩余劳动力 925 万人降到"八五"期间的 719 万人，再降到 2002 年的 400 万人。因此，随着乡镇企业吸纳就业人口的减少，必须寻找其他途径提供新的非农工作职位，以满足农村剩余劳动力的增长。

第二，人力资本投资的非均衡利益分割。农村人口所受的教育程度也是影响其收入的一个重要方面。1992 年人口普查数据表明，农业部门 26% 为文盲或半文盲，而其他行业只有 7%；2002 年人口普查数据表明，农业部门 12% 为文盲或半文盲，而其他行业仅为 3%；城乡之间人均受教育的年限分别为 9.5 年和 5.8 年。从城市与农村学生的人均教育经费看，2000 年城市学生的人均教育经费为 1497 元，农村学生的人均教育经费仅为 516 元，城市学生的人均教育经费是农村学生的 2.9 倍。教育投入差距导致教育质量的差距，从而使农民所掌握的人力资本比城市少。即使其他方面相同，农民也会因人力资本方面的劣势而影响其产出能力进而导致他们得到更少的收入。

2. 非均衡发展战略提供了非均衡利益分割的动力

非均衡发展战略不仅使城市的工业产业快速发展，而且使城市的各种基础设施建设得到不断加强。近几年尽管国家在农村电网改造等方面增加了投入，但国家所有大型电力、交通、通讯以及信息等基础设施无不紧紧围绕城市而展开。城乡之间基础设施的差距不是缩小，而是扩大了。如果过去农村为企业发展所能提供的环境和条件与城市相差不大的话，那么现在城市在基础设施齐全、资金密集、信息畅通、市场活跃等方面的优势已将农村远远抛在后面。企业为了追求效益，新项目的上马普遍都选择在基础设施条件较好的城市及其辐射地区。城乡基础设施的差距将继续拉大城乡经济发展的差距。

3. 不同的体制仍是城乡非均衡利益分割的重要因素

改革开放以来，城乡体制的差异大大缩小。但长期形成的城乡两种不同的社会运行机制，仍然在发挥作用，福利制度、税收、就业、人口迁徙等方面的制度安排，都可能促使城乡利益非均衡发展进一步扩大。如城镇福利制度在改革中不断完善，但农村福利制度的建设还没有提上政府的议事日程。即使已有的社会福利项目，农村与城镇也有很大差别。全国城乡都实行九年制义务教育，但农村中小学适龄儿童的入学率远低于城镇，农村学生的辍学率、流失率高于城市。同样是义务教育，但在国家财政拨款和教师工资待遇方面城乡间也存在较大差别。1995 年全国普通小学每个学生的预算内事业支出 265.78 元，而农村只有 198.69 元，最高的上海达 1216.85 元；全国普通初中生人均预算内事业费支出 492.04 元，农村只有 392.59 元，最高的上海达 1535.83 元。在城镇一些理所当然的社会福利,在农村农民还必须支付费用。如民兵训练、计划生育、优抚对象、农村公路、农村教育等都需要农民交费。尽管税费改革取消了这些收费,但增加了农业税,实际上以农业税的形式收取了这些费用。1995年,农民的年纯收入只有2300多元,距个人所得税收取的低限相差甚远,但农民的农业收入却要在未扣除生产成本的条件下缴纳8.4%的农业税及农业税附加(税费改革前),如果将这一税额折合成以增加值为基础的税率,大致在40%,这与其他行业17%的增值税税率相比,反差极大。

4. 重视效率忽视公平维系了城乡利益分割的不均衡

公平与效率是一个矛盾体,两者既相互依存、相互促进,又相互对立、相互替代。一般意义上说,两者是统一的。效率是公平的基础和动力,公平是效率的根本保证。一方面,公平的实现和维护很大程度上取决于市场效率。公平涉及资源的丰缺状况和利用程度。市场效率提高了,资源的配置才会更趋优化,才能做大"蛋糕",增加社会财富,从而为公平合理的分配提供物质基础。另一方面,市场效率的提高有赖于公平的经济社会环境。市场经济既是法治经济,也是伦理经济。给那些最需要社会救助的人提供基本的医疗、教育和其他发展机会,能激发创造力,带来很高的收益率。此外,市场机制的运行受到非人为的客观规律的制约,要求有公平的制度设计来保障市场效率的充分发挥。权力寻租、激励机制扭曲、市场歧视、两极分化等不公平现象会干扰市场的基础性调节作用,带来非效率。从这个层面上说,公平和效率呈同向运动态势。然而,在许多情形下,公平与效率发生抵制和冲突,有时还相互排斥。在一定范围内,两者存在替代关系。虽然这种对立关系反映的不是根本矛盾,但至少是艰难的妥协。

从某种意义上说,市场经济体制下,利益是市场行为的主要动力。由于规制缺失或不完善,市场效率往往成为最高准则。亚当·斯密认为利益引导资源由低效益部门撤出,流向高效益部门,自发地促成社会福利。但当需要以公平原则为指导进行资源分配时,就会与效率导向的原则发生矛盾。一个服从于市场指令,一个服从于经济社会权利。偏爱前者就难免占用后者的资源。

改革开放后的二十多年来,城乡利益非均衡分割的急速扩大是不争的事实。城乡在教育、医疗、就业等领域的不公平和不公正现象比较普遍。在改革的过程中利益关系变动剧烈,社会阶层日益分化。影响经济与社会公平的因素很复杂。在市场取向的改革过程中,片面追求经济总量的增长,坚持增长第一,特别是有些人曲解"优先"和"兼顾"的含义,是公平受损的重要因素。

5. 基层民主政治意识不到位

我国政府很早就提出要在农村建立基层民主制度,让广大农民充分享受当家做主的权利。在我国基层民主的实践过程中,政治意识的淡漠和政治参与的不足成为一个重要的制约因素。主体意识的缺失必然导致政治意识的淡漠,表现为村民对政治的漠视,上至国家大事,下至村庄内部的小事,他们关心的只是自己的利益是否受到了损害。基层民主政治意识的不到位主要表现在两个方面。

一方面,农民政治意识淡漠,政治参与不足。如在村民代表选举中,大多数农民认为"上面早已决定,我选不选无所谓",甚至有人认为"谁当选都跟我没有什么关系"。政治参与不足的另一种表现形式是参与的异化,当农民利益受到权力的侵害时,他们往往会选择集体上访、越级上访,给社会稳定带来了极大的隐患,这固然与制度化的参与渠道不足、法治的欠缺有关,同时也与村民没有形成成熟、健康的现代政治文化观念有着密切的关联。

另一方面,在地方政府的干预下,农民选举权和被选举权的实现流于形式。在2005年全国大学生挑战杯中,来自山西大学的魏娟铃同学以一篇《谁动了民主的奶酪》获得特等奖,其中详尽披露了运城市老窑头村200万贿选村干部的事,令人震惊。其实,类似于这样的基层民主选举中的舞弊现象,在全国范围来讲频频发生,媒体等披露的只是极少一部分。正是基层政府对农村管理上的集权才导致了农民无法为自己的事情做主,才使一些别有用心者有机可乘。此外,农民与政府的信息极端不对称,国家下达的有些政策基层政府基于自身的利益或是不执行或是变样执行。这种"上有政策,下有对策"的现象一方面是由于农民对国家具体政策缺乏了解的渠道而默默承受基层的"剥削";另一方面是由于缺乏必要的维权机制,农民对这种现象即使知道了也无可奈何,只能寄望于上访。

5.6 推动城乡利益均衡机制变迁的阻力

我国现阶段出现的城乡利益非均衡发展的问题,归根结底是由我国多年来形成的"二元化"发展模式和体制所造成的。由于实行的是"以农补工""重城轻农",优先发展城市的倾斜型发展战略和政策,因而形成了城乡不均衡的国民收入和社会利益分配格局,以及阻碍城乡利益均衡机制变迁的各种力量。

5.6.1 既得利益集团的"路径依赖"理论

所谓路径依赖(pathdendence)是指制度变迁一旦在自我增强机制下选择了一条路径,它就会沿着这条路径走下去,也就是说,一次或偶然的机会形成一种解决方法,而一旦这种方法流行起来,它会使这种方法进入一定的轨迹。从我国经济体制变迁的初始条件来看,我国经济体制改革一直较为注重依托现有经济、社会组织进行边际制度创新。同许多市场经济转型的国家或地区的改革不同,我国不是简单地采取放开市场，让社会、经济组织通过自由竞争来催生市场体系发育，更不是抛弃既有组织结构，另起炉灶用全新组织拉动改革。充分利用我国计划体制中业已存在的经济、政治、社会组织，依托长期积累起来的组织资源优势，通过有序的边际组织创新来确保改革的稳步推进，是我国经济体制改革的重要特征之一。

众所周知，我国的经济体制改革，是从农村起步的。农村改革分为三步：第一步，以家庭承包经营为核心，建立农村基本经济制度和市场机制，保障农民生产经营自主权。由安徽小岗村开始，实行土地承包经营责任制，形成了农村一家一户形式的生产经营格局，部分发达地区创办了乡镇企业，走上了致富的道路。第二步，以农村税费改革为核心，统筹城乡发展，调整国民收入分配关系。农村税费改革从2000年开始试点，2004年开始免征农业税试点，并在3年中迅速推广至全国31个省区市。第三步，以促进农村上层建筑变革为核心，实行农村综合改革，解决农村上层建筑与经济基础不相适应的一些深层次问题。改革的重点是乡镇机构改革、农村义务教育管理体制改革和县乡财政体制改革。

我国通过近三十年的农村改革，农民获得了部分土地使用权，形成了以农户分散经营为主、集体统一经营为辅的统分结合双层经营的农业经营模式。随着市场经济的发展，农民不断探索新的经营方式，农村土地股份合作等形式得到了较快发展。近三十年的农村改革使农村发生了翻天覆地的变化，但农村集体所有权占主导地位的地权制度没有发生改变，表现出较强的路径依赖特征。

5.6.2 制度变迁面临政府利益的权衡与选择

制度变迁的实现取决于制度收益的分配。通常，只有在推动制度变迁的行为人认为制度变迁贴现的预期收益超过预期成本时，制度变迁才有可能发生。由于推动制度变迁的行为人各有各的目标函数与预算约束，在博弈中进行的制度变迁不会总是均衡的，因此制度收益的分配问题就成为改革路径选择的关键，制度变迁因利益分配不同而走上两条截然不同的路径。即林毅夫在拉坦和诺斯的制度变迁的供给需求模型基础上提出了强制性制度变迁与诱致性制度变迁。所谓诱致性制度变迁是指利益群体响应获利机会时自发组织的制度变迁，唯其是自发的，也必定是渐进的，因为制度的每一步调整都将与利益发掘保持同步。在制度变迁过程中，各种利益主体相互竞争，随着制度学习和制度适应，制度创新所创造的收益被各行为人攫取。这种利益广泛地为大家所享受，反过来维持了制度博弈的交易成本比较低，制度也进一步变迁，形成制度的自我实施和"相互依存"的强化帕累托改进路径。

按照公共选择理论的观点，政府是一个利益集团。这个利益集团是一种理性人，同市场经济中经济主体相似，也追求最大化目标。这个最大化不是生产者利润的最大化，也不是消费者的效用最大化，它所追求的是集团利益最大化。

概括起来，制度变迁面临政府利益的权衡与选择表现在以下四个方面。

1. 政府追求集团地位、权利的最大化

政府的行为通过供给表现出来，具体包括制度产品的供给和公共物质或服务的供给。按市场理论讲，供给方追求效率，完全按照边际收益等于边际成本的原则进行。但是，由于政府处于供给垄断的地位，加之，政府官员的权力、形象、个人对公共福利的偏好、谋求连任等影响供给，政府供给偏离了市场原则，过多地倾向于能产生"利润"的产品供给上，导致政府效率低下，行为异化。

2. 政府追求预算最大化进而追求规模最大化

政府供给上的垄断地位表明它不仅是唯一的公共产品或服务的提供单位，而且是获得拨款的唯一来源。政府产出的非市场性以及投票人信息缺乏，在政府产品和生产活动之间并不一定具有对应关系。同时，政府之间存在委托代理关系，进一步加剧了信息不对称问题。从某种意义上讲，在公共物品的提供上由公共垄断演变为双边垄断，进一步加剧了预算和公众需求之间关系的分离。所以政府提供公共物品的最终目标被官员提供公共物品的行动所代替，政府薪金、公众声誉、权力、机构成为政府的追求目标。

3. 政府追求自主最大化

政府之间存在信息不对称，而下一级政府利用信息上的优势，在政府行为方式上，掺杂工作人员的个人利益和目的，所以，二者目标不一致从而导致效率损失。政府直接控制经济资源，运用行政手段参与和干预市场经济活动首先会使政府机构和人员变得更为庞大、滋生官僚主义作风，这无疑会加重财政负担，影响政府的工作效率，更为严重的是为权钱交易创造了条件。

政府在追求集团地位和权利的最大化、预算的最大化进而追求规模最大化、自主最大化的同时，直接或间接地运用各种行政手段控制城乡利益非均衡发展的政策取向，形成了最大的阻碍城乡利益均衡的力量。

4. 政绩评价的障碍

一段时间以来，部分领导干部为了得到更好的政绩评价，错误地理解"科学发展观"，把"发展是硬道理"片面地理解为"经济增长率是硬道理"，把经济发展简单化为 GDP 决定一切。在这种片面发展观的指导下，很多地方不同程度地出现了片面的政绩观。很多地方，上级对下级的考核指标，主要以 GDP 为主，甚至成为领导干部升迁去留的唯一标准。

当前的干部政绩考核体系存在三大问题[11]：一是指标设计过于偏重经济发展的内容。在一些地方，政绩考核就看 GDP 增长，就看招商引资的完成数额，就看财税报表的上缴数据，而其他如教育、文化、卫生、环保等，都要为之让路。二是考核内容比较随意。在一些地方，对下级官员的政绩考核缺乏科学依据，往往是上级领导一张口，就把某项工作作为干部考核的内容。国家行政学院公共管理教研部主任吴江认为，现在的干部考核标准，说到底是没有解决以谁为本的问题，各级干部的大部分工作，都是围绕着领导人的注意力在转。三是包含项目过于繁杂。王明高认为，现行的干部政绩考核体系，面面俱到，显得很全面，其实不科学，也与政府职能转变的大趋势不相适应。领导干部不是神仙，一个人怎么可能做得好那么多的事情？

与此同时，在以经济数据、经济指标论英雄的片面政绩观的引导和驱使下，一些地方开始脱离地方实际，为追求一时的增长速度盲目上项目、办企业、引投资，大搞"形象工程""亮丽工程""夜景工程"，给地方发展造成了长期的包袱和隐患。有的地方不顾群众反对，大肆圈地卖地，通过各种手段"挤占"群众利益，在当地引发了诸多社会矛盾，这自然就形成了阻碍城乡利益均衡发展的力量。

5.7 城乡利益均衡机制变迁的动力

统筹城乡利益均衡机制就是在处理城乡发展问题时，要总揽全局，科学规划，协调发展，促进城乡共同繁荣与进步。从这一角度看，城乡协调发展与城乡经济社会统筹、城乡一体化、城乡融合等概念有着内在的必然联系，它们都是强调如何把城市和农村纳入统一的经济社会发展大系统中，以改变城乡分割局面，建立新型城乡关系，改善城乡功能和结构，实现城乡生产要素合理配置，协调城乡利益，逐步消除城乡二元结构，缩小城乡差别。从实际情况分析，统筹城乡利益均衡机制变迁的动力可分为以下几种。

5.7.1 城乡非均衡利益结构亟待破冰

城乡非均衡利益分割机制对我国的经济社会发展造成了很多不利影响。

(1) 与我国构建和谐社会的目标不一致。我国所要建设的社会主义和谐社会，应该是民主法治、公平正义、诚信友爱、充满活力、安定有序、人与自然和谐相处的社会。这些基本特征是相互联系、相互作用的，需要在全面建成小康社会的进程中全面把握和体现。而城乡非均衡利益分割机制有悖于社会公平。我国农民不能够通过拥有完全的自由迁徙、就业权利等市场准入权利来获得社会平均收入，导致农民收入较低。公民可能会因为出生在城市而享有更大的生存发展空间。这种现象有悖于社会公平，也与构建和谐社会的目标不一致。

(2)城乡非均衡利益分割机制不利于我国经济持续发展。城乡分隔政策导致的不合理的城乡收入差距虽然一定程度上维护了城市居民的福利，但损害了农村居民的利益，不利于我国经济的持续发展。城乡分隔导致城乡劳动力市场分隔，以城市局部利益为出发点的限制农村劳动力就业的政策，使城市职工享有与现有经济发展水平不相符的高工资、高福利，尤其是某些国家垄断行业的工资福利则更高，这抬高了企业的用工成本，削弱了企业的产品竞争力。使得有些沿海企业因过早出现劳动力成本上升导致的竞争力下降，吸纳大部分城市居民就业的国有企业竞争不过民营企业，影响经济的长远发展。[12]同时也应看到，没有廉价农民工的进城，某些城市要达到现今可以与发达国家相媲美的程度是难以想象的；同时，城市居民要通过获得便利低廉的生活物品、服务，来获取更多的消费剩余也是不可能的。

(3)城乡非均衡利益分割机制会导致我国宏观经济内需不足。长期"亲城市，远农村"的政策已经严重影响了我国宏观经济的健康发展。无论从我国当前的经济状况还是从我国经济持续健康发展的角度看，扩大内需都非常必要。目前我国农村还不是能支撑工业发展的现实市场，我国农村居民现在仅能满足温饱，收入特别是货币收入过低，难以消化过剩的工业产品，农村消费配置设施落后也限制了农民对于工业品的现实需求。农村市场目前还只是潜在的巨大市场，没有成为现实的巨大市场，农村市场目前的状况还无法支撑城市工业的高速发展。没有完善的城乡市场交换，城市工业发展就越来越脱离农村，宏观经济内需不足将导致我国经济无法持续健康快速发展。同时，户籍政策限制人口流动，也阻碍了不少已脱离农村，进入非农产业就业而仅剩农民身份的居民成为真正的城市人口，阻碍了他们的消费模式从农民型消费向市民型消费转化。

(4)城乡非均衡利益分割机制不利于社会稳定。农民收入低下，来自农业的生产剩余减少，促使农民选择小规模的经营方式，无法进行大规模的生产运作，也无法引进新技术、改良新品种、开拓新市场，这种恶性循环的农业投入方式使得我国农业非常脆弱。而美国等发达国家的农业则采取规模化、现代化的生产方式，单位成本低。入世以来，我国逐渐开放国内市场，这将对我国农业造成巨大冲击。从我国经济发展的具体情况看，多年来，由于受城乡非均衡利益分割机制的影响，在宏观经济快速发展的同时，城乡差距不断扩大，超过了国际警戒线。我国最困难的群体在农村，隐患最多的在农村，城乡差距的悬殊已成为产生诸多社会矛盾的根源，影响了社会稳定，制约了我国经济的发展和国家的安定团结。

总之，城乡非均衡利益分割机制对我国的经济和社会发展都造成了很多不利影响，共同富裕是社会主义的最终目标，公平的收入分配是社会主义市场经济的内在要求，是构建社会主义和谐社会的要求。因此，有必要改变城乡非均衡利益分割机制结构，实现我国经济的持续健康快速发展和人民的共同富裕。

5.7.2 农村基层民主意识的增强与渴求

改革开放以来，我国社会的阶层结构迅速变化，利益多元化和主体平等竞争格局逐步形成，公民、法人和社会组织正在要求更大程度的政治参与。全球化浪潮也大大地扩宽了人们的政治视野和激发出参与的热情。在农村村庄内部出现多种经济利益主体，村庄已经成为对外开放的社会单位，特别是人口流动为过去相对稳定的村庄生活带来了诸多变量。城乡社会已经成为一个流动开放的社会。这种新的社会结构本身，使社会管理和利益整合的难度增加。社会成员的政治参与具有日益深厚的利益基础和能力基础，政治参与正在成为社会生活的重要组成部分。近两年的城乡基层人大代表选举和自治组织选举中，个人主动竞选迅速增加，"罢免"案不断出现，显示公民的政治参与积极性不断提升。与此同时，意识形态的统合力量下降。在政府体系内部，不同政府层级之间、不同的政府部门之间，权力和利益关系不断复杂化，政府间的利益差异也在不断表现出来，特别是基层政府的"自主性"问题成为政策执行中的重要影响因素。经过二十多年的探索和实践，我国的农村基层民主建设逐渐由点到面向纵深发展。一整套比较完备的村级组织工作体系和管理制度基本形成，完成了村委会由任命制、委任制向选举制的平稳过渡，农民参与民主管理的意识增强。

5.7.3 经济社会发展价值标准的巨变

自改革开放以来，我国经济迅速发展，取得了世界瞩目的经济成就。1980~2000年，我国年均GDP增长速度达到9.8%，1995年提前实现国民生产总值翻两番的目标。2003年，经济总量突破11万亿元，人均经济总量超过1000美元，标志着我国从低收入国家进入中低收入国家行列。但是，在经济增长取得巨大成就的同时也出现了把单纯的经济增长，特别是GDP增长作为发展的核心，客观上对社会发展和人的发展重视不够，出现了城乡差距加大、区域发展不平衡、经济增长与社会发展脱节、生态环境恶化等一系列社会问题。

我国对于经济增长中出现的这些问题高度重视。20世纪90年代初，我国制定了快速、协调和持续发展的方针，特别是制定并实施可持续发展战略，开始注意经济发展与资源、环境和人口的协调问题，开始注意人与自然的和谐发展。在2003年召开的中国共产党第十六届三中全会上，以胡锦涛同志为总书记的党中央提出了科学发展观这一重大战略思想，并强调在发展中必须注意"五个统筹"：统筹城乡发展、统筹区域发展、统筹经济社会发展、统筹人与自然和谐发展、统筹国内发展和对外开放。

根据科学发展观的要求，我国经济社会发展的价值标准发生了巨变。

(1)在发展取向上，这种协调发展所追求的不是以经济增长为核心，而是经济增长与社会发展之间的相互促进、相互协同。经济增长是社会发展的基础，而社会有序发展又能成为经济持续增长的重要保证。

(2)在发展机制方面，这种协调发展所追求的不是单一化、简单化、局部化的增长，而是充分注重多样性、复杂性、整体性的发展。"效率优先、兼顾公平"作为经济与社会协调发展在社会成员利益表达层面上的体现，就是要高度辩证地处理好效率与公平之间的关系问题。在追求以经济增长为核心的发展时期，实际上是只重视效率而忽视公平；"效率优先、兼顾公平"原则的提出表达了国家对于经济与社会协调发展的重要性的认识；而按照科学发展观的要求，还应该尽可能地促进效率与公平之间的协调程度及其各自效应发挥都达到最大化。

(3)在发展目标方面，这种协调发展所要追求的不仅是物质层面的积累和增长，而将变得越来越重要的应该是精神层面的丰富和完满，尤其须强调，经济与社会协调发展的综合性成果的最重要表现形式就是促进人的全面发展，这是人类发展进程中的一个根本性问题，也是科学发展观所致力于达成的最终目标。贯彻"以人为本"的发展原则，就应该在经济与社会协调发展的规划及其指标体系的制定中，更注重"人本指标"或"人文指标"，如把生活满意度或幸福感作为经济与社会协调发展状况的重要衡量指标，就是其中的一个重要方面。

5.7.4 农村资源与环境承载要求与状况

1972年，罗马俱乐部的梅多斯等发表了《增长的极限》，其中心论点是，人口增长、粮食生产、投资增长、环境污染和资源消耗具有按指数增长的性质，如果按这个趋势继续下去，全世界的经济增长将在今后100年内的某个时期达到极限，原因在于地球是有限的，资源是有限的，地球吸纳消化污染的能力也是有限的。梅多斯等认为，世界经济增长已临近自然生态极限，人类应制止增长和技术对生态环境的破坏。他们的观点尽管过于悲观，但却警告人类要从人与自然、经济发展与资源环境和谐的角度看待发展。构建社会主义"和谐社会"，同样不能过度消耗资源、破坏环境，要注意经济发展与资源环境的协调。

所谓的资源环境承载力是指一个国家或地区在一定时期内土地、水、矿产等自然资源和生态环境所能承载的社会经济总量的能力。[13]资源环境承载力是可持续发展的支撑力。目前，我国农村资源与环境形势日益严峻，主要体现在以下三个方面。

(1)农业资源短缺矛盾加重,"瓶颈"凸现。我国是世界上农业资源严重匮乏的国家之一,资源约束与经济发展矛盾日益突出。一是水资源日趋短缺,缺水问题严重。目前我国的水资源缺口已由20世纪80年代的400亿立方米上升到目前的500亿立方米;农田平均受旱面积达到5亿亩以上;14亿亩草场缺水;每年因缺水造成的粮食减产达到750亿~1000亿公斤;约8000万农村人口和4000多万头牲畜饮水困难。二是耕地资源流失严重,"人地矛盾"突出。三是草地资源破坏严重,生产力水平低。

(2)资源综合利用水平低下,浪费严重。随着人口增加、工业化和城镇化不断推进,农业发展所需占用的资源将进一步减少。一是水资源浪费严重。目前,我国水资源利用率只相当于世界先进水平的1/2左右。灌溉水的利用率仅为45%左右,只有国际先进水平的60%;旱地自然降水的利用率平均不到50%,北方灌区的大部分灌溉定额高出作物实际需要的2~5倍。二是耕地质量持续下降。一方面土地垦殖和利用强度不断加大,重用轻养,土壤肥力下降问题突出;另一方面由于片面强调耕地数量的"占补平衡",忽视质量的"占补平衡","占优补劣"问题普遍存在。三是农作物秸秆资源浪费严重。我国秸秆资源十分丰富,每年的秸秆产量在6.5亿吨左右,但四成以上被废弃或直接烧掉,总体利用效率低。四是有机肥资源流失严重。我国每年产生畜禽粪便约30亿吨,但大量的畜禽粪便没有得到资源化利用,若以年流失率在30%计算,全国每年畜禽粪便中氮磷钾养分流失量分别为365万吨、244万吨和271万吨,如果对这些养分进行利用,可以增加大量的有机肥供给,减少化肥投入。农业资源利用效率低下问题的直接后果除了造成资源浪费和环境污染外,更重要的是加剧了农业资源短缺的矛盾。

(3)农村环境污染不断扩展,危害加剧。农业资源浪费严重使本来日趋恶化的农村生态环境问题更加突出,人民群众的身体健康和生命安全受到威胁。主要表现在:一是农村生活垃圾和污水未经处理随意排放,导致农村环境卫生状况恶化,造成地表水和地下水污染。二是畜禽粪便造成的污染问题日益突出。三是化肥、农药和农膜造成的面源污染问题严重。四是秸秆焚烧造成的环境污染问题时有发生。不仅如此,受工业"三废"的影响,全国20%以上的耕地土壤受到不同程度的污染;近3.23亿农村人口喝不上安全饮用水。这些问题,不仅造成了资源浪费,农业综合生产能力下降,严重影响了农产品品质和国际竞争力,而且直接导致农村环境恶化,温室气体排放增加,威胁农业生产和人民群众的健康。

发展经济必须充分考虑资源环境的承载能力,不能为了一时的经济发展而过度消耗自然资源和肆意破坏生态环境,不能为了满足当代人的需求而牺牲子孙后代的利益。因此,必须正确处理经济发展速度与结构、质量、效益的关系,坚持以结构调整为主线，把经济发展的着力点更多地放在提高运行质量和效益上来，实现经济发展方式的根本转变。

5.7.5 建设小康社会的需要

党的十六大报告根据我国经济社会发展的阶段性特点，按照全面建设小康社会的总体要求，明确提出"统筹城乡经济社会发展，建设现代农业，发展农村经济，增加农民收入，是全面建设小康社会的重大任务"。统筹城乡经济社会发展，无论是对于推动农村经济持续发展、促进农民收入稳步增长、实现农村社会文明进步和长治久安，还是对于促进整个国民经济的持续快速健康发展，实现全面建设小康社会的目标，都具有十分重要的战略意义。

1. 统筹城乡经济社会发展是正确处理工农业关系和城乡关系的需要

工业和农业，工业化、城市化与农业现代化，是相互联系、相互依赖、相互补充、相互促进的。一方面，工业和城市的发展需要农业和农村提供各种物质资源和人力资源，提供广阔的市场空间；另一方面，农业和农村的发展需要工业和城市的支持、辐射和带动，需要在推进工业化、城市化过程中用工业生产方式逐渐改造传统的农业生产方式，用城市的生活方式改造农村的生活方式，实现农业的工业化和农村的城市化。在工业化的不同发展阶段，工农业之间、城乡之间的互动关系是不同的。从 20 世纪 90 年代中期开始，我国的工业化进入中期阶段，并在今后 10 年内向后期阶段过渡，也就是由工农业、城乡平行发展，向工业和城市支持农业和农村发展的转变。因此，统筹城乡经济社会的发展，加快工农业、城乡一体化发展的进程，是顺应工业化、城市化发展规律，正确处理我国工农业关系、城乡关系的迫切要求，同时也是全面建设小康社会的必然趋势。

2. 统筹城乡经济社会发展是全面解决"三农"问题的需要

"三农"问题的实质是农业、农村市场化改革和农村生产方式变革滞后，其背后隐藏着深层次的体制性矛盾。比如，目前我国每年都有几千万农村富余劳动力进入城镇打工，但农村富余劳动力向城市转移主要是自发的，而非制度性的安排。以巨大的流动人口的形式涌入城镇，存在很大的盲目性。许多农民在城镇长期务工，其中相当大的一部分已经有了固定职业。而现行的体制、政策和有关管理制度却阻碍他们在城镇真正的安家落户。还有，实现农村、农业现代化，必须加快农村、农业的城市化和工业化进程，而我国城市工商业资本要进入农村，对小农生产方式进行改造，目前还存在许多政策限制，阻碍了工业对农业的反哺。"三农"问题既不能单纯依靠农村、农业自身的发展解决，又不能依赖城市对农业、农村的支持和帮助来解决，只能从全局上靠统筹城乡经济社会发展的思路，综合考虑城乡一体化的市场化改革，通过协调推进农村、农业的工业化，加快城市化进程来解决。

3. 统筹城乡经济社会发展是推进经济结构战略性调整的需要

经济结构不合理一直是困扰我国经济发展的突出矛盾，其中一个重要方面就是城乡经济结构问题。当前我国经济生活中存在的许多问题和困难，都与城乡经济结构不合理有关。比如，我国在人均国内生产总值只有900美元的较低水平时就产生了有效需求不足、产品过剩的现象，这是地区经济结构、城乡经济结构严重失衡的结果。农村经济社会发展滞后已经成为制约结构调整全局的最大障碍。因此，要加快国民经济战略性调整，就必须从调整城乡经济结构、加快农村发展入手。在这方面，需要有新的工作思路，必须运用普遍联系的观点，改变传统的把城乡经济一分为二的思维方式，对城乡经济结构进行统一调整。

4. 统筹城乡经济社会发展是解决经济大循环中的消费梗阻问题的需要

占我国人口绝大多数的农村居民的收入增长幅度下降，收入水平和消费水平远远低于城镇居民，直接影响到扩大内需、刺激经济增长政策的实施效果。只有统筹城乡经济社会发展，繁荣农村经济，增加农民收入，才能消除经济发展中的消费梗阻问题，实现国民经济的良性循环。

参 考 文 献

[1]项英辉，刘亚臣.我国城乡基础设施建设投资情况对比分析[J].建筑经济，2012，（1），81-83.

[2]马晓河.统筹城乡发展要解决五大失衡问题[J].宏观经济研究，2004，（4）：3-6.

[3]王敏.我国城乡收入差距：基于城市偏向制度视角的研究[J].中共南京市委党校学报，2008，（3）：21-24.

[4]顾海兵，宋丽曼.农民人均纯收入统计：所能与不能[N].中国经济时报，2005-08-30.

[5]周琳琅.统筹城乡发展：理论与实践[M].北京：中国经济出版社，2005.

[6]王开盛，杜跃平.投票参政权、城市偏向制度与城乡收入差距[J].经济体制改革，2006，（3）：19-23.

[7]胡锦涛.坚定不移沿着中国特色社会主义道路前进为全面建设小康社会而奋斗[M].北京：人民出版社，2012.

[8]杨志华.九亿农民一个委员太少[N]农民日报，2003-3-6.

[9]程同顺.当代中国农村政治发展研究[M].天津：天津人民出版社，2000.

[10]闫健.民主是个好东西：俞可平访谈录[M].北京：社会科学文献出版社，2006.

[11]薛凯，周伟.科学发展观：关键是树立正确的政绩观[EB/OL].http：//news.xinhuanet.com/newscenter/2004-02/25/content_1331629.htm，2004-2-25.

[12]刘杨.浅析我国城乡二元经济结构[J].现代经济：现代物业，2008，7(4)：9-12.
[13]刘荣志,孙好勤,邢可霞.实施乡村清洁工程 建设资源节约与环境友好型新农村[J].农业经济问题，2007，28(12)：103-105.

第6章 城乡利益均衡的目标：城乡一体化

城乡一体化的思想早在20世纪就已产生。我国在改革开放后，特别是20世纪80年代末期，由于历史上形成的城乡之间隔离发展，城乡之间各种利益非均衡发展，使各种经济社会矛盾相继出现，城乡一体化思想逐渐受到重视。近年来，许多学者对城乡一体化的概念和内涵进行了研究，但由于城乡一体化涉及社会经济、生态环境、文化生活、空间景观等多方面，使其对城乡一体化的理解各所不同。

6.1 城乡一体化的内涵

社会学和人类学界从城乡关系的角度出发，认为城乡一体化是指相对发达的城市和相对落后的农村，打破相互分割的壁垒，逐步实现生产要素的合理流动和优化组合，促使生产力在城市和农村之间合理分布，城乡经济和社会生活紧密结合与协调发展，逐步缩小，直至消灭城乡之间的基本差别，实现城乡各种利益均衡发展，从而使城市和农村融为一体。经济学界则从经济发展规律和生产力合理布局角度出发，认为城乡一体化是现代经济中农业和工业联系日益增强的客观要求，是指统一布局城乡经济，加强城乡之间的经济交流与协作，使城乡生产力优化分工、合理布局、协调发展，以取得最佳的经济效益。有的学者仅讨论城乡工业的协调发展，可称为"城乡工业一体化"。规划学者从空间的角度对城乡接合部做出统一的规划，即对具有一定内在关联的城乡物质和精神要素进行系统安排。生态、环境学者从生态环境的角度出发，认为城乡一体化是对城乡生态环境的有机结合，保证自然生态过程畅通有序，促进城乡健康、协调发展。

从系统的、均衡的观点来看，城市与农村应该是一个整体，其间人流、物流、信息流自由合理地流动；城乡经济、社会、文化的相互渗透、相互融合、相互依赖，城乡差别小，各种利益均衡发展，使各种时空资源得到高效利用。在这样一个系统中，城乡地位是平等的，只是城市和农村在系统中所承担的功能各有不同而已[1]。然而，在我国经济社会发展实践中，正如二元结构理论所揭示的那样，形成了城市经济社会系统和农村经济社会系统。两个系统在政治、经济、社会发展方面差异明显，背离了国家经济和社会发展的长远目标。

因此，针对上述情况提出的城乡一体化的主要内容包括：城乡政治一体化、城乡经济一体化、城乡社会一体化等。其基本内涵是：城乡一体化是城市化发展的一个新阶段，是随着生产力的发展而促进城乡居民生产方式、生活方式和居住方式变化的过程，是城乡人口、技术、资本、资源等要素相互融合、互为资源、互为市场、互相服务，逐步达到城乡之间在经济、社会、文化、生态上协调发展的过程。城乡一体化就是要把工业与农业、城市与农村、城镇居民与农村居民作为一个整体，统筹谋划、综合研究，通过体制改革和政策调整，促进城乡规划建设、产业发展、市场信息、政策措施、生态环境保护、社会事业发展的一体化，改变长期形成的城乡二元经济结构，实现城乡在政策上的平等、产业发展上的互补、国民待遇上的一致，让农民享受到与城镇居民同样的文明和实惠，使整个城乡经济社会全面、协调、可持续发展。城乡一体化，是一项重大而深刻的社会变革。不仅是思想观念的更新，也是政策措施的变化；不仅是发展思路和增长方式的转变，也是产业布局和利益关系的调整；不仅是体制和机制的创新，也是领导方式和工作方法的改进。

6.2 城乡一体化目标的客观必然性

实现城乡一体化是统筹城乡利益均衡的一项光荣而又艰巨的使命和任务。要加快推进城乡一体化，实现城乡利益均衡的目标，就必须充分认识加快推进城乡一体化的重大战略意义。只有从思想上真正提高对加快推进城乡一体化工作的认识，才能把加快推进城乡一体化的各项措施落实到位。加快推进城乡一体化具有如下重大战略意义。

1. 城乡一体化是以实现城乡共同繁荣为目标的总体发展战略

一方面，城乡一体化的着眼点在于城、乡两方面作为有机整体、功能互补、协调发展。其目标是城乡共同繁荣，城乡居民享受平等国民待遇、等值生活质量，城市化仅是城乡一体化战略发展过程中的必然现象。另一方面，城乡一体化是一个整体观念，它决不仅仅是"农村为城市服务"或"工业支援农业"的代名词。城、乡是"城乡一体化"中的两个有机子系统，在以城带乡的同时又以乡补城，双方合作，形成互补，共同发展。

2. 城乡一体化的核心是城乡协调、统一、均衡、和谐发展

协调、统一、均衡、和谐发展是城乡一体化的核心，也是其战略原则和目标。一方面，城乡一体化涉及城乡发展过程中的政治、经济、文化、教育、科学等各方面，城乡要"一体化"发展，就要求以上诸方面在发展过程中所制定的各种具体战略均应以协调、统一、均衡、和谐为核心统一展开。另一方面，城乡一体化的关键是加强城乡联合，强调的也是城乡之间的协调、统一、均衡、和谐的联合。所以，必须从城乡的共同利益出发，冲破城乡分割，突破地区封锁，实现工农结合，以城带乡、以乡补城，明确城市、乡村各自在不同的具体发展过程中相应的地位、功能与作用。同时，城乡的联合发展，是一个统一体中的两个方面，因此，其中任何一方的发展都不能以牺牲对方为代价，而必须以保障或促进对方发展为前提。统一、均衡、和谐的城乡发展具体表现为城乡之间政治上的协调统一、经济上的科学布局、人口上的均衡分布与文化上的协调、均衡发展。

3. 加快推进城乡一体化是全面贯彻科学发展观的战略选择和具体体现

科学发展观是统揽我国经济社会发展的指导思想。它要求以人为本，全面协调可持续发展。推进城乡一体化是统筹城乡发展的应有之义。只有加快推进城乡一体化，才能实现城市和乡村全面发展，经济和社会协调发展，人与自然和谐发展，人口、资源、环境可持续发展。

4. 加快推进城乡一体化是实现城乡协调发展、构建和谐社会的现实途径和重大举措

目前，我国城市发展较快，而农村发展较为缓慢，城乡差距拉大。农村发展较为缓慢，生产能力不强，消费水平低，与城市发展不协调，不利于城乡经济发展；城乡差距拉大，农民的利益得不到有效保护，发展成果农民不能与市民共享，则不利于构建和谐社会。只有加快推进城乡一体化，才能促进城乡共同发展，逐步缩小城乡差别，最终实现共同富裕的目标。

5. 加快推进城乡一体化是加快城市化进程，实现城市化的关键和必由之路

要实现城市化，就必须大力加强小城镇建设和新农村建设。而加强小城镇建设和新农村建设正是加快推进城乡一体化的重点和关键。如果小城镇建设和新农村建设得不到加强，就不可能提高城市化水平，也不可能达到最终实现城市化的目标。只有加快推进城乡一体化，才能加快城市化进程，实现城市化。

6. 加快推进城乡一体化是解决新时期"三农"问题的根本出路

"三农"问题不仅是经济问题、社会问题，而且是政治问题，党中央一直对此给予高度重视。多年来我国不断探索解决"三农"问题的新途径、新措施，有效地促进了"三农"问题的解决，但并未从根本上解决"三农"问题。中央提出的"五个统筹"为解决这一问题指明了方向。统筹城乡发展，实施城乡一体化战略，加快推进城乡一体化进程，是解决新时期"三农"问题的根本出路。

7. 加快推进城乡一体化是缩小城乡差距，建设社会主义新农村的有效途径

新中国成立后，我国实行计划经济和城乡二元经济结构，有效地促进了我国工业化、现代化、城市化的发展。但是随着时间的推移，城乡二元经济结构已经不符合市场经济发展的要求，成为经济社会发展的阻碍。实施城乡一体化，就是要使城市和乡村站在同一层面，使城市和乡村具有平等的地位和发展权利，做到资源共享，优势互补，共享改革发展成果。城乡一体化的直接受益者和最大受益者是农村和农民。

8. 加快推进城乡一体化是全面建设小康社会的必然要求

十六大以后，我国已进入全面建设小康社会，加快推进现代化进程的新阶段。全面建设小康社会是我国 21 世纪前 20 年要实现的一项重要目标。全面建设小康社会的重点和难点都在农村。只有加快推进城乡一体化，以工促农，以城带乡，才能促进农村的发展，在农村实现全面小康。

6.3　城乡一体化目标实现的条件分析

回顾改革开放 30 多年来的农村发展，大致经历了三个阶段：家庭联产承包责任制的实施，使广大农民实现了"分田到户、耕者有田"；乡镇企业的崛起，使一部分农民实现了"洗脚上岸、开店进厂"；小城镇的发展，使一部分农民实现了"离土经商、进城脱贫"。现阶段的农村发展，主要依靠的是小城镇的聚集力量、带动功能和辐射效应，小城镇已成为城市和农村的融汇处、工业和农业的对接点、城镇化和工业化的助推器。2015 年，我国城镇化率达到 56.1%，城镇常住人口达到 7.7 亿，但农业转移人口市民化进展比较缓慢，户籍人口城镇化率还比较低。

1. 经济体制改革的深入为推进城乡一体化提供了广阔空间

县域经济以民营经济为主，是发展市场经济的客观要求，这项改革自十五届四中全会提出实施以来，取得了明显成效。随着发展领域的放开、投资身份的打破，一些城镇居民陆续下乡开发资源、治山治水，许多农村群众纷纷进镇造城、务工经商，城乡联动、工农互补的趋势越来越明显。经济体制改革的深化，尤其是民营经济的发展，拆除了城镇与农村发展的"围墙"，为各类市场主体投资置业提供了广阔舞台，为城乡经济的交流融合拓宽了渠道。

2. 公司制农业的发展为推进城乡一体化提供了对接载体

公司制农业是传统农业向现代农业转变的必然趋势。这种以农业公司为主导,以广大农民为主体,以市场需求为导向,以资本营运为纽带,集产供销、贸工农、农科教一体化的生产组织形式在农村的实践,不仅可以有效地推动农业结构调整,而且有利于加速城乡一体化。一是公司制农业的发展,使农民认识到自己不仅可以从事种植业或养殖业,而且可以通过自办或入股农业公司成为企业股东,还可以通过务工或经商成为农业工人。这就有力地促进了农业劳动力的分工重组。二是通过农业公司这个龙头,将生产、流通和市场紧密衔接为一个整体,引导劳动力、资本、技术等生产要素优化配置,实行区域化布局、专业化生产、规模化经营,加速产品向城镇销售、产业向城镇集中、农民向城镇转移。三是农业公司的发展离不开城镇这个载体。农业公司的创办和发展必然会扩大城镇规模、增加城镇消费、繁荣城镇经济。可以预见,公司制农业作为现代农业的发展方向,必将加速城乡一体化的进程。

3. "打工经济"的兴起为推进城乡一体化提供了有利条件

人多地少、劳力过剩,是农村不容回避的现实。据测算,我国农村目前进入非农产业和流动就业的农民将近2亿人,预计未来20年内每年将有1.2亿~1.8亿剩余劳力。为缓解就业压力,各地都把"打工经济"作为推动经济发展的一项重大举措来抓,制订有关政策,强化引导服务,组织农村剩余劳力有序向城镇流动。一方面,打工者离乡进城务工,在获得收入、增长见识的同时,增加了城市容量、扩大了城市规模,促进了城镇经济的繁荣和发展;另一方面,离土人员的增加,必然使守土人员减少,从而扩大了人均资源拥有量,提高了劳动生产率,实现农民增收。无论是离土农民创业,还是守土农民增收,都有利于缩小城乡差别,加速城乡一体化。

4. 实现共同富裕为推进城乡一体化提供了政策保障

缩小贫富差距,实现共同富裕,是社会主义的本质要求,是"三个代表"重要思想的重要内容。当前,农民收入水平与城镇居民相比仍有很大差距。对此,从中央到地方,各级政府都非常重视,着力从政策等方面重点向贫困地区倾斜,扶持广大农民脱贫致富奔小康。比如,在投资方面,通过增发国债、提供信贷、安排项目等途径,支持贫困地区加快基础设施建设、推进结构调整、发展小城镇;在扶贫方面,通过加大财政转移支付、领导包保、结对帮扶、整体搬迁等措施,改善困难群众的生产生活条件;在社会保障方面,通过提高下岗工人失业补助标准和最低生活保障标准,增加弱势群体的收入。同时,粮棉油等供应市场的放开、房地市场的培育、劳动力市场的发展,也为农民进城提供了衣食、住房、就业等方面的条件。随着这些政策措施的实施,将进一步加快农村发展,促进农民进城,加速城乡一体化。

综上所述，推进城乡一体化的条件基本具备，时机逐步成熟。因此，必须高度重视，认真研究，积极实施。

6.4 城乡一体化目标的社会经济特征

城乡一体化发展从本质上讲，就是谋求城市与乡村的共赢共生和协调发展，就是政府服务的均等，城乡功能的协调，要素市场的融合与发展成果的共享。这就要求在城乡一体化的发展过程中，要始终注重并坚持以下五个方面。

1. 城乡一体化目标要求实现政治上的协调与统一

政治上的协调与统一需要在政治体制上实行城乡统一管理，实行新型的市带县、镇管乡，以中心城镇为核心，形成与经济发展相适应的区域性一体化政治体制。要区别于过去单纯按行政关系确定的市管县、镇管乡，实现以内在的经济联系为基础，按经济区确定的市管县、镇管乡体制，按照城镇与周围农村之间的内在经济联系确定市带县、镇管乡的范围，组织城镇与乡村的经济共同体。通过发挥城镇在社会再生产与国民经济管理中的主导作用，来巩固市对县、镇对乡的政治领导，达到城乡融为一体的目的。

2. 城乡一体化目标要求实现经济上的均衡布局

要采取切实可行的措施冲破城乡壁垒，城乡互相开放、互为市场，同时发挥城市的辐射带动作用，帮助农村大力发展商品经济，并引入市场经济机制，建立起城乡之间各种形式的有机融合经济，其核心是加速城乡经济的协调发展和共同繁荣。在乡村配合城市经济发展的同时，重点加速乡村经济发展，使乡村的发展跟上城市发展步伐，成为城镇总体发展的一个不可分割的组成部分。

3. 城乡一体化目标要求实现城乡人口的均衡分布

随着社会分工的进一步发展和农民收入结构的改变，农村人口相对集中到小城镇，农业人口的比重不断下降。这是城乡一体化冲破二元经济的局限、城市化进一步发展的具体体现。城乡一体化发展，使城乡在经济、文化、收入等方面差距缩小，使人们在城乡之间选择居住地更为自由，从而促使人口能均衡、合理地分布在由城乡经济发展圈所决定的城、乡及介于两者之间的小城镇所组成的地域圈中。人口的均衡分布是城乡一体化发展的结果和目标，反之，城乡一体化也将促进人口均衡分布。

4. 城乡一体化目标要求实现文化上的均衡发展

城乡经济一体化发展必然促进城乡文化一体化发展。一方面，城乡居民的生产方式、生活方式和生活理念相接近。在农村，包括住宅水平、医疗条件、劳动保护、社会保险以及商业网点等都趋向城市的水平。在城市，过去只有农民才能享有的清新空气、幽美环境以及新鲜副食等，随着城市园林化和乡村旅游的发展，使城乡居民在生活观念上也趋于同化。另一方面，农村居民科学文化素质的城市化，包括学前教育、儿童入学率、劳动者职业教育、工程技术人员的比率等，均接近城市的水平。农村产业实现由劳动密集型向知识密集型的转化。经济和政治上的均衡发展必然促进文化上的均衡发展，而文化上的均衡更有利于经济和政治上的协调、统一。

5. 城乡一体化目标要求实现城乡空间布局一体化

科学规划，统筹城乡空间布局，促进工业向园区集中、耕地向规模经营集中、农民向城镇集中，从而提高土地的集约化利用水平，优化城乡互动的产业形态，构建城乡融合的发展空间。

城乡空间结构是由点（城镇等点状设施）、线（交通等线状设施）构成的拓扑结构。要实现统筹城乡经济社会的发展，实现城乡空间一体化，必须研究点和线如何布局，如何紧密联系等问题。城乡一体化不是单纯指城市乡村化或乡村城市化，而是指城乡一体化进程中城市与乡村的交融发展。这种交融发展，应该依靠日益提高的交通条件和通信技术才能实现。因此，城乡一体化条件下，不仅对交通状况有特殊要求，而且对通信手段的革新也有特殊要求，即现代化通信技术必须普及乡村的每个角落，才能保证在乡村的人们可以享受到与城市接近的生活质量，不至于出现城乡人口流动的单一畸形化。这就需要现有的交通体系和通信技术手段不断完善。就交通而言，包括交通工具、机构、管理等方面的革新，不仅要乡乡通车、村村通车，而且要有全天候的高等级线路、舒适的交通工具、廉价的收费、周到全面的服务等。就通信技术手段革新而言，包括乡村电话普及率提高到与城市相当的水平，乡村电话程控化、移动化，并且建立网络化的信息服务网，信息高速公路不仅要实现国内联网，而且要与国际接轨，实现城乡资源共享。

6. 城乡一体化目标要求实现城乡社会保障一体化

逐步建立城乡社会保障相衔接的框架体系，推行被征地农民社会保障制度，确保城乡一体化工作的顺利推进。通过开展以土地换保险工作，解决农民的养老保险问题，并置换出工业园区内的建设用地，在通过招商引资促进经济发展的同时，真正让广大农民得到实惠。建立农村新型医疗合作制度，实现城乡社会医疗保障一体化。建立城乡一体的劳动就业管理与服务体系，深入实施"双万"工程和"阳光"工程，强化农村劳动力的培训和转移，并结合开展"送温暖工程"

"希望工程"和结对帮扶等活动,全面提高贫困人口生活水平,使城乡居民实现老有所养、弱有所保、病有所医、贫有所助。

7. 城乡一体化目标要求实现城乡社会事业一体化

全面落实以县为主的教育管理体制,实现城乡教育同级管理。将现有的农村小学全部并入城镇中心小学,开展集中办学,使农村学生享受与城镇学生同样的优质教育。抓好农村文化中心、文化室、图书室、文化广场等文化活动场所建设,促进城区图书馆、文化馆、少年宫、游泳馆等文化体育设施向农村开放,满足城乡居民精神文化需求。实现城乡医疗卫生资源共享,构筑覆盖城乡居民的医疗卫生服务网络,普及三级医疗服务,使城乡居民共同享受优质医疗服务,提高城乡居民身体健康水平。

8. 城乡一体化目标要求实现城乡生态环境一体化

积极发展循环经济,节约能源,扎实开展生态环境综合整治,在城区和农村实行定点、定时倒放垃圾制度,实现日产日清,全天保洁。兴建污水处理厂,实施小流域治理工程,实现城乡污水统一净化处理。结合采煤沉陷区综合治理和采煤沉陷区土地复垦,统一规划,统一设计,改善农村卫生环境和生态环境,建设高标准的农民新村。全面改善城乡生态环境,实现城在林中、街在绿中、人在花中。

9. 城乡一体化目标要求兼顾城乡发展的特殊性和差异性

在城乡全面发展的前提下必须清醒地认识到,因城乡产业分工、城乡发展规律和城乡公共品供求变化趋势的不同,城乡的发展不可能实现同等的发展。基于城乡发展的不同基础、城乡主导产业发展的不同规律和城乡发展需求的种类及层次差异,城乡一体化发展不可能完全实行相同的制度。因此,在对城乡制度创新时,必须要注意二者的区别。但是,这种差别应该建立在有利于城乡协调发展的基础之上,应以广泛尊重城乡居民的发展权为前提。

6.5 城乡一体化目标实现的困境与对策

6.5.1 城乡一体化面临的困境

目前,城乡一体化目标的实现还存在一些障碍因素,主要表现在四个方面。

1. 思想观念落后，城乡之间的"鸿沟"需要逾越

作为地方经济社会发展的决策者和组织者，少数领导干部没有充分认识到推进城乡一体化的重大意义，不能辩证处理城镇建设与经济发展的关系，而把主要精力放在招商引资、企业改革、结构调整等能够产生直接效益的工作上，而城镇建设、农业劳动力转移等工作重视不够。作为实施城乡一体化的主体，一些群众思想僵化、行动消极，突出表现为四种心理：一是留恋"面朝黄土背朝天"的生活，认为"种田是万本利、进城是找苦吃"，既不愿意离土，也不愿意进厂；二是怕离开土地失去生活依靠，怕进入城镇找不到就业门路，怕转移住宅不适应环境；三是画地为牢，死守田园，欺生排外，不愿对外交流；四是等待观望，苦度穷熬，寄望于政策搬迁和政府扶持。这些落后的思想观念，人为地在农村与城镇之间画上了界限、制造了"鸿沟"，难以推进城乡通融、协调发展。

2. 政策环境不优，农民进城的"门槛"需要降低

在户籍管理方面，现行城乡二元户籍管理制度没有彻底改变，农民进城必须达到有关部门制定的各种标准，而且户口迁转手续繁杂，一些地方还要缴纳增容费、城建费、保险费等高额费用，在计生管理、人口暂住等方面也受到诸多限制；在土地使用方面，由于存量土地的置换转让缺乏具体规定，加上国家对建没用地实行严格控制的统一政策，致使农民进城难度很大；在发展环境方面，少数地方对在城镇生产经营的企业和个人，乱收费、乱罚款、乱摊派的问题屡禁不止，就业、教育、医疗等制度不同程度地存在"城乡有别"，抑制了农民进城的积极性。种种有形和无形的"门槛"，把大量想进城的农民拒之城外。

3. 城镇规模过小，城镇本身的"容量"需要扩大

目前，小城镇发展普遍存在追求数量、忽视质量的问题，突出表现为人口少、面积小、设施差。据有关资料显示，我国建制镇已达到19216座，城镇人口16984万人，平均每座城镇只有8千多人，若扣除1689座县级城镇，平均每座非县级城镇只有5千多人，不足5千人的城镇有1万多座；同时，由于遍地开花，乱铺摊子，交通、通讯、水电等基础设施简陋，文化、娱乐、卫生等公益事业发展滞后，市场功能残缺。加之城镇规模过小、功能不全、缺乏特色，必然导致对人口的吸纳力降低、对要素的聚合力减弱，制约了城镇的进一步发展。

4. 建设投入短缺，城镇发展的"瓶颈"需要突破

目前，小城镇建设的筹资渠道窄、建设投入少。金融方面，随着基层金融机构的撤并收缩，国家投资重点转向大中城市，小城镇建设的信贷投入微乎其微；

引资方面，受地理位置偏远、基础设施落后等因素的影响，小城镇的发展环境无法与大中城市竞争，吸引外商进镇投资的规模有限；财政方面，由于县财政实行垂直管理，乡镇政府无力调剂资金用于城镇建设，县级财政由于"僧多粥少"而力不从心、鞭长莫及。由于银行投得少、向上争得少、市场筹得少，小城镇建设只能依靠土地收益和社会投资作支撑，而绝大多数农民刚刚跨越温饱，进镇建房后资金所剩无几。从而，资金短缺是制约城镇发展的最大"瓶颈"。

6.5.2 城乡一体化发展对策

要实现城乡一体化目标，达到统筹城乡利益均衡，就应该废除原有的城乡二元体制。具体的对策如下。

1. 以深化认识为突破点，理清城乡一体化的工作思路

发展小城镇、推进城乡一体化，是带动农村经济增长的"火车头"，是转移剩余劳动力的"蓄水池"，是加快结构调整的"推进器"，是城镇辐射农村的"连接点"。要把这项工作作为带动经济社会发展的一项重大战略，摆在突出位置，强化工作措施，精心组织实施。推进城乡一体化总的思路是建设城镇、提升村庄、城乡互融、协调发展，最终消灭城乡差别。具体实施中，要坚持四个结合：一是坚持繁荣农村与发展城镇相结合。农业是整个国民经济的基础，"基础不牢、地动山摇"。只有农村经济发展了，农民富裕了，农民才能进城，才能缩小城乡差别。二是坚持整体推进与重点突破相结合。推进城乡一体化，不能一哄而起，盲目发展。要在有效利用现有城镇的基础上，重点扶持已经形成一定人口和经济规模的城镇优先发展，特别是加强中心镇、口子镇和边贸镇建设。三是坚持凝聚内力与借助外力相结合。既要从实际出发，充分考虑各地的发展水平、区位条件和资源优势、挖掘自身潜力，走特色发展之路；又要按照市场经济要求，打破各种不利于城镇发展的体制束缚，广泛开辟投融资渠道，增强城镇自我发展、自我积累的能力。四是坚持经济效益与社会效益相结合。发展小城镇，不能以牺牲经济效益和环境效益为代价，应注重社会效益、经济效益和环境效益的有机统一。

2. 以创新机制为切入点，筹集城乡一体化的建设投入

推进城乡一体化的关键是发展小城镇，发展小城镇离不开投入。要突破小城镇发展的"瓶颈"，就必须创新机制，建立多元化、多形式、多渠道的投资体制。一是加强引导，政府筹资。发挥政府投入的引导作用，每年安排一定资金用于城乡一体化的规划建设，以政府的投入调动社会投资建设城镇的积极性。二是产权拍卖，社会聚资。对市政公用设施经营权、城镇道路冠名权和广告经营权等实行转让拍卖，鼓励和吸引企业或个体参与投资建设城镇的公用设施。同时，鼓励外出务工人员回乡创业、兴办项目、建设城镇，支持他们领办、创办企业和中介服务组织。三是盘活存量，以地生资。由政府出面对城镇规划区内的土地进行征用，配套建设水、电、路等基础设施使其升值，然后面向市场竞价拍卖经营权，回收资金用于小城镇建设。四是扩大开放，招商引资。把优化投资环境特别是加强软环境作为引资的基础工程，全方位开放、深层次引进、大范围联合、高起点嫁接，吸引外来资金参与城镇开发和建设。五是申报项目，银行贷款。对收益可观、潜力巨大、前景广阔的优势项目，科学论证，积极申报，争取金融部门对城镇建设的信贷投入。

3. 以完善政策为立足点，营造城乡一体化的良好环境

城乡一体化的过程是农民向城镇转移的过程。农民进城与否，归根结底是一种利益选择，无利可图或者得不偿失，农民必然不会进城。因此，要完善有关政策，为农民进城营造良好环境。一是完善户籍管理政策。放开农民进镇落户的限制，建立以居住地划分城镇人口和农村人口、以职业划分农业人口和非农业人口的户籍管理制度，彻底消除户籍制度的"等级烙印"，使其转变为一个单纯的人口登记制度的工具，最终实现城镇户籍管理一体化。对长期在小城镇工作、有稳定职业收入和住所的农民，允许转为城镇户口；对不具备转为城镇户口，但在小城镇居住时间较长的，可办理城镇常住户口；对在乡镇企业工作的农民，可将户口迁入所在企业统一管理。二是完善土地使用政策。对小城镇建设用地实行统一规划、统一征地、统一划拨、统一管理，并建立严格的耕地审批和考核指标体系。以稳定农村现行土地政策为前提，妥善处理农民离土进镇与稳定土地承包政策的关系，解决好土地使用权的合理流转问题。三是完善社会保障政策。加快发展教育、文化、卫生等与城镇居民生活密切相关的社会事业，逐步建立健全失业、养老、医疗等社会保障体系，解除进镇落户农民及相关人员的后顾之忧。

4. 以城镇建设为着力点，优化城乡一体化的有效载体

我国农民人均占有资源太少是制约农民收入增长的根本原因。农业是耕地密集型和水资源密集型产业，然而我国人均耕地不到世界人均耕地的1/2，人均水资源仅为世界人均水资源的1/4。我国农民人均耕地约为世界农民人均耕地的1/3。由于农户经营规模太小，粮食和许多大宗农产品，如棉花、油料等生产费用高，使得我国大多数农产品的生产成本过高，纯收益率太低。要增加农民的收入就要在推进工业化的过程中稳步推进城镇化，减少农民数量，增加农民人均占有资源量，这是增加农民收入的根本出路。

推进城乡一体化，必须抓好城镇建设，增强城镇对人口的吸纳力。一是科学

化规划，以规划扬特色。要根据区位优势、自然条件等因素，因地制宜，科学规划，合理布局，明确城镇发展的定位和方向，对乡镇企业和工矿企业发达的着力建设工业主导型城镇，对矿产资源和土特产品丰富的着力建设资源开发型城镇，对沿交通干线、区位优势明显的着力建设商业贸易型城镇，对人文色彩突出和山水风光独特的着力建设旅游服务型城镇，形成设施齐全、品位高雅、特色鲜明、风格迥异的城镇体系。二是坚持优质化建设，以建设创精品。要维护规划的严肃、权威性，树立精品意识，做到规划一张图、审批一支笔、建设一盘棋，严把施工资质关、材料质量关、竣工验收关，确保建设高标准高质量。三是坚持规范化管理，以管理树形象。完善城镇管理体制，健全规章制度，加快社区建设，整治脏乱差现象，切实做到管理法制化、服务社会化、环境优美化。四是坚持市场化运作，以经营养城镇。树立经营理念，把城镇可盘活存量资产推向市场，实行资本营运，走"以城建城、以城养城"的滚动发展之路。

5. 调整国民收入分配结构，加大对农村的支持力度

长期以来，我国固定资产投资比重过高，消费比重太低，经济增长过分依赖于固定资产投资的增长，消费对经济增长的拉动力比较小。投资比重过高也是我国居民特别是农村居民消费增长缓慢的一个原因。我国应该调整投资与消费的比例，逐步提高消费比重，降低投资比重，使投资与消费的比例逐步达到能够使经济长期保持稳定快速增长的水平。与此同时，还需要大力调整国民收入分配结构，中央政府应该逐步增加对中西部地区和广大农村地区的转移支付，建立公平合理的农村义务教育体制；积极探索农村医疗和基本社会保障制度的创新问题，为今后从根本上解决农村社会保障问题创造条件。要做到这一点，需要通过不断完善税收制度，强化对高收入人群的税收征管，逐步增加财政收入占 GDP 的比重，提高中央政府对于国民收入再分配的能力。

6. 建立全国统一的劳动力市场

解决城乡收入差距问题，当务之急应是从体制上解决城乡居民机会不均等和劳动力市场的地区分割问题。我国需要创造条件尽快取消对农村居民的各种非国民待遇的政策规定，取消现存的城乡分割的劳动力市场，逐步建立全国统一的劳动力市场，使得农民有与城镇居民均等的就业机会和公平竞争的市场环境。

7. 精简乡镇政府机构

农民负担过重一直是制约农民收入和消费增长的一个重要因素。而乡镇政府机构臃肿、人员众多则是农民负担过重的主要原因之一。有资料表明，全国乡级供养人员达 800 多万人，每个乡镇平均供养 200 人左右，大大超出了农民的承受

能力。因此，精简乡镇政府机构，缩减政府办事员数量，改革乡镇财政体制，是减轻农民负担，增加农民收入的途径之一。2004年，由于积极贯彻国家关于减轻农民负担的各项方针政策，减轻农民负担工作取得了重大成绩。目前需要积极探索建立防止农民负担反弹的长效机制，巩固改革成果。今后随着城市化的发展，农村居民逐步减少，应该相应地及时减少乡镇政府机构编制，缩减办事员数量。

8. 依靠科技和制度创新繁荣农村经济

改革开放以来，科技进步极大地促进了我国农业增产，农民增收。今后需要继续加强农业科技研究，通过引进良种，推广先进的农业技术等措施促进农业丰收，提高农民收入。与此同时，还需要健全农业社会化的服务体系，逐步建立起比较完善的农产品流通体系；积极支持发展多种形式的农村专业合作组织，鼓励龙头工商企业与农户合作经营；大力发展农产品加工业，促进农村第二、三产业的发展。资金短缺和农村金融服务体系不健全一直是制约农村经济发展的重要因素之一。要繁荣农村经济，首先需要深化农村金融体制改革。在继续深化农村信用社改革的同时，需要探索发展新的农村合作金融组织，以支持农村经济的发展。加快形成城乡经济社会发展一体化新格局，是党的十七届三中全会对新形势下推动农村改革发展提出的根本要求，是具有重大创新价值的发展战略。社会主义新农村建设，要紧紧围绕这一发展战略，树立新型的农村变革观念和发展理念，探索中国特色的工业化、城镇化和农业现代化道路。

1）创新农村经济发展模式

传统工业化和城镇化理论是在早期工业化条件下形成的，以城乡分割为基本特征，主张生产要素向城市集中、向工业集中。表现在社会分工上，就是农村只从事农业，城市则集中发展工业和其他产业。城市成为新的就业主阵地，成为投资的中心和重点，成为设施条件齐备的地方，成为人的需求满足较为充分以及人们向往的地方。尽管主要发达国家随着经济的发展都实施了一些新的对策，但总体上都经历了先破坏后保护、先剥夺后反哺、先污染后治理、先集中后分散的历程。而遵循这一路径的一些后发展国家，也先后遭遇了城乡双重贫困的压力，甚至出现了所谓"过度城市化"的现象。

我国在新的发展阶段提出加快形成城乡经济社会发展一体化新格局，就是要依托我国国情和改革中的实践经验，变城乡对立为统筹城乡发展，避免走西方国家的城市化老路。"一体化"的"化"，就是要"化"掉传统小农经济的落后生产方式、"化"掉农民固守农业生产的单一就业途径、"化"掉城乡之间在收入和消费上的差别，实现城乡经济社会协调发展、共同繁荣。马克思主义经典作家曾反复强调，未来社会中，城市和农村之间的对立将消失，农业工业结合和城乡的融合将最终成为现实。因此，可以说，城乡经济社会一体化发展新格局，是马克思主义经典作家所预言的历史趋势在中国的具体实践，是对改造小农社会，建设现代农村经济社会道路的全面创新。

加快形成城乡经济社会发展一体化新格局，也是对我国改革开放以来一些发展较快地区农村变革的经验总结。把这些经验集中起来就是：坚持统筹城乡发展的战略思路，通过农业产业化，创办工商企业，发展非农产业，把农村工业化、城镇化同农村经济变革融合在一起，使农村生产力水平得以大幅提高，自身的积累和投资能力大大增强；在改造小农生产和自然经济增长方式的同时，使工业化、城镇化同促进农村全面发展融合在一起，从根本上逐渐消除城乡界限。

2）创新新农村建设理念

围绕城乡经济社会发展一体化新格局推进新农村建设，就是要明确地把实现"一体化"作为处理未来城乡关系的根本要求和追求目标，作为现实中新农村建设的基本出发点；就是要真正把解决"三农"问题作为全党工作的重中之重，以农村和农民为主要变革的领域与主体，在解放农村生产力、释放农村发展活力中寻找农村经济社会发展的新的动力源，避免传统城市化模式中农民始终处于被动地位和农村不断被边缘化的现象；就是要把农村资源的充分利用与农村经济社会全面发展紧密地联系起来，形成农村和城镇共同发展格局；就是要构建农村变革和城市化进程相互依存的关系，使一部分农民在依托农村而较少后顾之忧的前提下，向城市和非农产业迈进，逐步经历由"离土不离乡"向部分"离土离乡"和完全"离土离乡"的过渡，使传统的城乡矛盾在国家控制下逐步得到化解，避免大批失地、无业、无资农民盲目涌向城市；就是要正确把握城镇建设、中小城市发展与大城市之间的关系，既要强化大城市对周边区域的带动和辐射作用，又要加快城乡基础设施建设和基本公共服务均等化步伐，形成中小城市和城镇对大城市的支撑，避免城市空间和功能上的不合理以及小城镇建设中的不科学现象。

围绕城乡经济社会发展一体化新格局推进新农村建设，根本的是要按照科学发展观的基本要求，在新农村建设中形成与这一战略目标相衔接的完善的措施和对策。

坚持统筹城乡发展，用城镇化理念统领新农村建设。新农村建设必须瞄准城镇化目标，加强同城市发展的有机融合。在战略指导思想上，要以化解城乡矛盾为重点，使农村的发展不断靠近城镇化目标，用"城"的定位引导和把握好同"乡"的建设。同时，要通过学习宣传，使各级领导更加明确这个目标定位，自觉地把这个定位贯彻落实到各种"建设"活动中。克服就村建"村"的狭隘认识，走出用小农经济的发展理念设计"新农村"的规划误区，改变短期行为、重复建设、低水平维持型发展的工作思路，真正把新农村建设作为一个大战略、高目标和长远任务，当作全面建成小康社会的关键性战略，切实推进工业化、城镇化和农业现代化。

3)创新产业发展融合

(1)突出"抓大"思路，推动要素优化组合和生态化集中。新农村建设不能等同于一般的农村扶贫，不能搞平均主义，更不能简单采取"谁穷扶谁"的战略，而应把建设的重点放在具有较大发展潜力、对城乡经济社会一体化发展可以起到骨干支撑作用的大村大镇的发展上。应重视县域经济发展，实施抓大带小、扶大促小、强大化小的工作思路。支持特色产业向工业园区和优势发展区域集聚，基础设施和综合服务向中心村镇集合，人口居住向重点社区集中。西部一些地区人口稀少、居住分散、生态环境脆弱，在新的人口流动中又出现了"空壳村"现象，与其投资去搞"村村通"和"村村有"，还不如下决心作一次性搬迁。要鼓励农民工返乡创业与已在城镇稳定就业者彻底"离土离乡"相结合，推动生产要素优化组合和生态化集中。做大做强一类村庄，带动发展二类村庄，消化转移三类村庄，最终构建起城乡经济社会一体化发展有机联系的城、镇、村结构基础。

(2)以发展方式转变为抓手，推动由"乡"到"城"的综合变革。我国沿海发达地区的实践证明，城乡经济社会一体化实际上是一个包括有农业产业化、生产标准化、机制市场化、发展城镇化等在内的农村经济发展方式的综合性变革过程。这诸多变革既各有侧重又相互依存，仅靠农业一个方面的发展和变革是无法完成的。谋求在全方位、深层次上推动"乡"与"城"发展方式的有机统一，是从根本上化解城乡对立的必经之路，也是加快形成城乡经济社会发展一体化新格局的战略抓手。当前，我国西部农村生产力水平低，城乡发展差异明显。西部地区应实践东部农村改革发展的经验，把发展生产同改造小农经济结合起来，把发展农业同向非农产业扩展结合起来，把发展现代农业同加快工业化、城镇化步伐结合起来，在推进经济发展方式的综合变革中，实现农村经济社会的全面发展。

(3)采取多种方式，形成城市支持农村的城乡互助合作关系。我国总体上已进入以工促农、以城带乡的发展阶段。从这一背景出发，一定要把强化工业反哺农业、城市支持农村作为构建城乡互助合作关系的主导方向，作为推进新农村建设的有效途径。以工促农应采取多种方式、多种途径进行，要加强对农业和农村生产所需生产资料的供给，开展城市工业对农村工业的配套支持、产业衔接和改造提升，化解工农业产品价格的"剪刀差"，同时要通过一定的政策手段，积极引导城市工商业资本向农村流动，为农村经济发展提供金融支持。以城带乡从根本上说要加强城乡间的内在联系，解决城乡之间产业、市场、发展方式、设施条件、消费水平、公共服务、社会保障、管理方式、治理模式等方面的均等化问题；要害不在于让农民移居城市，也不在于城乡之间的距离有多远，而在于农民是否享受到城市的环境条件和消费水准，农村是否具有同城市差不多的"经济社会整体素质"。现在西部一些大城市一公里外的农村,仍在从事传统的小农经济,这里的农民的生活和生产,与身边这个大城市的关系,同远在千里之外的农村没有多大差别。相反,在我国一些发展较快的地区,农民虽居住在农村,企业还叫"乡镇企业",但事实上已成为不住在城市的"城里人",成为城市经济的有机组成部分。因此,理顺工农、城乡关系,重点要在农村生产、生活设施条件改善和制度创新上下功夫,使城乡关系发生本质变化,形成农村面貌的整体性突破。

(4)加快破除体制障碍,构建统筹城乡发展的体制机制。加快形成城市经济社会一体化发展新格局,也是一场城乡之间经济体制和运行机制的大变革,同时给新农村建设提出了一系列的改革任务。由于长期以来采取城乡分割管理体制和城乡不同的治理模式,我国城乡一体化至今仍面临一系列的体制性障碍,仍缺少合理规范的融通促进机制,如城乡要素市场不统一、物质利益关系不合理、发展状态不协调、户籍管理不同轨、社会保障以及享有公共服务权利不均等、生产和生活服务体系及运行机制不完善。因此,当前应以户籍制度改革为突破口,加快推进城乡规划、产业布局、基础设施建设、公共服务一体化等方面的改革,促进公共资源在城乡之间的均衡配置,生产要素在城乡之间的自由流动,基本公共服务在城乡人口之间的均等享有,让农民切实分享经济改革与社会发展的成果。

参 考 文 献

[1]周琳琅.统筹城乡发展理论与实践[M].北京:中国经济出版社,2005.

中篇

实践篇

第7章 四川省城乡统筹的基本内容

城乡统筹是一场广泛而深刻的变革，涉及整个社会管理构架的重组和社会利益格局的调整，既包括城乡经济发展生产要素层面的统筹、城乡社会发展层面的统筹、城乡制度层面的统筹，又包括城乡关系层面、城乡生态环境层面等的统筹。

2007年以来，四川省以国家批准成都市设立全国统筹城乡综合配套改革试验区为契机，全力推进成都统筹城乡综合配套改革；同时分别在经济条件较好、中等和较差的平原、丘陵、三区选择了德阳、自贡、广元三市为省级试点，其余市(州)选择了20个县(市、区)开展市级试点，探索不同地区、不同层次的统筹城乡发展途径。全省特别是成都市的统筹城乡综合配套改革试验扎实推进，成效显著。

四川省的城乡统筹工作围绕实施"三大发展战略"和推进"两个跨越"，全面推进了"五个统筹"，实施了"五项改革"。"五个统筹"是指统筹城乡规划、统筹城乡基础设施建设、统筹城乡产业发展、统筹城乡基本公共服务以及统筹城乡社会管理。"五项改革"是指户籍制度改革、农村产权制度改革、用地制度改革、农村金融创新以及完善城乡社会保障制度。

7.1 五个统筹的主要内容

1. 统筹城乡规划

城乡规划是统筹安排城乡发展建设空间布局，合理利用土地、水等自然资源，保护自然生态环境，维护社会公正与公平的重要依据，具有重要的公共政策属性，对于促进经济社会全面协调可持续发展，具有十分重要的调控和引导作用。

2007年10月28日，第十届全国人民代表大会常务委员会第三十次会议通过了《中华人民共和国城乡规划法》，2008年1月1日起实施，该法共7章70条，明确提出坚持城乡统筹发展的原则，将具有密切联系的市、镇、乡和村庄纳入统一的规划，实施统一规划前提下的管理。

2011年9月29日，四川省第十一届人民代表大会常务委员会第二十五次会议通过了《四川省城乡规划条例》。该《条例》自2012年1月1日起实施，分为总则、城乡规划的制定、城乡规划的实施、城乡规划的修改、监督检查、法律责任、附则，共7章90条。

四川省开展了省域城镇体系规划编制，推进了以县为单位全域规划的试点，编制了省级重点生态功能区划，在成都市温江区和蒲江县率先开展生态保护红线划定试点，编制了全省林业生态文明建设规划纲要。不断完善了市域城镇体系规划、新农村规划以及与之配套的城乡产业发展、基础设施建设、社会事业发展、生态环境建设等规划，形成了一套适合四川省发展实际的大、中、小城市和特色镇规划建设标准和工业园区规划建设标准。

四川省按照"全域、全程、全面小康"和城乡统筹发展的要求，将新村建设与推进新型城镇化结合起来，加快县域新村建设总体规划编制和新村(聚居点)规划设计，构建合理的镇(乡)、村体系和村落空间布局，统筹布置县域农村基础设施和社会公共服务设施，推进城镇基础设施向农村延伸和社会公共服务事业向农村覆盖，提高村落选址、布局和规划设计水平，完善新村(聚居点)的基础设施和公共服务设施配套，建设新型村落和新型农村社区，改善农村人居环境。按照县域新村建设总体规划和新村(聚居点)建设规划设计，推进新村(聚居点)和新民居建设，因地制宜提高平原、丘区、山区村民聚居度。

2.统筹城乡基础设施建设

城乡基础设施是经济可持续发展的物质基础，需要充分考虑增强城乡承载力和完善城市功能的需要，高标准、高质量地加强城市道路、桥梁、供水、供电、供气、通讯、污水和垃圾处理等设施的建设。四川省在统筹城乡基础设施建设过程中，以县城和区域中心镇为重点，建设了道路交通、电力、电信、供气、供水、垃圾处理、排水和污水处理、医疗卫生、计划生育、文化教育体育等设施，增强了承载能力，逐步使县城和中心镇建设成为带动周边农村发展的区域中心。

(1)构建覆盖城乡的交通物流服务体系。加快高速公路、国省干线、农村公路三级路网建设，优化铁路、公路、航空等交通方式与城市交通的衔接。以"三轨九路"建设为重点，形成抗灾能力强、应急交通网络完善、综合服务水平高的市域路网体系。大力发展现代农业物流，加快农村货物快速配送服务体系建设，培育为"三农"服务的物流配送运输企业，满足农业农村发展、方便农民生活的物流配送需求。完成乡镇村客运站建设，推进农村客运公交化，实现"镇镇通公交""村村通公交"。

(2)扩大信息服务在农村的覆盖面，实施信息服务工作站百千工程、信息化进社区示范工程、宽带进村工程和移动通信无盲点工程，逐步实现村村通固定电话，镇镇通光纤宽带。

（3）加强城乡防洪体系和农田水利基础设施建设，提升蓄引提水能力，保证农村居民和学校师生的饮水安全。

（4）加强新农村建设。在城镇市政公用设施向农村延伸服务和覆盖的基础上，以2000个农村新型社区为重点，建设完善农村自来水、污水、垃圾收运处理等生活服务设施；建立加强农田水利基本建设和农村生态环境保护的长效机制；推进新农村市政公用设施建设，促进城乡公共服务硬件设施均衡配置，改善农村生产生活环境。

3. 统筹城乡产业发展

在统筹城乡经济社会发展中，统筹城乡产业发展不仅是统筹城乡发展的前提和重要内容，也是改变城乡二元经济结构的突破口，还是优化产业结构的重要途径。通过统筹城乡产业的发展，带动农村工业化，实现城乡互动、工农良性互动，最终实现城乡统筹发展。

四川省在统筹城乡产业发展过程中，注重新型城镇化和新型工业化互动发展，促进产业集聚集中发展，形成了电子信息、装备制造、饮料食品等一批优势特色产业带。建立了产业合理布局与有序发展的导向机制，统筹推进"三个集中"，促进三次产业协调发展，提高自主创新能力，夯实了统筹城乡发展的经济基础。

（1）推进工业集中集约集群发展。坚持工业发展与城镇体系建设和吸纳农村劳动力就业相协调，进一步整合工业集中发展区的产业集聚功能，以21个工业集中发展区为主要载体，按照"一区一主业"的要求，培育企业集团，延长产业链，促进工业集约集群发展。拓展成都国家级高新技术产业开发区、国家级经济技术开发区的发展空间，建设成都统筹城乡产业发展内陆开放型经济示范区。加快海关特殊监管区域整合，在整合的基础上研究设立成都综合保税区和双流空港空运保税物流中心、成都国际集装箱保税物流中心，促进成都保税物流业发展。在德阳市建成国家级开发区、省级高新区及省级开发区。对不适宜大规模发展工业的县城和乡镇，鼓励到工业集中发展区兴办飞地工业和联办工业，积极探索利益共享的财税分成机制。

（2）促进城乡服务业均衡发展。联动推进服务业发展与农民向城镇转移和集中居住，形成城乡一体的服务业发展格局。在金融、文化、科技、商贸流通等领域启动建设省级现代服务集聚区，推进现代流通县、乡镇建设，建立乡镇商贸中心、县域商品物流配送中心。在中心城区着力引导现代服务业集聚，提升传统服务业档次，大力发展总部经济、创意产业、文化产业、体育产业；统筹规划，配套建设，推广和提升"五朵金花"等发展模式，发展绿色休闲产业。近郊区以县城和区域中心镇为载体，大力发展与工业配套的房地产、商贸、会展、物流、休闲观光、公共交通等服务业。远郊区以农民集中居住区为依托，积极发展人文生态旅游、特色餐饮、休闲度假等服务业。

(3)加快现代农业发展。充分尊重农民意愿，协调推进农民向二、三产业转移和土地集中规模经营，积极发展农村新型集体经济和专业合作经济组织，提高农业集约经营和农村组织化程度。围绕粮油、畜禽、花卉苗木、茶叶等优势农林产品，大力提升农业设施装备水平。按照依法自愿有偿原则，推进农用地规模流转，加快建设跨区域集中连片的优势农产品产业化基地。引导科技资源和要素向农业农村转移，加快农业科技创新。优化农业产业布局，近郊区大力发展以都市农业为重点的现代农业、休闲农业和乡村旅游，促进一、三产业联动发展，拓宽农民就业渠道；中远郊区以优势农产品规模生产、加工和物流业为重点，拓展现代农业多领域的就业空间，促进农民转移就业。南充市创新农业经营利益联结机制，建成了农民产业园，培育了"5+3"特色产业基地，带动农民入园、入股、入社。

4. 统筹城乡基本公共服务

统筹城乡基本公共服务就是要实现城乡基本公共服务在资源配置、供给机制等方面的一体化，通过构建农民享有起点公平与机会公平的基本公共服务体制和机制，保障农民享受与城市居民平等的社会福利权利和同质化的基本公共服务质量。

四川在统筹城乡基本公共服务的过程中，主要着力于推进城乡教育协调发展，加快建立覆盖城乡的公共卫生和基本医疗服务制度，构建城乡公共文化服务体系，完善覆盖城乡的就业促进体系，建立新型农民养老保险制度，支持农民进城居住。

(1)推进城乡教育协调发展。建立确保城乡教育事业发展的公共财政投入保障机制。加快灾后学校重建，全面消除学校危房，努力完成城乡中小学校标准化建设，努力实现城乡学校办学条件基本均衡。进一步加强资源配置制度性建设，逐步缩小县(市、区)域内中小学的生均公用经费和教师待遇差距，努力实现义务教育协调发展。探索教师县管校用的机制，促进教师区域内合理流动，提升薄弱学校的教育质量和办学水平。加快普及高中阶段教育和农村中等职业教育，并逐步实施免费。加强对新生代农民的培训，探索对义务教育阶段后和高中毕业后未升学的农民子女实行延长一年的职业教育。改革人才培养模式，健全区域内职业教育培训网络，加快培养各类技能型人才和农村实用型人才。

(2)加快建立覆盖城乡的公共卫生和基本医疗服务制度。加快公共卫生服务和农村基层计划生育服务体系建设，促进基本公共卫生服务均等化。加快灾后医疗机构和计划生育服务机构重建,加强城镇社区卫生服务机构和县级妇幼保健机构建设,实施农村乡镇卫生院、村卫生站标准化建设,提高乡村医生公共卫生服务补助标准。加强食品药品监管和公共卫生监督,初步建立基本药物制度。深化公立医疗机构管理体制、运行机制和政府投入机制改革,加强城乡卫生人才队伍建设,促进医务人员和医疗技术的城乡交流,逐步实现城乡公共卫生服务水平和基本医疗服务水平基本一致。

(3)构建城乡公共文化服务体系。实施农村公共文化设施、广播电视基础设施、文化信息资源共享、文化遗产保护等工程建设,实行乡(镇、街道)综合文化站及村(社区)文化室、农家书屋标准化建设,文化共享工程服务实现"村村通"。加快农民体育健身工程建设。推行公共文化场馆免费开放制度、经营性文化场馆优惠服务制度、文化义工服务制度,完善公共文化服务方式和机制。探索传媒、文化旅游、演艺娱乐、数字娱乐和特色文化产业发展新机制,促进城乡文化产品和服务供给。

(4)完善覆盖城乡的就业促进体系。建立健全城乡就业"实名制"和城乡就业服务"网格化"管理机制,完善市、县两级人力资源中心建设,全面完成乡(镇、街道)劳动保障所、村(社区)劳动保障服务平台标准化建设,形成市、县(市、区)、乡(镇、街道)、村(社区)四级就业服务网络,为城乡居民提供就业服务。扩大就业和再就业政策的扶持范围,完善面向就业困难群众的就业援助制度。建立农民工失业待遇保障机制,健全维护进城务工农民权益保障机制,保障其与城镇职工一样依法享有各种权益。加快技师学院县(市、区)分院、县(市、区)就业技能培训中心建设,以订单培训和定向培训为重点,大力开展农民就业培训,提高农民就业技能。依托各级技术院校建设实训基地,为农民工提供实际操作培训。鼓励企业培养农民工成为技术工人,实行企业技能培训和技能鉴定补贴制度,对农民工取得职业资格给予奖励。对失业的农民工提供再就业培训。

(5)建立新型农民养老保险制度。在"广覆盖、多层次、保基本、可持续"基础上,结合耕地保护制度的建立,推行农民养老保险,并对农村独生子女和双女父母予以优先优待,实现农村居民养老保险全覆盖,并逐步提高农民养老保险水平。

(6)支持农民进城居住。探索将农民工纳入城镇住房保障体系,支持农民工在城镇定居。在工业集中发展区等用人单位集中的区域,建设农民工租赁性集体公寓和公共廉租住房,鼓励农民通过租赁房屋解决进城居住问题,建立农民工住房公积金制度。为农民工提供同等的社保、教育、卫生、计划生育、文化体育等公共服务,让农民享受城市居民同质化生活待遇,促使其真正转变为市民。成都市提出"有档次之分,无身份之别"的模式,完善了城乡统一的户籍管理制度和相关配套措施,准许具有合法固定住所的农民工本人及其配偶和未成年子女将常住户口迁入现住地。制定集体经济组织成员身份认定的办法，对转移为城镇居民的农民，在享有城镇居民社会保障和公共服务的前提下，探索其享受村集体经济组织利益分配的途径和办法。按照产权明晰和利益共享的原则，探索农村集体经济股份制改造，将集体经营性资产折股量化给农民，让农民持股进城。

5. 统筹城乡社会管理

社会管理是政府和社会组织为促进社会系统协调运转，对社会系统的组成部分、社会生活的不同领域以及社会发展的各环节进行组织、协调、服务、监督和控制的过程。统筹城乡社会管理就是需要加强社会建设和社会管理，缩小城乡差距，提高统筹城乡发展中的社会质量。四川省在统筹城乡社会管理过程中重点做了以下工作。

(1)完善了城乡一体的社会救助体系。立足现行社会保障制度，通过财政补助、社会捐助和民政部门使用的彩票公益金等多渠道筹集资金，保障孤儿、孤老、孤残的基本生活。构建全社会参与的志愿服务体系，鼓励社会力量和个人捐赠、资助和参与社会救助事业，切实保障困难群体在"吃、穿、住、行、医、学"等方面的最基本需求。

(2)在全省推行以信息化为支撑的网格化服务管理。推动建立党政主导的县(市、区)、乡镇(街道)、村(社区)、网格四级服务管理体系，开展了"平安和谐三级联创"活动。

(3)推动构建了街道建党工委、社区建党委(党总支)、网格院落建党支部、社区居民建功能党小组的"四位一体"区域化党组织体系。

(4)进行了基层公共服务和社会管理改革。成都市启动了村级公共服务和社会管理改革，提出"有钱办事、民主议事"的工作模式，进一步强化政府对农村的公共服务和社会管理职能，建立以支持农村发展为重点的公共财政体系。同时，以推进村级公共服务和社会管理改革为载体，深化和完善新型村级治理机制，形成了充满活力、有序自治的良好局面。从而创新了公共财政资金使用方式，使用效率大幅提高；促使了改革成为农村新型基层治理机制运行完善的有效载体，农村基层自治能力显著提升；构建了"民生带动民主，民主保障民生"的长效机制。

(5)建立了乡镇基本财政保障机制和村民民主自治平台。四川省在安县等15个县(市、区)开展建立乡镇基本财力保障机制试点，将乡镇机关事业单位公用经费、村级组织运转经费等8个方面的基本公共服务支出纳入财政基本保障范围。创新城乡基层治理机制，组建村议事会、村民小组议事会，初步搭建起村民自治的制度性平台。

7.2 五项改革的主要内容

1. 户籍制度改革

在城乡统筹试点工作中，四川省在户籍制度改革方面走在了全国前列。出台了《服务新型城镇化建设改进户政管理工作实施意见》，除成都外，全面放开中小城市、小城镇落户限制。各地根据实际情况细化了工作措施，如推行租住稳定住所人员落户、非直系亲属挂靠户口、建立公共户口簿等政策，探索解决农业转移人口市民化过程中的具体问题。建设省级流程人口综合信息平台，逐步整合公安、卫计、民政、住建等部门信息资源。开展标准地址和实有人口、实有房屋、实有单位基础信息采集工作，探索建立实有人口动态管理机制和财政转移支付同农村转移人口市民化挂钩机制。2014年11月，四川省政府发布了《四川省进一步推进户籍制度改革实施方案》，明确四川省将全面推行居住证制度，并全面开放除成都市外其余市州的城镇落户限制。成都市将改进现行落户政策，建立居住证积分入户制度，制定统一的居住证积分入户标准，达到积分入户标准的外来人员可申请办理常住户口登记。积分入户人数由成都市政府根据城市综合承载能力和经济发展需要，进行计划调控。

2. 农村产权制度改革

四川省在城乡统筹工作中，积极推进农村产权制度改革。一是开展了农村产权确权登记颁证工作。全省农村集体土地所有权、集体建设用地使用权、宅基地使用权和集体林权的确权颁证基本完成。二是规范了土地承包经营权流转。健全市、县、乡三级土地承包经营权流转市场，建立土地承包经营权流转信息平台，支持采取转包、出租、互换、转让或者法律允许的其他方式流转土地承包经营权；在保障农民土地承包权益和基本收入的前提下，允许农户以股份合作的方式流转承包经营权；组建农民专业合作社等农村新型集体经济组织，实现规模化经营。探索农村土地承包经营权长期不变的机制和办法。三是对具备条件的市（州）建设了农村产权交易平台。支持成都市选择部分县（市、区）推进农民住房财产权抵押、担保、转让工作。

3. 用地制度改革

四川省在城乡统筹试点中，稳步开展了用地制度改革，土地资源利用效益显著提升。

（1）开展城镇建设用地增加与农村建设用地减少"挂钩"试验。按照有关规定在成都市范围内统筹设置城乡建设用地增加挂钩项目区，优化城乡建设用地布局，提高土地节约集约利用水平，确保建设用地不增加，耕地面积不减少、质量有提高。

(2)推进集体经营性建设用地流转。成都市在集体经营性建设用地流转方面已取得显著成效，自贡、德阳、广元三市也研究制定了集体建设用地流转管理办法。

(3)开展征地制度改革试验。界定公益性和经营性建设用地，逐步缩小征地范围，完善征地补偿机制。按照同地同价原则，对被征地的集体经济组织和农民给予及时足额合理补偿。改革征地补偿安置办法，体现农民的财产权益。探索建立多种补偿安置渠道，解决好被征地农民的就业、住房和社会保障。

(4)创新耕地保护机制。严格按规划保护耕地，确保耕地总量不减少、质量不降低。按耕地质量和综合生产能力对耕地进行等级划分，实行耕地的分级保护。探索耕地按等级补充的占补平衡机制以及独立选址等重大项目在省内跨区域实现耕地占补平衡的办法。建立耕地保护补偿机制，提高耕地生产能力，对承担耕地保护责任的农民给予补贴。

(5)推进集体林权制度改革。在保持集体林地所有权不变的前提下，实行集体林地承包经营制度，确立农民作为集体林地使用权和林木所有权的主体地位，明晰集体林地的使用权和林木的所有权，放活经营权，落实处置权，保障收益权，推进相关配套改革，以龙门山、龙泉山脉生态保护区域为重点，探索建立林农承担生态保护任务的补偿机制。

4. 农村金融创新

四川省积极推进农村金融创新，农村的金融服务水平不断提高。

(1)大力发展农村金融服务体系。支持各类金融组织向农村延伸网点和机构，支持发展村镇银行、贷款公司、农村资金互助社和小额贷款公司等新型农村金融机构。推进农村信用社改革，经监管部门批准后，组建农村商业银行。完善农业担保体系，鼓励各类担保机构到农村开展担保业务，建立农业发展和农村产权流转担保体系，积极探索扩大农村担保物范围，促进农村生产要素流转。探索建立农业保险体系和农业灾害风险转移分摊机制，支持农业保险体系的发展。开展农村信用体系建设，建立和完善农户电子信用档案与农户信用评价，进一步扩大企业和个人信用信息基础数据库在农村地区的覆盖范围。

(2)积极拓宽直接融资渠道。支持各类具备条件的企业和公司通过规范改制上市、发行债券等方式从资本市场直接融资。通过设立和引进股权投资基金，支持重建城乡基础设施，振兴旅游经济。建立市创业投资引导基金，发展商业性创业风险投资，引导社会资金投入高新技术企业和中小企业。设立国企改制重组基金,支持成都市域内国有企业做大做强。支持成都市在银行间优先发行中小企业短期融资券、房地产信托基金等创新产品。

(3)加快推进区域金融中心建设。建立西部林地和林木产权、矿权及特许经营权交易市场；吸引国内外金融机构集聚成都,建立金融集中集聚区和金融后台服务中心集中发展区。探索区域性保险业创新发展,鼓励和支持在成都设立保险机构。鼓励金融企业开展综合经营试点,发展金融控股公司等金融机构；支持成都银行在经营指标达到监管部门的评级和监管要求后,逐步实行跨区域经营和上市融资；规范发展合伙投资、互助基金、民间(商业)信用等金融业务。

5. 完善城乡社会保障制度

四川省持续推进社会保障制度改革,覆盖城乡的社会保障体系进一步完善。

(1)出台了养老保险关系转移接续办法,搭建了新农保、城居保和城职保之间的转移接续平台,积极推进医疗保险城乡统筹,实现居民基本医疗保险城乡统筹。

(2)建设的省级异地就医即时结算平台已经启用,全省参加城镇职工医疗保险的异地就医人员可享受省内异地就医即时结算的医保待遇,最终实现全省范围内异地就医"一卡通"。

(3)出台了农民工失业保险相关政策。在全省范围内统一农民工与城镇职工失业保险参保缴费和待遇享受标准。城乡劳动者同等享有免费就业咨询、职业介绍、技能培训、用工招聘等就业服务；同等享有创业培训补助、创业小额担保贷款支持、创业促就业奖励等创业服务；同等享有参加职业技能培训和创业培训的机会。

(4)开展了"农民工住房保障行动",全省将部分公共租赁住房的房源用于农民工的住房保障。

第8章 四川省城乡统筹标准体系框架

8.1 标准体系编制说明

根据第 4～7 章的城乡统筹理论的研究与四川省城乡统筹工作实际开展情况，按照 GB/T 13016《标准体系表编制原则和要求》的规定，遵循"简化、统一、协调、优化"的原则，编制四川省城乡统筹标准体系。该标准体系是对城乡统筹工作的"五个统一"与"五项改革"通过概括、总结、整合，按照一定结构形成的逻辑组合，根据标准化对象的特征和复杂性，分配体系内不同的标准子系统的逻辑结构。该体系覆盖了四川省城乡统筹各项活动过程主要使用的标准，依照标准功能和标准之间的内在联系形成的科学有机整体。

本体系采用层次结构形式，表达四川省城乡统筹标准化对象的共性与个性、整体与部分的关系，上节点层次的标准反映标准化对象的抽象性和共性，下节点层次的标准则更多地反映事物的具体性和个性，同时兼顾标准层次结构的完备性和标准体系的灵活性与弹性，以达到标准体系适应城乡统筹工作的多样性。

为了使整个标准体系规范、有序，按层次、子体系、专业、类别的顺序结构进行编号（图 8-1），具体规则如下。

(1) 层次：由第一位数表征，1-第一层次、2-第二层次、3-第三层次，以此类推。

(2) 子体系：第二位数和第三位数共同表征，01-基础标准体系、02-城乡统筹建设规划、03-城乡基础设施建设体系、04-城乡产业发展体系、05-城乡基本公共服务体系、06-城乡社会管理体系、07-城乡生态文明建设体系。

(3) 专业：第一小数点和第一小数点后一位数共同表征，专业类别从 1～N 排列。

(4) 类别：第二小数点和第二小数点后一位数共同表征，类别从 1～N 排列。同一类别中允许存在几个标准，当前代号分布到该类别为止。

今后运行维护体系时，根据类别中标准存在的数量，可以启用第三小数点和第三小数点后数字共同表征本标准在体系中的代号，按发布时间顺序排列，当前暂不使用。

第8章 四川省城乡统筹标准体系框架 · 111 ·

例：X XX.X .X .X
　　　　　　　　　标准在体系中的代号
　　　　　　　　类别
　　　　　　　专业
　　　　　　子体系
　　　　　层次

图 8-1　四川省城乡统筹标准体系编号规则

8.2　标准体系结构

8.2.1　标准体系层次－序列

四川省城乡统筹标准体系分为 3 个层次，8 个子体系，110 个专业，分别涵盖不同专业类别的标准。标准体系层次－序列如图 8-2 所示，标准体系编号总图见附录 1，标准体系结构图见附录 2。

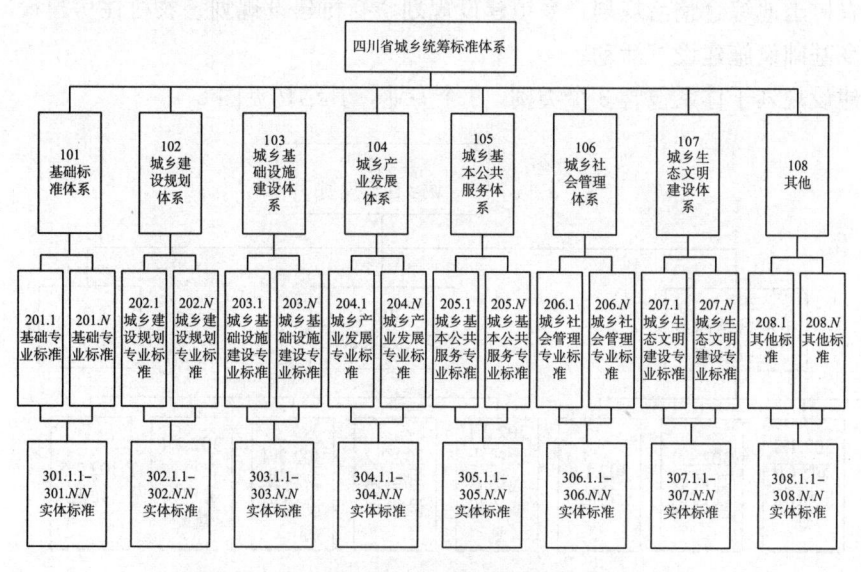

图 8-2　四川省城乡统筹标准体系层次－序列图

8.2.2　基础标准子体系

基础标准适用于四川省城乡统筹所有领域范围的各项活动，为通用标准。包含城乡统筹工作涉及的各项法律、法规、术语定义、工作分类等内容。

基础标准子体系包含 3 个类别，4 个专业，其结构见图 8-3。

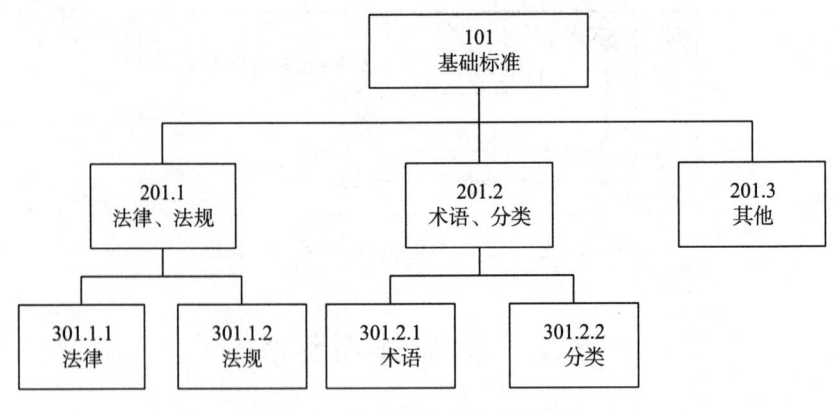

图 8-3 基础标准子体系结构图

8.2.3 城乡建设规划子体系

城乡建设规划标准适用于规范城乡统筹建设中的郊区(卫星城)规划、县域城镇规划、农村土地综合整治规划、乡镇建设规划、新村建设规划、农村住房建设规划、城乡基础设施建设等活动。

城乡建设规划子体系包含3个类别，9个专业，其结构见图8-4。

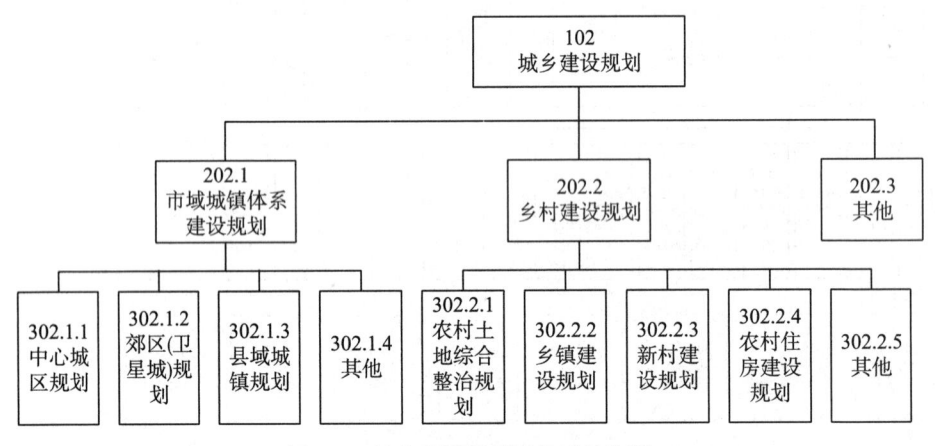

图 8-4 城乡建设规划子体系结构图

8.2.4 城乡基础设施建设子体系

城乡基础设施建设标准适用于煤气设施、电力设施、石油、天然气设施、清洁能源设施、供/排水设施、污水处理设施、防汛设施、道路交通、轨道交通、公共交通、邮政、电信、信息网络、环保公共设施、环卫工程设施建设等活动。

城乡基础设施建设子体系包含6个类别，22个专业，其结构见图8-5。

8.2.5 城乡产业发展子体系

城乡产业发展标准适用于重工业、轻工业、种植业、养殖业、混合农业、生产性服务业、非生产性服务业等领域的活动。

城乡产业发展子体系包含4个类别，10个专业，其结构见图8-6。

8.2.6 城乡基本公共服务子体系

城乡基本公共服务标准适用于九年义务教育、高中教育、普惠性学前教育、公共卫生服务、医疗服务、药品供应和安全保障、社会保险、社会救助、基本住房保障、就业服务和管理、职业技能培训、劳动关系协调和劳动权益保护、公益性文化、广播影视、新闻出版、群众体育等领域的活动。

城乡基本公共服务子体系包含6个类别，21个专业，其结构见图8-7。

8.2.7 城乡社会管理子体系

城乡社会管理标准适用于人口管理、计划生育管理、社会团体、基金会、民办非企业单位、涉外社会组织、社区环境、社区文化体育服务、社区卫生服务、社区法律服务、社区青少年服务、社区扶助服务、社区家政服务、社区物业、社区特殊人群管理、自然灾害、事故灾难、公共卫生事件、社会安全事件等领域的活动。

城乡社会管理子体系包含5个类别，23个专业，其结构见图8-8。

8.2.8 城乡生态文明建设子体系

城乡生态文明建设标准适用于矿产资源开采使用、森林资源开采使用、水资源开发利用、草原资源开发使用、退耕还林、退耕还草、水资源保护、荒漠化防治、水土保持、生活污染防治、生产污染防治、养殖污染防治、土壤污染防治、生态公益林建设、生态农业园区建设、农田防护林建设、河道综合整治、湿地建设等领域的活动。

城乡生态文明建设子体系包含4个类别，21个专业，其结构见图8-9。

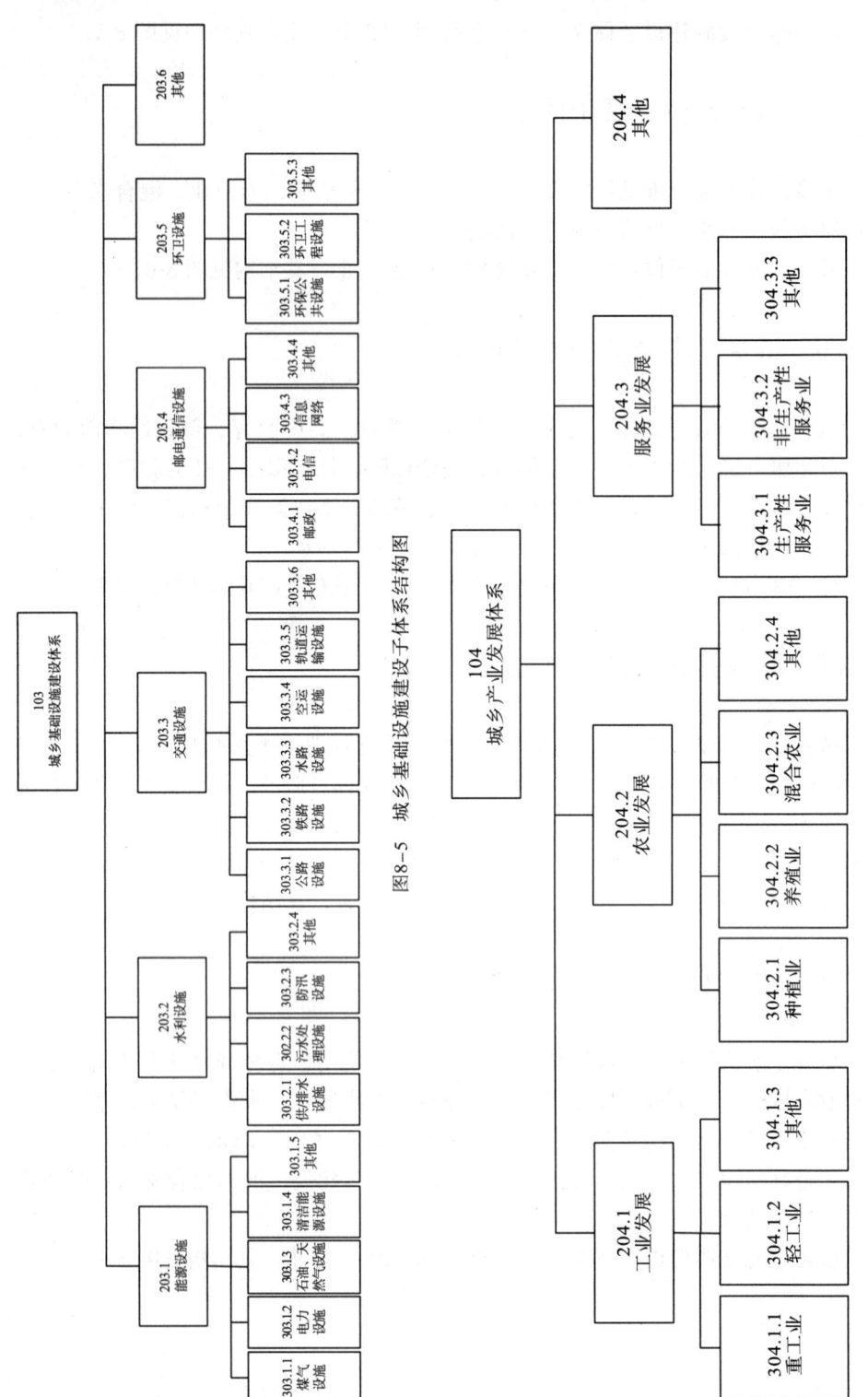

图8-5 城乡基础设施建设子体系结构图

图8-6 城乡产业发展子体系结构图

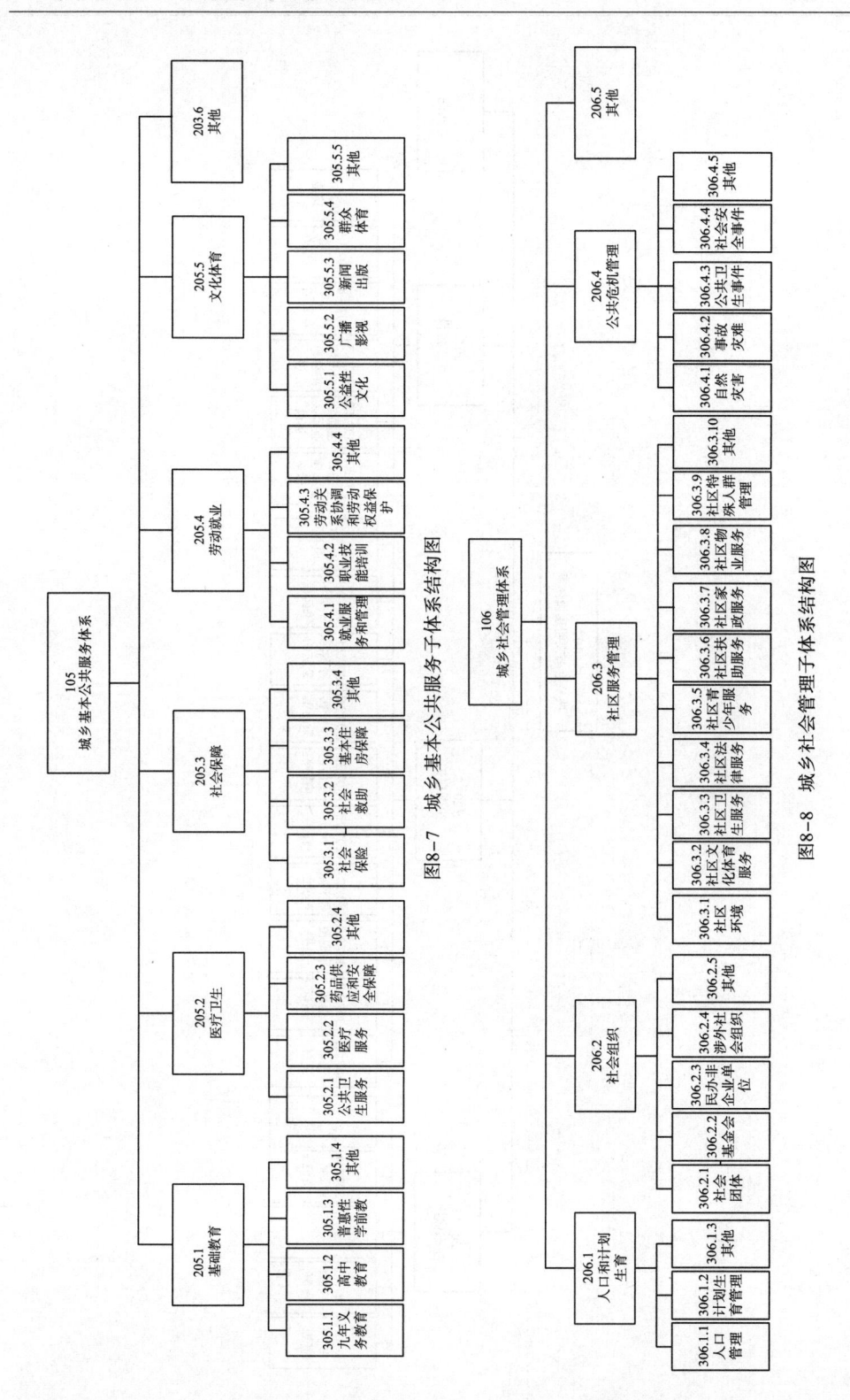

第8章 四川省城乡统筹标准体系框架

图8-7 城乡基本公共服务子体系结构图

图8-8 城乡社会管理子体系结构图

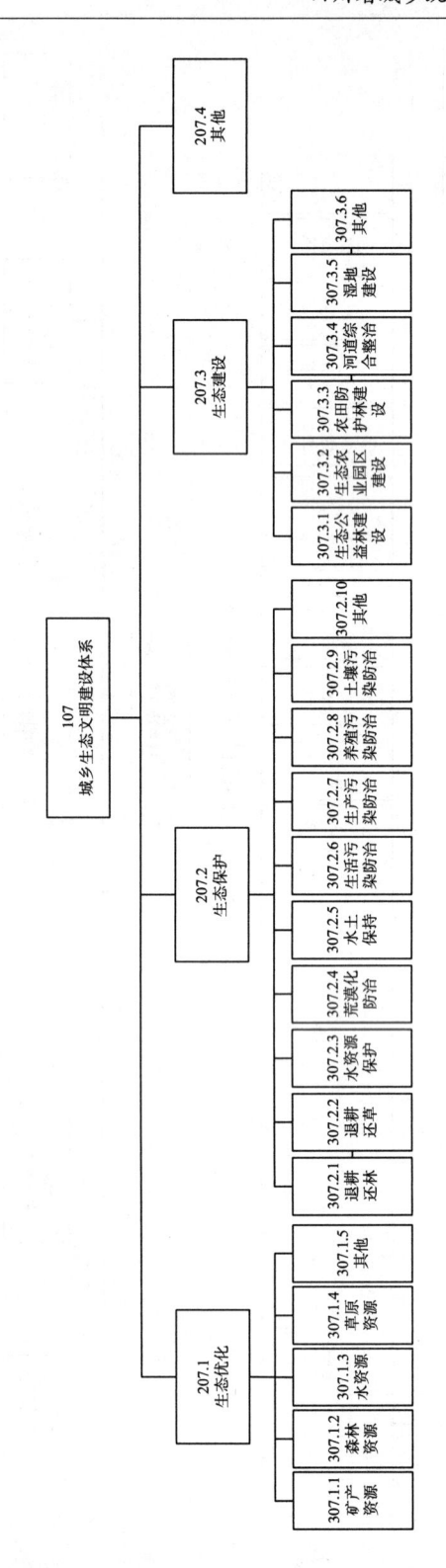

城乡生态文明建设体系 107

207.1 生态优化
- 307.1.1 矿产资源
- 307.1.2 森林资源
- 307.1.3 水资源
- 307.1.4 草原资源
- 307.1.5 其他

207.2 生态保护
- 307.2.1 退耕还林
- 307.2.2 退耕还草
- 307.2.3 水资源保护
- 307.2.4 荒漠化防治
- 307.2.5 水土保持
- 307.2.6 生活污染防治
- 307.2.7 生产污染防治
- 307.2.8 养殖污染防治
- 307.2.9 土壤污染防治
- 307.2.10 其他

207.3 生态建设
- 307.3.1 生态公益林建设
- 307.3.2 生态农业园区建设
- 307.3.3 农田防护林建设
- 307.3.4 河道综合整治
- 307.3.5 湿地建设
- 307.3.6 其他

207.4 其他

8.3 标准明细表

标准明细表格式按 GB/T 13016 规定编制，明细表中标准按照体系序号后缀顺序号方式编制。四川省城乡统筹建议新增标准明细表见附录 3。

8.4 标准体系分析

四川省城乡统筹标准体系收集法律法规 386 个，对于国家、部委以及省政府出台的关于城乡统筹工作的法律、规章制度均收录于法律法规中。

体系共整合了标准 1361 个，其中国家标准 573 个、行业标准 661 个、地方标准 95 个（其中四川省的标准只有 36 个）、国际标准 7 个、国外标准 25 个。通过研究发现，需要起草标准 67 个，建议这 67 个新增的标准先建立为四川省的地方标准。

国外标准部分，主要收集了俄罗斯国家标准、英国国家标准、法国国家标准、美国材料与试验协会标准，本课题组通过对标准的查阅认为，收集的 25 个国外标准可以作为四川省城乡统筹相关工作的参照标准使用，因此收录于本体系。

地方标准中，收集了 59 个非四川省的地方标准，本课题组通过对标准的查阅认为，这 59 个标准可以作为四川省城乡统筹相关工作的参照标准使用。

8.5 标准体系的后续开发对策与建议

8.5.1 标准体系接口的建议

四川省城乡统筹标准体系缺少上位标准体系指导，在体系构建时，一是广泛运用国内学者的研究成果，二是基于对城乡统筹工作的具体内容与要求的调研。本次研究构建的四川省城乡统筹标准体系结构，预留了与后续上位标准体系的接口，便于与上位标准体系对接。

8.5.2 标准适宜级别的建议

本课题组建立的四川省城乡统筹标准体系是四川省城乡统筹管理的新生事物，需要在一定范围内摸索经验，目前仅在四川省范围内推广使用，制订的标准宜先定为四川省地方标准。建议四川省城乡统筹主管部门和标准化主管部门根据四川省实际使用效果，在合适的时候对地方标准进行修订，逐步上升为行业或国家标准，以供全国范围内使用。

8.5.3　标准体系的应用与推进

四川省城乡统筹标准体系当前并未得到社会各界的广泛响应，根据调研信息和专家意见，建议四川省质量技术监督局会同四川省发改委联合发文，公布四川省城乡统筹标准体系，征求社会意见，确定四川省城乡统筹标准体系在四川省应用。

8.5.4　标准体系维护与更新

标准体系随社会发展和技术更新动态发展，需要不断维护和更新。四川省城乡统筹标准体系在结构上预留了扩展接口，便于调整。体系内的行业、地方标准专业跨度大，研究周期长，研究经费明显不足，相关部门经济支撑能力有限，还需要争取主管机关适当的经济支持，以完善四川省城乡统筹标准体系。

下篇

应用篇

第 9 章 四川省城乡义务教育均衡发展案例研究

9.1 四川省城乡义务教育均衡发展背景

根据 1986 年我国颁布实施的《中华人民共和国义务教育法》，2011 年全国 31 个省(区、市)通过了国家"普九"验收，我国用 25 年全面普及了城乡免费义务教育，从根本上解决了适龄儿童"有学上"的问题。但是，自新中国成立以来我国长期受城乡二元结构的影响，义务教育在不同区域、不同城乡、不同学校之间还存在着明显差异。为了缩小城乡义务教育差距，2010 年 7 月 29 日发布的《国家中长期教育改革和发展规划纲要(2010~2020 年)》提出了义务教育均衡发展目标，教育部决定建立县域义务教育均衡发展督导评估制度，开展义务教育发展均衡县(市、区)的评估认定工作，并于 2012 年 1 月 20 日印发了《县域义务教育均衡发展督导评估暂行办法》，以推动城乡义务教育均衡发展。四川省人民政府办公厅于 2012 年 9 月发布了《四川省人民政府办公厅关于转发四川省县域义务教育均衡发展督导评估实施办法(试行)的通知》，四川省教育厅于 2012 年 11 月 30 日印发了《四川省义务教育学校办学条件基本标准(试行)的通知》。这些文件的发布与实施，对四川省城乡义务教育均衡发展作了总体布局，提出了具体要求，为四川省城乡义务教育均衡发展奠定了坚实的基础。

2013 年 9 月，四川省人民政府发布了《四川省人民政府关于深入推进义务教育均衡发展的实施意见》，明确指出"深入推进义务教育均衡发展，着力提升农村学校和薄弱学校办学水平，全面提高义务教育质量，对于促进教育公平，保障民生，构建和谐社会，建设教育强省和西部人才高地，具有重大的现实意义和深远的历史意义"；并提出四川省推进义务教育均衡发展的基本目标，即：每所学校符合国家和省办学标准，办学经费得到保障；教育资源满足学校教育教学需要，开齐国家和省规定课程；教师配置更加合理，提高教师整体素质；学校班额符合国家和省规定标准，消除"大班额"现象；率先在县域内实现义务教育基本均衡发展，县域内学校之间办学条件和教育质量的差距明显缩小；到 2015 年全省累计 95 个县(市、区)实现基本均衡，义务教育巩固率达到 93.7%；到 2020 年全省 183 个县(市、区)实现基本均衡，义务教育巩固率达到 95%。各市州要按照《四川省推进县域内义务教育基本均衡发展目标责任书》和《四川省实现县域内义务教育基本均衡发展目标进度表》的总体要求，把规划目标落实到县、落实到乡、落实到校，并落实到年度和具体项目上，确保目标任务按期完成。

在经费保障方面，四川省要进一步深化义务教育经费保障机制改革，完善各级政府分项目按比例分担义务教育经费的保障机制，以促进公平和提高质量为导向，加大投入力度，完善保障内容，提高保障水平。切实做到教育经费"三个增长"，按规定足额征收并及时划拨教育附加，从土地出让收益中按10%的比例计提教育资金。各级政府加大支持力度，推动解决县镇"大校额""大班额"问题。各地加强统筹，加大对农村地区、民族地区、贫困地区以及薄弱环节和重点领域的支持力度。各地结合自身实际，适当拓展基本公共教育服务范围和提高服务标准。

在四川省人民政府和四川省教育厅的主导下，四川省城乡义务教育均衡发展取得了可喜的成绩，尤以成都市城乡义务教育均衡发展取得的成绩最为显著。

9.2 四川省城乡统筹义务教育均衡发展创新举措

9.2.1 圈层融合全域规划，顶层设计特色发展

成都市的城乡二元关系是四川省乃至全国城乡二元关系的一个缩影。成都市下辖19个区县，经济发展特点各异，发展程度也不平衡。为了统筹城乡经济社会发展，成都市政府根据成都市经济发展特点，将成都市下辖的19个区县划分为三个圈层：第一圈层为中心老城区（含高新技术开发区），包括锦江区、武侯区、青羊区、金牛区、成华区；第二圈层为规划建设中的新城区，包括龙泉驿区、青白江区、新都区、温江区、双流区、郫县；第三圈层为远郊区，包括都江堰市、彭州市、邛崃市、崇州市、金堂县、大邑县、蒲江县、新津县。

依据"全域成都，规划先行"的原则，先后进行了"试验区专题规划城乡统筹"、"中长期规划强化城乡统筹"和"十二五规划强化城乡统筹"三大主体工作，统筹确立了教育的优先发展地位，系统规划了教育的优先发展战略，全面实施了义务教育的布局结构调整，全域规划成都基础教育和校点布局，为推进城乡教育一体化确立依据，实现宏观上把握总体布局。

2012年2月29日，成都市教育局印发《关于深化城乡教育互动发展促进教育圈层融合的意见》。该《意见》分为指导思想、工作原则、主要途径、工作机制4部分，对成都市的城乡统筹教育一体化做了总体布局和具体安排。

其指导思想是：深入实施"三圈一体"战略，以区县联盟和跨区域学校结对为主要载体，促进县域之间、学校之间在事业规划、制度建设、教育管理、队伍建设、教学质量、课题研究、校外实践等多方面的联动发展，增强圈层教育的事

业共谋、管理共进、资源共享和信息互通、师资融合、文化濡染，推进优质教育资源满覆盖，促进教育"三圈一体"发展和圈层融合。

其工作原则是：①平等互补原则。互动双方要充分了解对方发展需要，共同规划、制定发展目标，促进相互补充、相互提高，实现共同发展。②联动共享原则。互动双方定期与不定期相结合开展活动，共享优质教育资源，共用特色教育基地、实践教育基地，在重大项目、专项建设方面加强合作，实现全方位融合发展。③特色发展原则。要充分尊重县域和学校的文化差异，注重培育和发展不同学校的文化特色，在提高整体教育水平的同时，打造各具特色的学校文化。

其主要途径是：首先，确定区县联盟范围。全市19个区（市）县及成都高新区教育行政部门建立"一对一"的教育联盟关系。共结成锦江区—金堂县、青羊区—蒲江县、武侯区—新津县、成华区—大邑县、金牛区—邛崃市、成都高新区—都江堰市、双流区—青白江区、温江区—崇州市、新都区—彭州市、龙泉驿区—郫县10个对子。其次，确定工作重点。联盟双方要统筹谋划两地教育有效融通的途径和方法，深化交流共享机制建设。要统筹两地在区域发展规划、重大政策制定、管理制度建设等方面的共享，促进管理融合；统筹双方行政管理人员、学校干部教师的定期交流，促进人员融合；统筹两地教师共同培训、区域课题协同研究等，促进研究融合；统筹双方信息资源应用、远程教学互动、重大项目实施等的合作，促进资源融合。

其工作机制分为工作推进机制、考核机制、表彰激励机制三方面。工作推进机制要求区县联盟和学校结对工作由成都市教育局统一领导，区（市）县和学校分级负责。各区（市）县教育行政部门和学校要提高认识，统一思想，服从、服务大局，加强领导，落实措施。联盟双方和学校双方要根据发展需求，分别商订协议，制定切实可行的规划和年度计划，建立协商制度和保障机制。考核机制要求成都市教育局将区县联盟和学校结对工作纳入对区（市）县教育行政部门的年度目标，实行捆绑考核。联盟双方要建立结对学校的捆绑考核机制，将结对学校的教育管理、队伍建设、学生活动和教育质量等方面工作实行"捆绑"考核，重点考核规划、计划、措施的落实情况和工作成效，对在互动交流中做出贡献的学校和人员，进行表彰奖励，对结对学校给予经费支持。表彰激励机制要求成都市教育局设立城乡教育互动发展专项经费，对做出突出贡献的区（市）县采取"以奖代补"的方式予以专项支持。对主动交流到农村学校、薄弱学校的干部教师，在评优评先、职称评聘等方面予以倾斜。对"手拉手"活动开展较好的区（市）县，在市级三好学生、优秀学生干部、先进班集体等评比中予以倾斜。各区（市）县也要建立相应激励制度。

成都市在经济社会发展圈层融合全域规划前提下，注重城乡义务教育的顶层设计，明确了义务教育均衡发展路径，将教育规划纳入经济社会发展规划中，其义务教育均衡发展核心指标完成情况纳入县级政府年度目标考核中，并从学校建设、教育质量等六个方面系统构建教育标准体系。截至 2013 年，成都市已制定和完善了 18 个市级教育标准，标准实行动态管理，每两年变动一次。成都市各区县结成 10 对"一对一"教育联盟，480 所义务教育段学校参与结对，26 所农村学校纳入中心城区名校托管，其办学水平和教育质量得到快速提升。

在顶层设计明确，均衡发展路径清楚的基础上，成都市各区（市）县因地制宜、大胆探索，形成了不同的推进城乡教育均衡发展特色，涌现了不同的教育发展模式。武侯区在"捆绑发展模式"基础上发展出"捆绑－松绑－脱绑"管理模式；青羊区的"三个满覆盖发展模式"以及青羊区与蒲江县的"青浦对流"模式；锦江区的"优质教育链"模式；高新区的九年一贯制学校"教学共同体"发展模式；双流区建立的城乡教师多层次宽领域广覆盖互动交流机制等，这些探索，极大地推进了成都市城乡义务教育的均衡发展。

2013 年成都成为全国首个整体实现县域义务教育均衡发展的副省级城市，2015 年在中西部地区率先基本实现教育现代化，教育事业发展主要指标达到中等发达国家同期水平。预计到 2017 年，成都市将基本实现义务教育高位均衡优质发展。

9.2.2　保障经费投入，缩小城乡生均公用经费差距

教育公用经费是指满足学校教育教学活动正常进行以及整个学校的正常运转而消耗的物力、人力所产生的费用。它和教育人员经费共同构成教育事业性经费。

教育公用经费包括经常性公用经费与资本性公用经费。按照相关文件规定，具体支出范围涵盖教学业务与管理、教师培训、教学实验、文体活动、水电、取暖、交通差旅、邮电、仪器设备及图书资料购置、房屋及仪器设备的日常维修维护等，但是不得用于人员经费、基础建设、偿还历史债务。

20 世纪至 21 世纪初，义务教育学校公用经费主要通过向学生收取学杂费来保障。2005 年 12 月，国务院印发《关于深化农村义务教育经费保障机制改革的通知》，决定实施农村义务教育经费保障机制改革，开始将农村义务教育经费全面纳入财政预算，由中央和地方共同分担。2008 年 8 月，国务院印发《关于做好免除城市义务教育阶段学生学杂费工作的通知》，全部免除城市义务教育阶段公办学校学生的学杂费，由省级财政予以安排。

我国的《义务教育法》规定：省、自治区、直辖市人民政府可以根据本行政区域的实际情况，制定不低于国家标准的学校学生人均公用经费标准。

2009 年，国家出台并落实了统一的义务教育学校公用经费基准定额：小学

生均 300 元/年、初中生均 500 元/年；2010 年和 2011 年先后两次提高定额至：中西部小学生均 500 元/年，初中生均 700 元/年；东部小学生均 550 元/年，初中生均 750 元/年。

2014 年中央财政下达的农村义务教育阶段学校公用经费预算，与 2013 年的经费预算相比，年生均公用经费基准定额提高了 40 元，中西部年生均小学 600 元、初中 800 元，东部年生均小学 650 元、初中 850 元。所需资金仍由中央财政和地方财政按比例分担，西部地区为 8∶2，中部地区为 6∶4，东部地区分省确定。

以成都市为例。2003 年以来，为保障义务段学生公平接受教育的权利，成都市采取"政府托底"的方式，先后投入 148 亿元实施了农村中小学标准化建设、城乡义务教育阶段薄弱学校改造等工程项目。成都市教育局局长吕信伟说："单就 2012 年，成都市各级一般预算安排财政教育支出 162.3 亿元，是 2003 年的 8 倍。"[1]

成都市不仅加大了教育财政投入，还对教育财政拨款进行了结构调整。确立了"建立生均公用标准动态调整机制"和"建立、完善农村教育投入机制"两大主体工作，按照"以市为主，分级承担，分类指导，区别对待"的经费负担原则，逐年增加生均公用经费拨款标准。2008 年，成都市公办义务教育阶段学校生均公用经费财政拨款标准为小学 300 元/生·年、初中 500 元/生·年；2012 年，成都市公办义务教育阶段学校生均公用经费财政拨款标准为小学 700 元/生·年、初中 900 元/生·年，生均公用经费均超过了国家和四川省规定的对城乡义务教育学校(含民办学校)小学 600 元/生·年、初中 800 元/生·年的基准定额标准。

成都市对辖区内 19 区(市)县加上成都市高新技术开发区共 20 个区(市)县的教育财政拨款分为三个层次：第一个层次是中心城区，第二个层次有六个近郊区(市)县，第三个层次有八个远郊区(市)县。市级财政对中心城区只出政策，不出经费，在经费上不给予支持，只给政策；在第二层次近郊区(市)县，市级财政转移支付 30%，近郊区(市)县承担 70%；对远郊区县八个区(市)县，这些区(市)县承担 30%经费，市级财政转移支付 70%的教育经费。通过分层、不同比例的财政投入，推动财政经费向义务教育特别是农村义务教育倾斜，弥补农村教育经费的"短板"。2009~2012 年，成都市连续四年将新增教育经费主要用于农村，财政性投入向经济欠发达区(市)县倾斜、向农村学校倾斜、向薄弱学校倾斜。2009 年成都市对农村教育的投入为 74.4 亿元，2010 年为 86.71 亿元，2011 年为 119.52 亿元，2012 年为 128.71 亿元，分别占全市教育经费总投入的 57%、56%、67%和 54%；四年内对农村教育多投入 119.49 亿元，新增经费 64.93 亿元均用于农村教育。

成都市统计局、教育局、财政局每年还发布各区(市)县教育投入经费公告,对未达要求的县级政府下达整改通知书或通报批评,以督促各区(市)县政府高度重视城乡义务教育均衡发展情况。

9.2.3 实施城乡义务教育学校建设"一元化"标准

在保障义务教育经费投入前提下,成都市在学校建设、教学设备配备、教育信息化等方面,做到硬件先行,实现办学条件的一元化。

在学校建设方面,2012年11月30日,四川省教育厅、中共四川省委机构编制委员会办公室、四川省发展和改革委员会、四川省财政厅、四川省住房和城乡建设厅、四川省国土资源厅、四川省人力资源和社会保障厅7部门,根据《教育部关于"十二五"期间加强学校基础建设规划的意见》《城市普通中小学校舍建设标准》《农村普通中小学校建设标准》(建标109-2008)、《中小学校设计规范》(GB 50099-86)等法律、法规和文件要求,参照其他省(区、市)义务教育学校办学条件基本标准,经过充分调研论证,联合发布了《四川省义务教育学校办学条件基本标准(试行)》,以推进四川省义务教育学校标准化建设,促进县域义务教育学校均衡发展。

根据这一试行办学条件基本标准,成都市出台了《成都市普通中小学校标准化建设指导意见》,对成都市中小学校的规划与建设,如学校布局与设置、学校总体规划、建设用地、学校校舍建设标准等方面,确定了城乡中小学校新建基本标准。对农村学校、偏远山区学校,采用倾斜化投入和配置方式,缩小城乡差距。

此外,成都市着力开展了城乡中小学标准化建设提升工程。首先是提高教育技术装备标准。成都市公办中小学生均设备值按照小学3600元、初中(含九年制学校)3900元、高中5800元进行拨付,分3年实施,2012年和2013年分别完成30%的学校教育技术装备标准提升工作,2014年完成余下40%的学校教育技术装备标准提升工作。其次,对所有公办中小学校教室进行光环境改造。改造后的教室达到2011年卫生部、国家标准化管理委员会颁布的《中小学学校教室采光和照明卫生标准》。最后,对具备改造条件的约370个公办中小学校运动场进行标准化改造,先期改造规模较大的中小学运动场,2014年以前全面完成。这些措施保证了城乡教学质量整体水平的提高。

目前,成都市各区(市)县中小学设施设备已基本达到国家标准,正加大投入,在图书、教学仪器、艺体类设施设备上逐渐缩小城乡差距。

9.2.4 合理配置教师资源，实行"县管校用"教师管理体制

教育要想均衡发展，必须均衡配置教师资源。"县管校用"教师管理体制的实行，是成都市统筹城乡义务教育均衡发展的一大创举。主要体现在以下几方面：

(1)加强师资配置管理，实行"县管总量控制、学校按岗配备"。按照"总量控制、统筹城乡、结构调整、有增有减"的原则，探索更加科学的编制管理办法，逐步建立教师编制县级"总量控制、动态管理"机制。编制核定后，每三年集中调整一次，机构编制部门根据生源变化和教育教学任务增减情况，每年进行一次微调。学校按照教育教学规律和自身发展需要，规划班额和师资需求，人社部门和教育主管部门按照编制标准进行配置和调整，按岗位配备教师。

(2)完善岗位设置标准，实行"县管岗位结构、学校按岗定员"。严格按照事业单位岗位设置相关文件规定设置教育事业单位管理岗位数、专业技术岗位数和工勤岗位数。严格岗位结构比例管理，对中、高级岗位实行集中调控和管理，根据统管人数及结构变化逐年增加相应岗位数，逐步实现义务教育阶段学校岗位结构比例无显著差异。学校科学设置岗位，明确岗位职责，形成的岗位设置方案报人社、教育部门审核。

(3)调整教师聘任方式，实行"县管人员身份、学校合理使用"。全面推进聘任制度和岗位管理制度，实行新进人员公开招聘制度。学校根据岗位设置和教学实际申报教师需求，人社、教育部门按照公开招聘的规定和核定的编制总数，面向社会公开招聘。招聘和引进人员与教师集中管理机构建立聘用关系，统一进行身份管理。教育主管部门根据学校需求统筹实施派遣任教。学校按照教学实际安排教师岗位，不得外借到其他非教学单位或机构。

(4)加大教师交流力度，实行"县管全局统筹、学校择优选派"。建立健全区(市)县域内公办义务教育学校教师、校长轮岗交流机制。教育主管部门负责疏通交流渠道、明确对象、制定方案，通过出台奖惩政策，采取多种交流形式，逐步达到学校之间专任教师学历比例、职称比例及骨干教师比例大致相当，实现县域内教师资源均衡配置。学校按照教育主管部门的安排及相关要求择优选派。交流任教经历纳入教师职称评聘、推荐评审的考核范畴。

(5)建立教师退出机制，实行"县管体系标准、学校考评执行"。建立以能力和业绩为导向，以社会和业内认可为核心的中小学教师评价机制。教育主管部门制定基本评价标准，学校结合实际细化标准确定具体考评实施办法。通过严格考核、科学评价，逐步建立教师退出机制。不适应教学岗位需要的教师实行离岗培训，培训后仍然不能适应教师岗位要求的，可实行调岗或另行安排工作；不符合

教师资格标准要求的人员依法调整出教师队伍。实行师德表现一票否决制，对有严重失德行为、影响恶劣者按有关规定予以严肃处理直至撤销教师资格。

9.2.5 创新教育监测机制，全面提高义务教育质量

成都市创造性地建立了义务教育校际均衡发展监测、城乡教育一体化发展监测、教育现代化发展水平监测、教育国际化发展水平监测、学生体质健康检测、学业质量标准与监测等一系列相对完整的教育均衡发展监测体系，在全国率先实施了教育均衡发展全方位、多维度的标准化评估。其中，义务教育校际均衡发展监测体系是城乡统筹义务教育均衡发展最直接的体现，也是全国首创。成都市实施义务教育校际均衡监测具有以下几点举措：

1. 分阶段进行，逐步推进

成都市实施义务教育校际均衡监测主要分为试点阶段、扩展阶段和深化阶段。2008年为试点阶段，选择温江区、金堂县两个区县进行试点监测，检验监测指标、分析方法的科学性和可行性。2009年为扩展阶段，在修正、补充的基础上，将监测范围扩展到全市19个区(市)县和成都高新区。2010～2015年为深化阶段，在总结经验和分析问题的基础上，深化义务教育校际均衡监测的研究工作。成都市实施的义务教育校际均衡监测在边监测边研究，边研究边实践的过程中，逐步形成了科学可行的监测体系和相应的工作机制。2011年3月，成都市在全国首发义务教育校际均衡监测蓝皮书。2011年8月，成都市发布全国第一个义务教育校际均衡指数报告，并在联合国教科文组织召开的都江堰国际论坛上发表。2011年9月，教育部国家督导办、联合国教科文组织中国全委会分别发文向全国推广。2011年12月，通过成都市政府工作创新项目考核评审，在所有政府部门和管理单位中，得分位居第一位。2012年8～10月，通过中国教育学会督导分会成果评审鉴定。获得成都市哲学社会科学成果一等奖，四川省教育科研成果一等奖。2013年，成都市将19个区(市)县、成都高新区和天府新区成都片区的义务教育阶段公办学校，其中小学616所(含九年一贯制学校小学部)，初中366所(含九年一贯制学校初中部)全部纳入监测评估范围。

2. 制定义务教育校际均衡发展监测指标体系

学术界将教育公平的内涵一般划分为三个层面：教育起点公平、教育过程公平和教育结果公平。教育起点公平主要指受教育的权利平等与机会均等；教育过程公平主要指学生在受教育过程中得到均等的教育基本公共服务，如经费投入、师资、设备条件、教育场地及学习环境、课程资源等教育

资源配置的均衡；教育结果公平指教育效果、教育质量的均等。当前，义务教育阶段学生受教育的权利和机会已经得到保障，校际均衡监测的重点应在资源配置和教育质量方面。

义务教育校际均衡监测指标分为常规指标和特别指标。常规指标包括生均预算内教育事业费支出、生均预算内公用经费支出、生均教育技术装备值、生机比、生均占地面积、生均建筑面积、中级及以上教师比例、骨干教师比例、生师比、平均班额数、课程开齐率、学生巩固率、小学和初中毕业考试（或者质量监测）各科一次性全及格率（全科及格率）、初中毕业升学率等14项主要指标；特殊指标则是根据不同时期社会关注热点和教育难点问题，设计当年的特殊监测指标[2]。

成都市义务教育校际均衡监测指标在监测实践中得到不断完善和调整（表9-1），并具有以下四个明显特性[3]。

表 9-1 成都市义务教育校际均衡监测指标

指标类型	一级指标	二级指标
常规监测指标	教育经费	生均公共财政预算教育事业费支出
		生均公共财政预算公用经费支出
	办学条件	生均教学仪器设备资产值
		生均图书册数
		百名学生拥有计算机台数
		生均体育运动场馆面积
		生均教学及辅助用房面积
	师资配置	小学专科(初中本科)及以上学历专任教师比例
		中级及以上专业技术职务教师比例
		骨干教师比例
		生师比
		班额达标比例
	教育质量	小学六年(初中三年)巩固率
		小学和初中毕业考试一次性全科及格率
特殊指标		根据不同时期社会关注热点和教育难点问题，设计当年特别关注指标

注：2013年、2014年特别关注指标是入学机会公平与破解择校难题。

(1) 针对性强。重点对校际之间教育资源配置状况进行研究和监测，客观反映义务教育学校之间的差距以及差距发展的趋势，及时发现典型弱势学校及其弱势面，以此做出预警，提出行政干预措施。

(2)导向性强。尽管义务教育校际均衡监测常规指标有14个,但是却将均衡监测的重点放在资源配置和教育质量上,并根据不同时期社会关注的热点和教育难点问题,设计一些当年的特别关注指标,如学校信息化建设达标率、择校生比例等,以此回应人民群众的关切。

(3)科学性强。采用基尼系数分析测度区(市)县域内义务教育校际均衡的总体程度,同时运用差异系数分析法,与基尼系数分析法进行相互验证,以提高监测结果的准确性。

(4)实效性强。市政府教育督导团将监测报告印发给各区(市)县政府、教育行政部门,并通过区(市)县反馈到学校,为改进管理、调整资源配置、做出重大决策等提供依据。

3. 建立数据采集系统和真实性核查机制

成都市建立了由学校填报,区(市)县教育督导部门审核(教育行政部门相关科室配合)的均衡监测数据填报工作机制,并开发了相关网络填报的数据采集系统。为了避免被监测学校在填报数据过程中出现错误填报,对所监测的指标进行了再分解,要求学校只填报基础数据,多数指标的值由负责监测的技术部门最后计算出来。

为确保采集的数据的真实性,成都市还建立了数据真实性核查机制,即"一个全面、两个随机、三个环节"的数据真实性核查机制。"一个全面"指全市19个区(市)县和高新区的所有义务教育阶段公办学校都是分层核查的对象,都在市级随机抽查的范围内。"两个随机",一是被抽查的学校完全随机产生,二是核查的数据完全随机抽选,并在此基础上再重点核查某些数据。"三个环节",一是学校层面的复核,校长对学校填报数据的真实性签字负责;二是区(市)县教育督导部门审核,并签字负责;三是成都市教育督导部门组织随机抽查,发现做得好的方面及时表扬和推广,发现问题及时通报批评,并根据问题严重程度,在相关考核中做出相应扣分。在监测实践中,此机制有效地避免了监测数据失真。

4. 选择恰当的分析方法

义务教育校际均衡监测指标体系,必须要有相对稳定的分析模式,从而维持指标体系的连续性和一致性,指标体系的更新发展一般是在基本分析模式不变的情况下进行的。当前国家教育督导团对教育公平程度的分析测度采用差异系数。成都市同时采用基尼系数和差异系数两种方法,分析测度区(市)县域内义务教育校际均衡的总体程度。

成都市义务教育校际均衡监测指标体系同时运用基尼系数和差异系数两种分析法,是为了对分析结果进行相互验证,以提高监测结果的准确性。在综合分析的基础上，借鉴联合国教科文组织有关人类发展指数的计算方法，以差异系数为基础，计算出区域的均衡指数。

此外，根据国内有关专家研究发现，区域均衡会在一定程度上掩盖校际间的真实差距，反映区域均衡总体概况的基尼系数无法表达出校际间的具体差异，因此成都市再使用平均值差异显著性检验的方法比较城乡学校差异和校际具体差异，以此对每所学校每项指标一一做出监测，以期发现典型弱势学校和学校的弱势面。

成都市通过实施义务教育校际均衡监测，建立了校际差异、城乡差异、区域差异直观表达模型，建立了薄弱学校识别标准、结果反馈机制、政府决策运用机制和监测报告公开发表接受社会监督的机制，以此全方位的了解和监测了义务教育均衡发展情况，为成都市城乡义务教育均衡发展提供了依据。

9.3 成都市城乡统筹义务教育均衡发展取得的成效

2013年9月，成都市所辖19个区(市)县全部一次性通过国家"义务教育发展均衡县"验收，创全国首例。国家督导检查组指出：成都市在推进义务教育均衡发展过程中，改革创新、攻坚克难，积累了丰富的经验，形成了"顶层设计、标准引领、政府托底、圈层融合、强化师资、督导监测"的成都模式，初步实现了"学有所教"到"学有良教"的跨越。其城乡统筹义务教均衡发展取得的成效，可以从义务教育均衡总指数全市平均值、基尼系数全市平均值以及一级监测指标均衡系数等方面加以反映。

1. 城乡统筹义务教育均衡发展指数情况

成都市从2010~2013年，在城乡义务教育均衡发展方面，连续四年持续推进，城乡均衡程度快速提高。从义务教育均衡监测指标上看，其城乡统筹义务教育均衡发展总指数平均值逐年下降(表9-2)。

表9-2 成都市义务教育均衡总指数平均值一览表

年份	均衡指数
2010	0.41
2011	0.39
2012	0.32
2013	0.30

数据来源：成都市教育现代化发展水平监测年度报告(2014卷)，科学出版社。

从表 9-3 可见：2013 年，成都市各区(市)县义务教育均衡总指数平均值为 0.30，均衡总指数最低的是青羊区为 0.16，最高的是金堂县为 0.48，与 2012 年相比，青羊区、锦江区、新津县继续维持了较好的均衡水平。均衡指数降低，均衡程度提高的是：成都高新区、金牛区、武侯区、成华区、新都区、温江区、双流县、郫县、大邑县、蒲江县、都江堰市、彭州市、邛崃市等 13 个区(市)县；均衡指数增大，均衡程度明显降低的有崇州市、金堂县；均衡指数大于 0.35 的有龙泉驿区、金堂县、郫县、邛崃市、崇州市。

表 9-3　成都市各区(市)县义务教育均衡总指数平均值一览表

区县项目	义务教育均衡总指数	
	2012 年	2013 年
成都高新区	0.33	0.30
锦江区	0.23	0.24
青羊区	0.16	0.16
金牛区	0.30	0.26
武侯区	0.31	0.29
成华区	0.28	0.25
龙泉驿区	0.37	0.37
青白江区	0.26	0.28
新都区	0.31	0.25
温江区	0.25	0.24
金堂县	0.43	0.48
双流县	0.3	0.25
郫县	0.46	0.38
大邑县	0.32	0.29
蒲江县	0.49	0.28
新津县	0.21	0.22
都江堰市	0.31	0.28
彭州市	0.27	0.22
邛崃市	0.46	0.43
崇州市	0.42	0.45
天府新区成都片区	—	—
成都市平均值	0.32	0.30

数据来源：成都市教育现代化发展水平监测年度报告(2014 卷)，科学出版社。

2. 城乡统筹义务教育均衡发展基尼系数情况

基尼系数是用来描述财产、收入、人口、种族、犯罪、教育等社会状况集中程度的量。基尼系数不仅可用于收入分配问题的研究，也可以用于其他一切分配问题和均衡程度的分析。它的值在 0~1，0 表示无集中，完全均衡；1 表示最大集中程度，完全不均衡。按国际上公认的收入分配标准看，基尼系数在 0.3 以下为均衡度较好；0.3~0.4 为均衡度基本正常；0.4 表示集中程度比较严重，为非均衡的"警戒线"；超过 0.4 表示集中程度已经很高，达到了非均衡状态，从经济社会角度看，社会上将可能出现骚动不安的苗头；超过 0.6 为"危险"，将可能引发严重的社会动乱[4]。

从表 9-4 可见，成都市义务教育基尼系数平均值呈逐年缩小趋势，由 2008 年的 0.208 下降到 2013 年的 0.160，2012 年，基尼系数最大值为 0.36，2013 年最大值降低为 0.25，教育经费的分配和办学条件配置得到明显提高。

从表 9-5 可见，2012 年，全市 19 个区(市)县和高新区义务教育阶段学校，在生均预算内教育事业费、生均预算内公用经费、生均教育技术装备值等方面的基尼系数平均值，除了蒲江县是 0.36 外，其余 18 个区(市)县均小于全市平均值 0.18；2013 年，全市 19 个区(市)县和高新区义务教育阶段学校，在生均预算内教育事业费、生均预算内公用经费、生均教育技术装备值等方面的基尼系数，全部小于全市 0.16 的平均值。这说明成都市区域内义务教育均衡状况进步明显，基本达到了县域内义务教育均衡。

表 9-4　成都市义务教育均衡基尼系数平均值一览表

年份	基尼系数
2008	0.208
2009	0.175
2010	0.171
2011	0.220
2012	0.180
2013	0.160

数据来源：成都市教育现代化发展水平监测年度报告(2014 卷)，科学出版社。

表 9-5　成都市各区(市)县义务教育均衡基尼系数平均值一览表

区县项目	生均教育经费投入和教学仪器设备资产值基尼系数平均值	
	2012 年	2013 年
成都高新区	0.17	0.11
锦江区	0.12	0.12

续表

区县项目	生均教育经费投入和教学仪器设备资产值基尼系数平均值	
	2012年	2013年
青羊区	0.08	0.12
金牛区	0.16	0.16
武侯区	0.17	0.15
成华区	0.20	0.13
龙泉驿区	0.20	0.14
青白江区	0.14	0.15
新都区	0.13	0.13
温江区	0.13	0.09
金堂县	0.21	0.23
双流县	0.22	0.15
郫县	0.18	0.20
大邑县	0.19	0.19
蒲江县	0.36	0.17
新津县	0.11	0.14
都江堰市	0.16	0.12
彭州市	0.19	0.15
邛崃市	0.25	0.25
崇州市	0.24	0.21
天府新区成都片区	—	—
成都市平均值	0.18	0.16

数据来源：成都市教育现代化发展水平监测年度报告（2014卷），科学出版社。

3. 城乡统筹义务教育校际均衡发展差异情况

差异系数，也称变差系数、离散系数、变异系数。它是一组数据的标准差与其均值之比，是测算数据离散程度的相对指标。差异系数通常用标准差计算，因此，差异系数也被称为标准差系数。差异系数越大，说明离散程度越大。在成都市统筹城乡义务教育校际均衡发展监测指标体系中，一级指标主要由教育经费、办学条件、师资配置和办学质量四大类组成。其中，教育经费均衡指数由生均公共财政预算教育事业费支出和生均公共财政预算公用经费支出的差异系数计算得出；办学条件均衡指数，由生均教学仪器设备资产值、生均图书册数、百名学生拥有计算机台数、生均体育运动场馆面积、生均教学及辅助用房面积的差异系数计算得出；师资配置均衡指数由小学专科（初中本科）及以上学历专任教师比例、中级及其以上专业技术职务教师比例、骨干教师比例、生师比、班额达标比例的差异系数计算得出；教育质量的均衡指数由小学六年（初中三年）巩固率、小学（初中）毕业考试一次性全科及格率的差异系数计算得出。[5]

城乡义务教育校际均衡差异情况主要体现在小学校际均衡差异和初中校际均衡差异方面。

从表9-6可见，2013年成都市县域内小学校际之间，教育经费、办学条件、师资配置和教育质量较2012年均衡指数全面减小。均衡程度最好的是反映教育质量的巩固率和及格率，其均衡指数成都市平均值为0.03，已达到国家规定的合格标准，小学教育质量的校际差异已基本消除。与2012年相比，办学条件的均衡程度下降最多，下降了0.06，校际差异进一步降低。

2013年，小学教育经费均衡指数最小的是新津县为0.17，最大的是武侯区为0.59，龙泉驿区与崇州市也比较高，分别为0.56和0.54；小学师资配置均衡指数最小的是青羊区为0.08，最大的是龙泉驿区为0.72；小学教育质量均衡指数普遍较小，但金堂县、青白江区等地需要进一步缩小小学校际间差距。

表9-6　2013年成都市小学一级监测指标均衡指数情况一览表

地区	教育经费	办学条件	师资配置	教育质量
成都高新区	0.37	0.55	0.48	0.00
锦江区	0.21	0.37	0.25	0.01
青羊区	0.27	0.17	0.08	0.00
金牛区	0.22	0.30	0.52	0.00
武侯区	0.59	0.34	0.38	0.00
成华区	0.22	0.48	0.39	0.01
龙泉驿区	0.56	0.54	0.72	0.03
青白江区	0.27	0.27	0.35	0.10
新都区	0.25	0.35	0.32	0.00
温江区	0.25	0.36	0.50	0.02
金堂县	0.44	0.56	0.46	0.10
双流县	0.30	0.23	0.24	0.00
郫县	0.51	0.43	0.68	0.05
大邑县	0.38	0.45	0.20	0.01
蒲江县	0.38	0.19	0.29	0.03
新津县	0.17	0.31	0.22	0.00

续表

地区	教育经费	办学条件	师资配置	教育质量
都江堰市	0.28	0.48	0.23	0.04
彭州市	0.25	0.34	0.22	0.00
邛崃市	0.43	0.40	0.64	0.04
崇州市	0.54	0.45	0.56	0.07
天府新区成都片区	0.00	0.25	0.18	0.02
2012年成都市均值	0.39	0.43	0.40	0.04
2013年成都市均值	0.34	0.37	0.38	0.03

从表9-7可见，2013年成都市县域内初中校际之间，在教育经费、办学条件、师资配置和教育质量与2012年均衡指数比较，变化不明显。教育经费、教育质量均衡指数与2012年完全持平。办学条件均衡指数变化也不大，只下降了0.01；师资配置均衡指数进步较大，下降了0.09。

表9-7　2013年成都市初中一级监测指标均衡指数情况一览表

地区	教育经费	办学条件	师资配置	教育质量
成都高新区	0.16	0.26	0.29	0.25
锦江区	0.24	0.29	0.35	0.17
青羊区	0.27	0.20	0.18	0.14
金牛区	0.19	0.36	0.39	0.12
武侯区	0.41	0.26	0.19	0.16
成华区	0.24	0.30	0.16	0.19
龙泉驿区	0.20	0.38	0.29	0.24
青白江区	0.26	0.30	0.28	0.37
新都区	0.22	0.34	0.19	0.30
温江区	0.22	0.25	0.19	0.16
金堂县	0.69	1.01	0.34	0.22
双流县	0.56	0.29	0.23	0.14
郫县	0.27	0.48	0.42	0.24
大邑县	0.33	0.34	0.19	0.42
蒲江县	0.61	0.17	0.26	0.32
新津县	0.25	0.28	0.22	0.29
都江堰市	0.33	0.45	0.26	0.20

续表

地区	教育经费	办学条件	师资配置	教育质量
彭州市	0.26	0.29	0.24	0.18
邛崃市	0.58	0.34	0.54	0.48
崇州市	0.84	0.27	0.62	0.29
天府新区成都片区	0.00	0.26	0.16	0.14
2012年成都市均值	0.56	0.35	0.37	0.24
2013年成都市均值	0.36	0.34	0.28	0.24

2013年，初中教育经费均衡指数最小的是高新区为0.16，最大的是崇州市为0.84，金堂县、蒲江县、邛崃市、双流县的教育经费均衡指数也较大，分别为0.69、0.61、0.58、0.56；初中办学条件均衡指数最小的蒲江县为0.17，最大的是金堂县为1.01；初中师资配置均衡指数最小的是天府新区成都片区和成华区，均为0.16，最大的是崇州市为0.62；初中教育质量均衡指数最小的是金牛区为0.12，最大的为邛崃市为0.48。[6]

总之，成都市通过统筹城乡义务教育，在教育经费、办学条件、师资配置和教育质量等方面大力推进、着力改革、大胆创新，促进了各区(市)县域内义务教育的均衡发展，校际间差异进一步缩小，逐步扭转了教育资源重点倾向少数"名牌学校"的格局，城乡差异进一步缩小，使成都市68万余名小学生、42万余名初中生、上百万个家庭逐渐享受到教育公平，为促进社会公平、社会和谐奠定了基础，也为四川省乃至全国的城乡统筹义务教育均衡发展积累了宝贵经验。

参 考 文 献

[1] 吕信伟，何玲. 城乡教育一体化水平监测与评价研究——以成都市为例[M]. 北京：人民出版社，2013.
[2] 成都教育发展报告编写组. 成都教育发展报告(2013)：统筹城乡教育 促进教育公平[M]. 北京：高等教育出版社，2013.
[3] 王鹏. 统筹城乡背景下成都市义务教育均衡发展研究[D]. 成都：西南财经大学，2014.
[4] 史雅丽. 成都市推进城乡义务教育均衡发展的案例研究[D]. 成都：电子科技大学，2014.
[5] 熊雯. 城乡义务教育均衡发展的研究：以成都为例[D]. 成都：西南财经大学，2012.
[6] 成都市教育局. 成都市全面推进教师"县管校用"改革[EB/OL]. http://www.moe.gov.cn/publicfiles/business/htmlfiles/moe/s6866/201212/145940.html，2012-12-11.

第 10 章 四川省城乡医疗卫生均衡发展案例研究

10.1 城乡医疗卫生均衡发展的背景

在计划经济时代，我国以政府投入为主，集中社会和集体力量，仅用占世界1%的卫生费用解决了占世界人口22%的基本医疗卫生保健问题，被国际社会总结为"初级卫生保健"的策略。随着改革开放的深入推进，市场机制被引入到医疗卫生领域，然而市场手段在社会服务领域中往往失灵，过度市场化造成了基本医疗卫生服务不到位、供给不足，"看病难、看病贵"，基本医疗卫生服务水平的区域差距、城乡差距不断拉大等问题。根据《2007年中国卫生统计年鉴》及《2007年中国卫生事业发展统计公报》数据，1990~2006年，我国的城乡人均卫生费用虽有较大增长，但城乡人均卫生费用之间的差距却在扩大。2006年，我国人均卫生总费用城市为1145.1元、农村为442.4元，城市为农村的2.59倍；城乡居民个人卫生费用负担也有差别，农村居民人均纯收入不足城镇居民人均可支配收入的1/3，但农村居民个人承担的医疗保健支出占其全年消费性支出的比重(7.9%)却高于城镇居民(7.6%)。

根据《2006年中国卫生统计年鉴》、《中国儿童发展状况国家报告》（2003~2004年）、《国家卫生服务调查分析报告》（1993年、1998年、2003年）以及《中国食物营养与健康调查》（1990年、1995年、1998年）的数据显示，1991~2004年，我国的城乡孕产妇死亡率虽有较大幅度下降，但城乡之间的差距依然很大。1991年监测地区城市与农村孕产妇死亡率分别为46.3/10万和100.0/10万，城乡差距为53.7/10万；2004年城市与农村孕产妇死亡率分别为26.1/10万和63.0/10万，城乡差距为36.9/10万。

截至2009年，我国卫生人员总数为731万人，其中：城市卫生人员数641万人，而乡村卫生人员数仅为90万人。与2008年相比，全国卫生人员总数增加了24万人，增长了3.9%；然而乡村卫生人员数却减少了3万人。城市的卫生人员数在不断增长，而农村的卫生人员数在逐步减少。如果按市县区分，我国2008年市级每千人口卫生技术人员数为5.58人，县级每千人口卫生技术人员数为2.21人，若按农业与非农业人口来区分，差距则更为明显。2008年农村每千人口乡镇卫生院人员数仅为1.22人，远远低于市级的每千人口卫生院人员数(5.58人)。若再加上乡村医生和卫生员，农村每千人口乡村医生和卫生员为

1.06人，两者的数据之和也仅为2.28人，仍然不到城市的一半。以上仅从人员数量上加以比较，若再考虑卫生人员的技术水平，城乡之间的医疗卫生服务水平实际差距会更大。

城乡之间基本医疗卫生服务严重的不平等现象，阻碍了我国经济的持续稳定增长，不利于统筹城乡经济社会的协调发展。四川是一个医疗资源不足，特别是优质医疗资源不足，城乡差异、区域差异大的省份，虽有四川大学华西医院这样综合实力在全国排名第二的优质大型医院，但也有一些仅有二三十人的小型县级医院，还有一些乡镇卫生院只有两名医务人员，有一段时间里还出现了无人卫生院。因此，让老百姓患病后能公平地享受到优质的医疗服务，一些常见病、多发病能在基层医疗机构治愈显得比其他省份更为迫切。

在统筹城乡发展过程中，四川省不断致力于逐步缩小区域间和城乡间的基本医疗卫生服务水平，采取了一系列积极措施来推动城乡基本医疗保障、基本医疗卫生服务均等化。2009年，四川省相继出台《中共四川省委、四川省人民政府关于深化医药卫生体制改革的实施意见》《四川省关于促进基本公共卫生服务逐步均等化的实施意见》等文件。

10.2 城乡医疗卫生均衡发展的创新举措

10.2.1 加强乡村医生队伍建设

乡村医生最早叫"赤脚医生"，诞生于20世纪50年代，由于当时农村卫生条件极其恶劣，各种疾病肆意流行，在严重缺医少药的情况下，政府部门提出把卫生工作的重点放到农村，以此培养和造就了一大批"赤脚医生"，他们半农半医，一根针、一把草治病，是我国农村卫生工作的"三大法宝"之一。如今四川省的"乡村医生"，是指全省所有在当地区(市)县卫生计生行政部门注册，在村卫生室工作的乡村医生、执业(助理)医师和护士。他们的主要职责是向农村居民提供公共卫生和基本医疗服务，并承担卫生计生行政部门委托的其他医疗卫生服务相关工作。做好农村卫生工作，实现城乡医疗卫生均等化，抓好网底建设是关键，而提高乡村医生整体素质则是决定网底质量的重要因素。

1. 稳定优化乡村医生队伍

(1)合理配置乡村医生。如绵阳市建立乡村医生引入机制，实施定员、定岗、定向的"三定"措施。定员即确定乡村医生总量，除场镇所在地外每个行政村至少要有1所村卫生室，原则上按照每千服务人口1~1.2名的标准配备乡村医生，人口较少的村可由1名乡村医生承担2个村卫生室工作。定岗即乡村医生职责主要为农村居民提供公共卫生和基本医疗服务，并承担卫生计生行政部门委托的其他医疗卫生服务相关工作。加强乡村卫生服务一体化管理，继续实行"统一机构设置、统一人员聘用、统一业务指导、统一药械配送、统一财务管理、统一绩效考核"。乡村医生实行"乡聘村用"及派驻制，由乡镇卫生院统一调配，派驻到村卫生室工作，可定期轮换，承担乡村医生职责和任务。定向即定向培养与定向招聘。定向培养方面，各县市区、园区与医学院校合作开设"乡村医生定向班"，纳入正规中专或大专学历教育，学员由各县市区、园区选派，毕业后回到选派地从事乡村医生工作，服务期不低于8年。定向招聘方面，各县市区、园区通过购买服务等方式，组织乡镇卫生院面向社会招聘具有参加国家执业助理医师考试资格的中专以上医学毕业生或具有执业助理医师以上资格的人员到村卫生室工作，服务期不限。

（2）提高乡村医生岗位吸引力。结合各地实际开展乡村一体化管理试点，乡镇卫生院按规定择优考核招聘在村卫生室工作符合条件的执业（助理）医师，派驻到村卫生室服务，探索"乡聘村用"管理使用模式。强化乡镇卫生院对村卫生室人员、业务、药械、财务和绩效考核等方面的统一、规范管理，推动乡镇卫生院领办村卫生室。建立乡村全科执业助理医师制度，做好乡村医生队伍建设和全科医生队伍建设的衔接，取得乡村全科执业助理医师资格的人员可按规定参加医师资格考试。

（3）保障乡村医生合理的收入待遇。各地综合考虑乡村医生工作的实际情况、服务能力和服务成本，采取政府购买服务的方式，保障乡村医生合理的收入水平。对乡村医生提供的基本公共卫生服务，根据核定的任务量和考核结果，将相应的基本公共卫生服务经费拨付给乡村医生。如广元市全面落实乡村医生补偿政策，合理分配村卫生室和乡镇卫生院的基本公共卫生服务任务，将40%的公共卫生服务项目和经费下沉到村卫生室。将符合条件的村卫生室纳入医保定点，足额配套落实村卫生室专项补助经费，继续执行村卫生室一般诊疗费收费标准按规定报销。市（州）和县级政府支持和引导劳动年龄内的乡村医生按规定参加职工基本养老保险，符合退休条件的按规定领取养老金。乡村医生也可在户籍地参加城乡居民基本养老保险。建立乡村医生退出机制，原则上年满65周岁的乡村医生应退出乡村医生岗位，最高不超过70周岁。如绵阳从2016年起，对从事乡村医生工作满5年及以上、超过劳动年龄且已经离开岗位的乡村医生，按其累计从事乡村医生工作年限，给予退出生活补助，按照该市解决被清退的乡镇机关和事业单位临时人员补助标准执行。

（4）转变乡村医生服务模式。全面推进乡村医生签约服务，建立相对稳定的契约服务关系，提供约定的基本医疗卫生服务，并按规定收取服务费。服务费由医保基金、基本公共卫生服务经费和签约居民分担，具体标准和保障范围由各市

(州)根据当地的医疗卫生服务水平、签约人群结构以及医保基金和基本公共卫生服务经费承受能力等因素确定。

(5)改善乡村医生执业环境。依托农村公共服务平台建设等项目,采取公建民营、政府补助等方式,进一步支持村卫生室房室建设和设备购置。加快信息化建设,将以农村居民健康档案和基本诊疗为核心的信息系统延伸至村卫生室,支持新型农村合作医疗即时结算管理、健康档案和基本诊疗信息联动、绩效考核、远程培训、远程医疗等工作。建立适合乡村医生特点的医疗风险分担机制,采取县域内医疗卫生机构整体参加医疗责任保险等多种方式有效化解乡村医生的执业风险。开展中医服务的应配备基本中医诊疗设备。

2. 加大基层卫生人员培养培训力度

(1)强化面向农村基层的医学生培养。加强农村订单定向医学生免费培养工作,重点实施面向村卫生室的3年制中、高职免费医学生培养。组织符合条件的在岗乡村医生参加国家规定的考试进入医学院校接受医学学历教育,提高整体学历层次。对于按规定参加学历教育并取得医学相应学历的在岗乡村医生,政府对其学费可予以适当补助,具体补助标准由市(州)政府根据当地情况制定。如内江市在市中区、隆昌县试点开展"县招乡用""乡招村用"改革,对乡镇卫生院优先聘用乡村医生和到村卫生室工作的医学本科毕业生实行优先参加住院医师培训政策。

(2)推进全科医师规范化培训。按照《四川省人民政府关于建立全科医生制度的实施意见》要求,优先安排城市社区卫生服务机构和农村医疗卫生机构进入临床医师岗位的新录用人员到国家或省级全科医生培养基地接受培养,以"5+3"和"3+2"形式培养全科医生和助理全科医生。

(3)实施基层卫生人员岗位培训。依托县级医疗卫生机构或有条件的中心乡镇卫生院,开展乡村医生岗位培训。乡村医生每年接受免费培训不少于2次,累计培训时间不少于2周;市(州)有计划选派具有执业医师或执业助理医师资格的优秀乡村医生到省、市级医院接受免费培训;乡村医生每3~5年免费到县级医疗卫生机构或有条件的中心乡镇卫生院脱产进修,进修时间原则上不少于1个月。

3. 创新基层卫生人才使用机制

一是完善基层医疗卫生机构绩效考核和财政补助政策。完善绩效考核分配办法,强化以岗定酬、以绩取酬,加大单位内部分配力度,向一线骨干医护人员倾斜,真正建立多劳多得、优绩优酬的分配制度。对乡镇医疗卫生机构工作人员按规定实行乡镇补贴,激励基层医务人员长期扎根基层服务。完善财政补助方式,实行核定任务与定额补助挂钩、适时动态调整等办法，提高人员经费支出占业务支出的比例。实行基本公共卫生服务项目经费"专账管理、专款专用"，强化经费落实和使用情况的专项审计和督查。鼓励各地探索建立购买基本公共卫生服务的新机制。二是加大补员力度。完善职称政策，充实一批县、乡基层卫生事业单位专业技术人员，在符合岗位条件基本职责要求的前提下，适当放宽报名条件、降低开考比例；对急需紧缺卫生专业技术人员，按有关规定实施考核招聘。凡到社区卫生服务机构工作的医师、护师，可提前1年参加全国卫生技术中级资格的全科医学、社区护理专业类别的考试。三是加强城乡卫生对口支援。组织城市二级以上医疗机构临床重点专科结对帮扶城乡基层医疗卫生机构特色科室建设，培育一批适合基层开展的专项技术、专病项目，吸引群众就近就医。根据基层医疗卫生服务需求，每年安排二级以上医疗机构的医生和管理人员到基层服务，帮助基层医疗卫生机构提升服务水平。严格执行城市医生晋升副主任医师前到基层服务的规定，建立青年医师下基层制度，加强动态管理，加大考核力度，提高对口支援效果。

2011年，雅安市在宝兴县率先采取"乡招村用、定期服务"的办法补充村医。具体做法是，将乡镇卫生院的编制划出20%，用于乡村一体化管理的村卫生室人员招聘。通过考核的受聘人员予以解决国家事业编制，财政全额拨款，享受乡镇卫生院同等卫生事业人员的福利待遇。同时，受聘人员与乡镇卫生院签订聘用合同，对于在村卫生室连续工作3年以上(含3年)的，可回到乡镇卫生院工作，对于在村卫生室连续工作6年以上(含6年)的，可以乡镇卫生院正式编制人员身份流动。目前，宝兴县招聘的15名村卫生室人员和9名乡镇卫生院派驻村卫生室人员正在所辖的乡镇卫生院实习，实习结束后将赴村卫生室开展工作。随后，雅安市政府在全市推广了宝兴县"带编招聘、事业管理、定期服务"的做法。

在创新基层卫生人才使用机制方面，四川省巴中市、安县、黑水县等地实施乡村医生签约服务方式。如安县实行了"三书一册""三查一评""三零服务"的乡村医生签约服务机制。一是"签订三书"明责任。乡村医生与村民签订《签约服务协议书》，逐一明确双方权利与责任；乡村医生与乡镇卫生院签订《签约服务承诺书》，用承诺督促和激励乡村医生提升服务质量和水平；发放《签约服务告知书》，将服务时间、服务地点、服务内容、服务方式告知群众。二是"三查一评"促落实。实行卫计局监督检查、乡镇卫生院定期督查、村委会巡查、村民年度测评的制度，督促乡村医生对签约家庭开展健康评估和面对面健康保健指导服务，提供优质的个性化服务。截至2016年2月，对签约对象中的重点人群，尤其是空巢、行动不便并有需求的老年人提供上门服务4.8万人次，面对面健康保健指导服务率达72%以上，累计开展健康咨询2.1万余次。三是"三零服务"

严考核。按照服务对象零距离、受理办理零积压、服务质量零差错的理念，将签约服务工作列入绩效考核，考核结果直接与乡村医生报酬挂钩。乡村医生签约服务绩效考核实行百分制，按优秀、合格、基本合格、不合格四个绩效等次，村医能拿到的补助经费高的达100%，低的直至零补助，绩效考核低于30分的将全县通报批评，连续两年考核不合格的将失去"签约服务"资格。据了解，安县通过开展基本公共卫生服务、实施国家基本药物制度和一般诊疗服务，年终绩效考核获得优秀、合格等次的约2000名村医，年绩效收入达1.6万~2万元，人口最少的村，村医也有近1万元的年绩效收入。

10.2.2 推行分级诊疗制度

建立分级诊疗制度，是合理配置医疗资源，促进基本医疗卫生服务均衡发展的重要举措；是深化医药卫生体制改革，建立中国特色基本医疗卫生制度的重要内容；对促进医药卫生事业长远健康发展、提高人民健康水平、保障和改善民生具有重要意义。四川省在开展分级诊疗工作时，主要采取了以下五个方面的具体措施：

1. 保障患者基层就医

(1) 推进基层人员增量提质。加大基层卫生计生事业单位人员公开招聘力度，3年内按核定编制和岗位补足配齐人员。2014年以来，四川省开展全科医生特设岗位计划试点工作，启动全科医生特设岗位计划，在9个市县进行试点，面向全国招聘200名全科医生，力争试点地区每个乡镇卫生院有一名全科医生，他们承担包括预防保健、常见病和多发病的诊疗、健康教育与管理等连续性、综合性、一体化服务，以及专科疾病的识别、转诊以及危重情况的应急处理等职责。同时，通过对农村进行免费定向医学生培养、学历提升、转岗培训、骨干医师培训、住院医师培训等多种方式，加强基层卫生队伍建设。创造条件、鼓励引导经过住院医师规范化培训的医生到县级医院或乡镇卫生院就业，已退休的学科带头人、业务骨干到基层医院服务。

(2) 提升基层服务能力。2014年10月前，制定县级医院重点专科发展规划，支持县级医院专科建设。制定基层医疗机构适宜技术推广意见，适当放宽基层医疗机构开展相对成熟的二、三类技术的条件，提高县域内常见病、多发病、部分危急重症和疑难复杂疾病的诊疗能力。允许各地根据本地实际情况，制定采用适宜技术的临床路径。

(3) 深化城乡对口支援。全面落实城市三级医院对口支援县级公立医院等对口支援机制。引导城市大医院在职医务人员全职或兼职到县级公立医院工作，建立以省部级远程医疗中心为核心、连接市县级医院的远程医疗系统。当在基层就诊的患者出现病情变化时，优先鼓励通过远程会诊、远程监护、远程手术指导等方式紧急处理。为了方便群众在基层就医，政府办社区卫生中心和乡镇医院，可以从医保、新农合药品报销目录中，配备使用一定比例国家基本药品报销目录外的药品，以丰富基层药品的配备。在实施分级诊疗过程中还明确规定：基层医疗机构首诊病症包括急性胃炎、急性支气管炎等40种疾病，县区级医疗机构首诊病种包括神经性皮炎、囊肿等80种疾病。

(4)建立契约服务制度。鼓励有条件的地方开展全科医生执业方式与服务模式改革试点，加快推行社区（乡、村）医生与居民建立长期稳定的契约服务关系。制定建立社区（乡、村）医生与居民契约服务试点意见，每个市（州）选取3~4个县（市、区）开展社区（乡、村）医生签约服务，试点县（市、区）签约率要达50%以上。

2. 引导患者就近就医

(1)强化医保报销政策的杠杆作用。加大医保政策向基层医疗机构的倾斜力度，提高基层医疗机构门诊统筹、住院报销比例，拉开县以下基层医疗机构和省、市医疗机构的起付线和报销比例差距。新农合政策方面，完善县外转诊和备案制度，除急诊外未履行转院手续的越级诊治原则上不予报销。城镇医保政策方面，对于按规定履行了转诊手续的参保人员转诊后住院报销比例提高3%~5%；同时参保人员从下级医疗机构转向上级医疗机构，住院起付线标准按两级医疗机构起付标准的差计算；从上级医疗机构转向下级医疗机构不再计算起付标准，直接纳入医保报销。以南充市为例，凡转入上级定点医疗治疗的患者，住院起付线仅补差额部分；转入下级定点医院治疗的患者，住院起付线不再另外收取；相应定点医院内发生的住院医疗费用按规定比例分别给予报销。除急诊外，未履行转院手续的越级诊治，原则上不予报销；但对首次住院、因特殊原因未能履行转诊手续的患者，在签订知情同意书后方可报销。同时规定，在下级定点医院诊治患者因病情紧急未能及时办理转院手续的，可先行入院，后补办手续。因急诊越级诊治的患者，须由收治医疗机构出具急诊病情证明书方可报销。据了解，南充市乡镇医疗报销比例可达90%，起步价为100元；县级医疗报销比例为70%，起步价为300元。

(2)发展纵向医疗联合体。各地依靠城市大型医院和区域医疗中心，组建医疗联合体。通过在基层医疗机构设立延伸病房、延伸门诊，积极将优质医疗资源向基层、向社区延伸，构建市、县、乡、村纵向一体的医疗网络体系。在县级综合医院建立影像集中诊断中心、心电集中诊断中心、基层医学检验集中检查等项目。

(3)加强与基层联动的预约诊疗,发挥大型公立医院在分级医疗制度建立中的关键作用。基层医疗机构在预约上级医院时,无论是门诊还是转诊住院,必须要先进行基层首诊;同时强化管理,努力提升预约挂号量占全部挂号总量的比例,提高本地患者复诊预约率(特别是口腔科、产前检查、术后患者复查等复诊预约率)。

(4)发挥价格差异化引导患者首选基层看病。在完善补偿机制的基础上,对医疗服务价格进行结构性调整,探索建立差别化价格政策,进一步拉开不同等级机构间的价格梯度,引导患者合理就医,就近就地选择基层医疗卫生机构首诊。各市(州)医疗服务价格项目定价,以二级甲等医疗机构为基准,三甲、三乙医疗机构可在其基础上上浮;二乙及以下医疗机构可在其基础上下调。中央、省属公立医疗机构医疗服务价格项目定价由省级发改委、卫生计生委、人社部门负责管理,其收费原则上按照属地原则参照执行当地医疗服务价格标准。中央、省属公立医疗机构所在市州尚不能开展的高精尖端技术项目,以及确需另行制定价格标准的医疗服务项目,由省级发改委、卫生计生委、人社部门具体制定,市、州其他医疗机构均不得参照执行。

(5)城市大型公立医院限量提质,为基层诊疗留出空间。对城市大型公立医院诊疗量和床位配置进行科学确定,限定发展数量,提升医疗质量。新农合基金实行总额预付分类管理,对县级及以下医院放宽,对市级医院适度控制,对中央在川和省级医院严格监管。城镇医保开展医疗保险付费总额控制工作,合理制定总额控制指标,注重向基层倾斜,使县级及以下基层定点医疗机构的指标占有合理比重,促使大型医院主动采取措施控制患者流量,特别是少收常见病、多发病患者,缩短平均住院日,缓解患者长期压床和医务人员超负荷等一系列问题。

3. 规范实施双向转诊

(1)建立双向转诊机制。各级医疗机构按照《手术分级管理办法》规定的范围开展双向转诊。每所基层医疗卫生机构根据自身情况和地理位置与2所以上二级医院签订双向转诊协议;每所二级以上医院应与5所以上基层医疗卫生机构签订双向转诊协议。协议双方明确转诊流程以及双方责任义务,保持双向转诊通道顺畅有效,确保医疗服务的连续性及医疗安全。

(2)制定双向转诊标准。制定完善基本覆盖县级医院临床科室诊疗常见病的分级诊疗指南,根据各级各类医疗机构间服务能力的差异明确诊治范围,形成完整的双向转诊标准体系。常见病、多发病以及一类手术主要由乡镇卫生院、村卫生室或社区卫生服务机构诊疗,县(区)为主的二级医院重点开展二、三级手术,三级医院重点开展三、四级手术,疑难危重疾病则根据病情实施转诊;经上级医院诊断明确、治疗后病情稳定、进入恢复期或符合相关转诊条件的病例,则转回基层医疗卫生机构接受康复、护理支持与管理。

（3）规范双向转诊程序。双向转诊时，必须征得患者同意并充分尊重自主选择权，转诊应按照就近原则，落实双向转诊制度，履行转诊手续。对于明确超出基层医疗机构诊疗科目范围及诊疗能力范围、基层医疗机构不具备相关医疗技术临床应用资质或手术资质的急危重症和疑难复杂病例，要求转往二级以上医院的，转诊时根据患者病情、双向转诊指南等综合考虑逐级转诊或越级转诊。对于常见病、多发病、各种急慢性病缓解期、各类手术后病情稳定的以及各种疾病晚期仅需保守或临终关怀的病例，可以转往基层医疗卫生机构治疗或管理。转诊过程中，基层医疗机构通过与大型公立医院预约挂号、预约床位及绿色转诊通道，保证患者及时入院，同时根据患者病情的严重程度，优先办理入院手续。双向转诊协议中的上级医院，要将30%的专家号源预留给签约下级医院，并派驻专家到下级医疗机构设立延伸门诊或延伸病房[1]。

4. 加强政策宣传和监管

一是加强分级诊疗宣传工作。分级诊疗是新一轮医改的重要内容，涉及面广、困难多、任务重、矛盾突出，需要广大人民群众的充分理解和社会各界的大力支持。因此，在实施分级诊疗过程中，四川省相关参与部门，深入社区、病房和乡村，连续开展了3个月的宣传动员。同时利用电视、广播、报纸等多种媒体，全覆盖向社会各界宣传分级管理的目的和意义，讲解分级诊疗制度的内容、标准和程序，以及相关的医保报销政策，提高广大人民群众参与分级诊疗的积极性和自觉性。二是加强制度执行监管。各级政府、卫生计生行政部门及其他相关部门应加强领导、加强督查、适时评估和及时化解各类矛盾。各卫生计生行政部门要按照属地化管理原则将分级诊疗各项制度的执行情况纳入医疗卫生机构年度考核目标，建立全省分级诊疗月通报制度。

5. 运用大数据辅助分级诊疗

2015年，四川省卫生和计划生育信息中心与电子科技大学大数据研究中心进行了一系列合作，通过深入研究和实践，不到半年时间，双方在大数据分级诊疗方面构建了一套监测评估平台。双方共同构建的大数据监测平台，以患者为中心，再加上疾病和医疗机构，构成了大数据分析的三大主体。除了提供三方主体的特征外，还将服务提供与利用情况、影响服务提供与利用的核心因素进行了呈现，并且按照"省、市、区"三个维度层层深入。在充分利用大数据的优势下，对四川省原有的分析机制进行了补充，从而更有利于政府对于数据结果的把控和后续工作的调整。

通过应用"四川省分级诊疗大数据监测评估平台"，能够帮助四川省卫生计生委更好地了解患者流向；通过对患者、疾病、医疗机构的全面分析，让医疗卫生主管部门清晰地了解患者转院或跨级就诊的原因，立体精准地得到患者画像；通过对常见病、多发病、慢性病的县域内就诊率情况分析，帮助主管部门全面把控基层的卫生服务能力。

四川省自实行分级诊疗制度以来，大大减轻了老百姓的经济负担。基层医疗机构在首诊中实行基药制度，全部药品都是按进价销售。如果住院，门槛更低，花费也少，报销的比例还高，比去大医院少花不少钱。分级诊疗还有绿色通道作保障，保证患者及时就诊和治疗，改变了过去盲目就诊看不上病住不上院、来来回回跑几趟的状况。分级诊疗转回住地基层医院康复治疗更加便捷，转诊时有上级医院持续治疗的指导方案，有利于病情的彻底康复。

成都市的张大爷患有糖尿病、高血压等多种疾病，过去，张大爷一生病就往医院跑，经常是"排队三小时，看病三分钟"，费时费力还费钱。当得知所在社区分来一名全科医生后，他抱着试一试的态度去就诊。结果令他连称"想不到"：想不到医生给自己建立了健康档案，想不到医生的态度如此热情，想不到医生还会上门服务、跟踪问效。他深有感触地说，"事实上，我们平时大部分常见病、多发病在社区卫生站就可以诊治，没有必要一点头疼脑热都去大医院。"

过去没有优质的分级医疗制度，患者不得不大量集中到高等级的医院看门诊，漫长的挂号，短暂的诊疗，部分资源的过度使用，必然导致就诊体验的下降，影响诊疗质量。现在全面实施分级诊疗，有效地对患者进行合理分流，大医院的专家就能更专注地为疑难杂症患者服务。四川省人民医院一位专家认为，随着分级诊疗的深入推进，就医秩序将变得科学规范，患者会就近治疗，医生会各司其职，医疗资源会合理利用，可谓"一举三得"[2]。

10.2.3　德阳市推进公共卫生服务模式的"六个转变"

德阳市卫生局推进公共卫生服务从基层最薄弱的地方抓起，创新公共卫生服务模式和工作方式。

1. 精简审批：卫生行政许可从"管理型"向"服务型"转变

针对部分卫生行政审批项目由省、市集中办理，群众往返时间长、环节多、等候时间长的情况，按照"权责统一、应减必减、能优则优、该放就放"的原则，德阳市卫计局积极推进行政审批制度改革。2014年起，市卫计局承接省级卫生行政部门下放卫生许可项目3项，市级下放至县（市、区）卫计局卫生许可2项，调整许可审批权限4项，方便了基层群众就近、及时办理审批许可事项。同时，积极推进"电子政务平台、一站式审批、一条龙服务"标准化建设，通过清理、调整、精简、优化，使卫生行政审批事项进一步减少，审批环节不断优化，审批效率明显提高，审批行为更加规范。

2. 签约服务：基本公共卫生服务从"间断性"向"连续性"转变

针对大医院人多拥挤、基层医疗卫生机构居民信任度低的情况，从2014年3月下旬起，德阳市卫计局将在2013年开展乡镇全科医生、乡村医生签约试点的基础上，在全市各社区卫生服务中心选择部分街道(社区)展开试点，全面启动社区全科医生签约服务工作并逐步推广。全市公办基层医疗卫生机构进一步建立全科医生和居民契约服务关系，探索根据不同的患病人群和健康服务需求，提供多样化"服务包"试点。通过签约服务，让全科医生走近百姓身边，最终实现"一人一医""一户一医"，家家户户都有"家庭医生"的目标，从坐等患者上门转向主动服务、上门服务、预约服务、随访服务，充分发挥基层医疗卫生服务机构居民健康"守门人"作用。

3. 职能下沉：重点疾病防治从"机构防"向"社区防"转变

长期以来，以各级疾控机构为主的疾病预防控制专业防治力量难以有效覆盖到全体居民和重点人群，防控措施的可及性和有效性有待进一步提高，这就需要在离群众最近的地方建立防控阵地。从2014年开始，德阳市卫计局全面推进重大疾病防治社区"细胞工程"建设，以城乡社区为疾病防治的基本单元和主要场所，将过去以县级疾控机构为主的艾滋病、结核病等重大传染病和高血压、糖尿病等慢性病的防治管理链向下延伸，下沉防控工作职能，建立专业公共卫生机构与基层医疗卫生机构对口指导、上下联动的工作机制。发展社会力量参与到疾病防治工作中，推进重大疾病群防群治，并通过艾滋病、结核病、血吸虫病、急性传染病、慢性病等系列疾病防治示范区创建，整合区域公共卫生服务资源，进一步完善"党委政府主导、部门各负其责、社会广泛参与"的工作机制，使城乡社区成为重大疾病防控的前沿阵地。

4. 关口前移：妇幼保健服务从"等上门"向"送上门"转变

针对全市出生缺陷率、妇科肿瘤疾病发病率上升，特别是妇幼保健机构医患矛盾依然突出等问题，2014年德阳市在深入实施妇幼安康推进工程的基础上，启动实施"妇幼健康服务年"和"妇幼质量提升年"活动，积极建立覆盖妇女儿童全生命周期的健康服务机制。一是深入推进妇幼重大公共卫生项目的实施，全面开展免费婚前医学检查"一站式"服务，落实农村孕产妇住院分娩补助等政策，扩大农村妇女免费两癌筛查的覆盖面；二是开展一对一全程跟踪服务，建立高危孕产妇保健全程跟踪管理服务模式，提供生理、心理、精神、保健指导等全方位的支持；三是开展面对面医患沟通活动，强化诊疗和保健服务过程中的医患沟通，建立科学的患者随访机制，确保医疗保健服务更加符合患者要求。

5. 创新管理：重性精神疾病从"关锁型"向"解锁型"转变

针对精神疾病问题日益突出和精神病患者"入院难、出院难、回归社会难"的现状，特别是肇事肇祸精神病患者对社会秩序和公共安全的危害事件时有发生，德阳市卫计局积极创新重性精神疾病人群的管理机制，2014年在进一步完善安康体系的基础上，积极探索"社会性防控、专业性诊治、开放性康复"的重性精神疾病患者服务管理工作运行机制。一是前移精神疾病防控关口。将易肇事肇祸精神病患者纳入国家基本公共卫生服务项目管理，依托基层医疗卫生信息平台建立电子健康档案，加强精神疾病的早期发现、早期干预和早期治疗。二是完善"安康医院－社区－家庭"一体化防治体系，建立精神卫生专业机构与基层医疗机构双向转诊制度。安康医院与村（居）委会、基层派出所、患者家庭和基层医疗卫生机构密切合作，加强易肇事肇祸精神病患者的后续照料和康复服务。三是在管理服务上体现人性化。转变传统的易肇事肇祸精神病患者单纯性管控管治方式，建立以患者需求为中心，医疗卫生服务管理与社会服务管理相结合的易肇事肇祸精神病患者服务管理模式。通过治疗服务、康复服务和人文关怀，帮助其最终回归和融入社会，实现重性精神疾病从"关锁"向"解锁"转变。

6. 说理执法：卫生监督执法从"刚性化"向"柔性化"转变

针对卫生执法管理对象对卫生法律法规知识知晓率不高和卫生执法过程中不同程度的存在"重强制轻引导""重管理轻说理"的情况，德阳市卫计局以推进依法治市、建设法治德阳为契机，在全市卫生执法监督系统进一步深化"全程说理式执法"活动。一是推进在执法中说理。以民主、平等的方式，充分运用思想工作的方法和技巧，对卫生执法当事人和相关人员讲清法理、事理和情理，围绕日常监督、案件调查取证、案件审理、告知听证、文书制作和行政执行等执法程序开展全程说理式执法，推进依法行政、合理行政。二是推进在执法中普法。卫生执法人员监督到那里，普法到那里，使执法对象受到教育引导，使社会各方面理解卫生执法工作。通过"耐心说理、细心指导、尽心服务"，建立更加人性化、规范化、标准化的卫生监督服务工作机制，营造互动和谐的执法关系和宽松有序的卫生监督执法环境[3]。

10.3 城乡医疗卫生均衡发展取得的成效

1. 分级诊疗制度初步建立

四川省基本完成分级诊疗制度设计和政策配套，初步构建起"基层首诊、双向转诊、急慢分治、上下联动"的就医格局，成为全国首个全域实施分级诊疗的人口大省。到2015年，省市级大型医疗机构门（急）诊量、出院人次与分级诊疗制度实施前同比分别降低4.68%、4.38%；县、乡医疗机构门（急）诊疗量增长5.4%；县域内就诊率达88.37%。全省医疗机构门（急）诊次均费用、住院次均费用增幅分别低于前三年平均增幅，增幅在全国处于较低水平。

2. 试点城市公立医院取消药品加成

四川省以取消以药补医、健全科学补偿机制为重点，着力巩固县级公立医院深化综合改革成果，基本建立起维护公益性、调动积极性、保障可持续的运行机制。积极探索城市公立医院改革，南充、攀枝花和广元3个国家联系试点市的36家城市公立医院全面实施以取消药品加成为主的综合改革，全省开展城市公立医院综合改革的医院数已达全省医院总数的42%。

全民医保体系不断完善，到2015年，全省新农合参合率达99.6%，人均政府补助标准提高到380元，住院费用政策范围内报销比例达76.61%，居全国前列。推进省级异地就医即时结算，累计补偿患者2.1万人次。实施城乡居民大病保险，共补偿大病患者42536人次，补偿金额6.25亿元，有效减轻了大病患者医疗费用负担。

3. 全省卫生计生人员总数大幅提升

四川省通过推进医教协同，卫生类专业毕业生达6.6万人，同比增长8%，住院医师规培招生5473人，同比增长30.12%，招生规模居全国前三。全面启动专科医师规培，超计划56.2%，全科规培招生同比增长112.8%。继续教育和岗位培训23万人次、远程教育11万人次，完成民族地区卫生人才培养项目1832人。积极推进乡村卫生计生人员一体化管理试点，全省22.5%的村（社区）实施村医乡聘，村医乡聘率达20.9%。截至2015年12月，全省卫生计生人员总数达65.1万人。

4. 农民有了家庭医生

46岁的张凤军是四川新津县邓双镇田湾村村民，两年前查出患有高血压和糖尿病，心情沮丧。让他感到意外的是，村卫生站不仅为他建立了"健康档案"，还安排了专门的"保健医生"。虽然他经常外出打工，但每隔一段时间，就会收到医生短信，询问他的病情，并提醒按时吃药。农民有了"家庭医生"，这是四川统筹城乡卫生均衡发展的一个缩影。

为每个村民建立"健康档案"，是乡村医生的职责。在新津县，乡村医生建立的"健康档案"针对不同群体，用红、黄、蓝、绿等颜色作了标签，比如高危孕产妇就是红色标签，对口医生必须定期上门检查，随时监测她们的病情变化。

成都市是典型的"大城市、大农村"，城乡居民各占一半。近年来，成都市政府加快推进城乡卫生一体化战略，打破了长期以来城乡公共卫生服务不均衡的局面。乡镇公立卫生院实现了"以公共卫生服务为主体，以基本医疗服务为支撑"的功能转型，"公共卫生服务均等化，基本医疗服务同质化"的城乡医疗卫生新格局正在形成。

10.4 改革经验

1. 紧紧抓住医保、医疗、医药促进"三医联动"

2014～2015年四川省卫计委联合相关部委出台了《关于进一步优化大型医疗机构门诊和住院服务流程的通知》《关于健全完善区域医疗中心的通知》《关于进一步完善远程医疗分区布局的意见》《关于调整新农合报销规定推进分级诊疗工作的通知》《关于开展分级诊疗考核评价工作的通知》等文件，围绕基层首诊，提高基层医疗服务能力，通过政策保障，引导患者到基层就诊。

2. 开展广泛的政策宣传

利用大型公共媒体做好医疗卫生相关宣传报道，大型医院在院内显著位置贴出"我院是非首诊医院"的宣传横幅，向患者告知，除了急诊以外，越级诊治未履行转院手续的原则上不予报销。在乡村印发宣传单，新农合家庭人手一份，让老百姓知晓患病必须先到乡镇或者县级医院就诊，然后才能转到大医院，新农合才会报销。尤其应向老百姓宣传异地就医问题，告知其在任何地方的基层医院就医，都可以享受转诊制度和新农合报销政策，这样既方便了老百姓，又解决了报销难的问题。

3. 建立有效的推进机制

四川省针对分级诊疗的重点监测，增加了县域内就诊率等统计指标，确定新的监测评估办法，考证医院是否落实了分级诊疗制度，患者流向是否改变，大医院"三长一短"现象是否缓解。四川省还建立了医疗卫生工作进展月通报制度和督察制度，强调如果乡镇卫生院连续3年诊疗量负增长，再考察半年，如果患者仍不治疗、医生推诿、不该转诊而转诊，视为卫生院院长不称职。这样，基层在相关政策的履行上就有了压力，愿意收治患者，以此提高基层医疗服务质量，增强医务人员的责任心[4]。

与此同时，对大型医疗机构，四川省还制定了严格的限量提质计划，要求逐年增多。2014年，四川省要求大型医疗机构诊疗量增加不能超过5%，还要有一定比例的患者转诊到基层医院，在门急诊、取药处、入院手续办理处、出院结算处等区域设立专门的双向转诊服务窗口，为基层转诊的门诊患者和住院患者提供绿色通道等，最大限度地方便患者转诊医疗。

4. 督导考核

2015年，四川省卫生计生委将把各地分级诊疗制度实施情况列入民生工程督查事项，纳入对市（州）的目标考核内容，对成绩显著的市（州）和单位报省医改领导小组在全省通报表扬，对分级诊疗重视不够，群众反映问题较多的市（州）和单位，采取约谈措施并限期整改，必要时全省通报批评。2016年，四川省制定了详细的监测评估方案，进一步扩大了分级诊疗的监测范围，除了统计表指标外，还完善了监测指标，对老百姓进行需方调查。县域就诊率和县域首诊率等重点监测指标，上下半年各监测一次，以后每年监测一次，真正实现分级诊疗制度。

2015年，四川省明确提出县级医疗机构门诊和住院诊疗量增幅均达到10%以上，县（区）级医院医师日均诊疗量较上年增加5%以上，各市实现县域内就诊率达90%，3个州实现州域内就诊率90%。三级甲等综合医院总诊疗量中，疑难重症病人占比增加10%，三级、四级手术占比增加5%，省级医疗中心各综合医院（包括中央、省属相关单位）和9个区域医疗中心门诊患者来自下级转诊的占比达20%以上，下转住院患者占比不低于5%，其他三级甲等综合医院分别达到10%和2%。坚持每个月进行一次数据汇总分析，每个季度进行一次明察暗访。

参 考 文 献

[1] 四川省卫生厅. 关于印发《康复科常见疾病双向转诊指南（试行）》等11个专科疾病双向转诊指南的通知[EB/OL]. http://www.scwst.gov.cn/index.php/2012-07-24-12-51-52/8503-11，2013-11-18.

[2] 刘也良，周俊梅. 分级诊疗四川样本[J]. 中国卫生，2015，(7)：36-38.

[3] 冯飞. 分级诊疗四川篇：致胜之道[J]. 中国医院院长，2014，(20)：51-52.

[4] 熊颖，杜小清，景琳. 四川省乡村医生队伍现状分析与对策及建议[J]. 现代医药卫生，2012，28(14)：2227-2228.

第 11 章 四川省户籍制度改革案例研究

11.1 户籍制度改革与发展的背景

11.1.1 户籍制度演变历程

任何一种制度都是在社会不同的发展阶段所形成的特殊环境中产生的，我国户籍制度的改革与发展也是根据社会经济发展而相应体现出的变化轨迹。我国户籍制度的改革与发展，以我国经济发展阶段为依托，构成了具有阶段性特征的演变历程。关于新中国成立后我国户籍制度演变的阶段划分，众多学者已有的研究成果大体上达成了共识，从时间推移的维度出发，现有的研究成果集中主张将户籍制度的演变历程分为三个阶段，即初设阶段、成型阶段和改革阶段。也有部分学者进一步对其中某个阶段再次进行细化区分，比如有学者按时间顺序以中央政府还是地方政府为主导的角度来进一步将改革阶段划分为三个时期，并梳理和细化了地方户籍改革取得的阶段性进展；还有部分学者对改革开放后的户籍改革在时间维度上进一步细致划分为 20 世纪 80 年代的有限调整阶段、20 世纪 90 年代的有限突破阶段和 21 世纪以来的一体化探索阶段。

为了结合我国经济社会发展与变革的阶段性特征，从而便于对照反映不同阶段所依托的时代主题背景，凸显户籍制度演变历程中的特点与原因，本章在借鉴已有的学术研究成果基础上，倾向于将 1949~2015 年我国户籍制度的演变历程从时间维度大致划分为以下三个阶段。

1. 初设阶段（1949~1958 年）

在这一阶段，我国各项行政管理制度、社会管理制度均是在摸索中逐渐形成，户籍制度在此阶段中具有代表性的阶段性成果集中体现在以下几个方面。

(1)1951 年 7 月，为了维护社会治安，掌握人口数量状况，公安部颁布实施了《城市户口管理暂行条例》。这是新中国成立以来最早的一部户籍法规，使城市户口登记在全国内的基本统一得以实现。《城市户口管理暂行条例》的颁布实施标志着户籍管理开始进入政府施政视野，促使我国城市户籍管理制度正式建立，也为今后全国户籍制度的建立进行了一次基础性实践。

(2)1953年，国务院发布了《全国人口调查登记办法》，虽然该文件的发布目的是为了准备各级人民代表大会的选举工作，准确统计人口数据信息，但在实际工作中我国通过此次人口普查登记，首次实现了在广大农村地区建立初步的户口登记制度。

(3)1958年1月9日，全国人大常务委员会通过并颁布了我国第一部户籍管理法——《中华人民共和国户口登记条例》，从而标志着我国的户籍管理进入法制化管理范畴，是全国城乡统一户籍制度正式形成的重要标志，也是新中国户籍制度史上的里程碑。在我国户籍制度初设阶段，因新中国成立初期国内经济社会环境的影响，户籍制度自建立起就具有明显的城乡二元化结构，导致农村人口进入城市以及各城市间人口的流动都受到了严格的限制与约束，也使得我国户籍制度至今都还未完全消除城乡二元分立的影响。

2. 不断修改与补充阶段（1958~1978年）

在这一阶段，我国政治经济社会的发展先后出现了诸多困难与挑战，"大跃进""三年自然灾害""文革"等对国内经济社会造成了严重损失，导致我国在此阶段先后发布了《关于制止农村劳动力流动的指示》《关于制止农村劳动力外流的紧急通知》，并于1961年由官方明确认定我国国内户籍制度下的人口身份划分为农业和非农业两种类型，直接导致国内城乡之间人口的身份差别。这一阶段还具有较大影响的关于户籍制度的文件政策主要有以下两个。

(1)1962年12月，我国发布了《关于加强户口管理工作的意见》，该意见更加严格地控制了农村人口进入城市的政策限制。

(2)1977年11月，国务院批转了《公安部关于处理户口迁移的规定》，进一步对原有的户籍制度做出新的修改与补充，提出要控制市镇人口增长，使其与农业生产的发展水平相适应，由此导致了"农转非"户籍问题的出现，并在此后还制定了若干有关"农转非"的政策文件，标志着我国进入了严格控制户籍时期。可以说，户籍制度的不断修改与补充阶段是对原有的城乡二元化因素的进一步强化，这与当时复杂的政治社会环境紧密相关。

3. 改革阶段（1978年至今）

1978年以来我国开启了改革开放进程，经济社会的发展进入了改革开放的新时期。随着国内市场经济飞速发展以及对外开放水平的提高，原有的城乡二元户籍制度在市场经济社会中暴露的弊端与问题越来越多，由此国家也开始逐步对户籍制度进行调整，并着手改革户籍制度。改革开放以来，我国关于户籍制度改革的代表性成果主要有以下几方面。

(1)2000年6月,中共中央、国务院发布了《关于促进小城镇健康发展的若干意见》,其中明确提出农村人口转为城镇户口的具体管理办法与实施措施,由此促进了各省区市纷纷以此为政策导向开始对原有户籍制度的内容与规定进行改革。上海、广东、山东、浙江、河南、四川等省市地区相继采取了不同方式对城乡二元户籍制度进行改革。

(2)2014年,国务院提出《关于进一步推进户籍制度改革的意见》,其中最大的亮点就是确立城市与农村相统一的居民户籍登记制度。这意味着以"农业"和"非农业"区分户口性质的城乡二元户籍制度将成为历史,今后每一位中国公民的户口均统一登记为居民户口。

(3)国家"十三五"规划中关于户籍制度方面的内容也比较多,其中明确要求要深化户籍制度改革,并将户籍制度的目的由对人口的控制向对人口的服务与管理转变,由城乡二元户籍制度向居住证制度转变,人口管理由治安部门的管理向人口服务部门的管理转变。

进入改革开放以来,我国的户籍制度也迎来了改革时期。但因长期的城乡二元分化使得户籍制度又负载了社会保障和福利待遇的内容,这一多重的社会属性决定了改革周期将会较长,因此我国的户籍制度改革还在继续推进中。

11.1.2 户籍制度改革的意义

1. 为什么要改革户籍制度

自改革开放以来,我国的城市经济得到快速发展,城乡之间的人口流动已成为普遍的经济活动现象,特别是随着城乡一体化、新型城镇化、新农村发展等战略的提出与实施,我国的户籍制度的弊端日益明显。在城乡二元环境下形成的社会福利待遇差异,导致我国经济社会的发展存在诸多障碍并集中显现,如农村失业劳动者和进城务工劳动者难以享受就业援助扶持政策,且可享有的最低生活保障水平也差距较大;非城镇户籍居民能享受的社会保险政策标准较低;农村住房困难居民无法享有住房保障福利;城市与农村之间的教育资源、医疗资源、公共服务配置等更是不均衡。因此,推动户籍制度改革是促进我国城乡经济社会统筹发展的迫切需要。

2. 户籍制度改革的目的

(1)凸显人口登记的基本功能。我国户籍制度改革将解决原有的城乡二元化问题,在实现统一标准化的基础上将原有的城乡二元化所负载的福利待遇和发展机遇不均衡的要素剔除,从而切断户籍制度与公民经济社会活动的联系,单一地保障户籍制度对公民人口信息登记、身份特征证明和人口普查统计的基本功能。

(2)保障全体居民身份平等。我国城乡二元分割的户籍制度的长期运行，导致农村人口与城市人口之间存在严重的身份鸿沟，并且在一定程度上成为对农村人口的歧视标签，使得我国社会阶层的固化集中于城乡不同身份所附加的各类社会资源与机会的不平等。因此，户籍制度改革的目的是要杜绝因户籍的不同而导致社会民众之间的不公平。

(3)推动全体居民自由流动与迁移。如前所述，我国现有的户籍制度导致农村人口与城市人口之间、各城市人口之间无法自由流动与迁徙，人口的流动受到较大的控制与约束，也导致社会资源、物质资源无法伴随人口的流动而得到合理调配与优化。我国户籍制度的改革要彻底取消现行户籍制度对公民迁徙自由权利的限制与约束，使不同区域的公民不仅可以选择在城市与农村之间自由迁移居住与工作，也可以在各城市、各农村之间自由迁移居住与工作。

(4)促进城乡统筹发展。由于新中国成立之初的实际国情导致我国不得不集中精力先搞城市建设与经济发展，也相应地推行城乡二元户籍制度。然而正是城乡经济发展的差距、各种资源的不平衡，导致农村户籍人口与城市户籍人口所享有的各类社会福利待遇与工作机会存在巨大距离。因此，户籍制度的改革也是为了促进城乡统筹发展，特别是实现城乡之间在就业、教育、医疗、住房、养老等方面享有均等的条件与机会，也有助于解决因城乡二元分化而导致的社会矛盾。

11.2　四川省户籍制度改革的创新举措

11.2.1　加大调整户口迁移政策力度

在《国务院关于进一步推进户籍制度改革的意见》中提出的进一步调整户口迁移政策基础上，四川省政府于2014年11月发布《四川省进一步推进户籍制度改革实施方案》（以下简称《方案》），明确四川省在开展调整户口迁移政策工作时，应主要采取三个方面的具体措施：一是放开除成都外的城市和建制镇落户限制，二是推行成都市居住证入户制度，三是放开租赁入户条件。

1. 放开城市和建制镇落户限制，除成都外进城落户"零门槛"

2013年5月四川省公安厅印发《关于服务新型城镇化建设改进户政管理工作的实施意见》（以下简称《意见》）提出：①全面放开中小城市和城镇落户条件。农村居民申请转为城镇居民的，只要本人在城镇有合法稳定住所(含租赁)，本人及其共同居住生活的配偶、未婚子女、父母及亲属，可以在当地申请登记城镇居民户口(租赁房和亲属关系的范围，各地可根据实际情况，由市、州公安机关报当地政府自行确定)。②放宽大城市落户条件。在设区的市(不含成都市)有稳定职业和稳定住所(含租赁)的人员,本人及其共同居住生活的配偶、未婚子女、父母,可以在当地申请登记城镇居民户口(租赁房的范围,各地可根据实际情况,由市、州公安机关报当地政府自行确定)。③有序放宽特大城市落户条件。成都市要在充分考虑城市综合承载能力的前提下,根据本地城乡户籍一体化要求,设置差别化、阶梯式落户标准,调整落户限制条件,合理调控本市外农村居民及其家属的落户规模和节奏,有序引导农业转移人口进城落户。④放宽人才引进政策。进一步放宽引进人才户口迁移政策,具有中专以上学历、初级以上技术职称资格以及各级党政机关、社会团体、企事业单位引进的各类人才,本人及其共同居住生活的配偶、未婚子女、父母,可以在当地(不含成都市)申请登记城镇户口;具有普通本(专)科和高等教育自学考试本(专)科以上学历、中级以上技术职称并在成都市落实工作单位,年龄在45周岁以下的农村居民,本人可在成都市申请登记城镇居民户口。《意见》在放宽城市城镇落户条件的基础上,进一步规范了户口迁移的具体操作程序。例如农村居民录取为我省国家机关、国有企事业单位、人民团体工作人员的,应在工作地或居住地转为城镇居民。具体实施办法由各地公安机关商组织人事部门、国资委等单位制订。户口保留在原籍的农村籍大中专院校学生在原籍申请办理城镇居民户口的,凭大中专院校《录取通知书》可直接办理城镇居民登记手续;对就学期间户口保留在原籍的,其父母户籍迁往城镇的,可一并随迁。严禁将城镇居民转为农村居民。禁止非本集体经济组织成员之间因赠予、调换、购买房屋等原因迁移户口。农村孤寡老人,其户籍在城镇的近亲属经公证机关公证愿意赡养或抚养的,准予办理城镇落户手续。应征入伍前户口登记是农村居民的军人,复员、退伍后自愿申请户口迁往城镇的,可就地登记为城镇居民。民族地区可根据本地实际情况,制订相应的外来人员户口迁移政策,报经当地政府批准后实施。同时,在放开城市和建制镇落户限制的改革中,重点突出三类群体,鼓励其率先作为转户的主要工作对象。一是鼓励已脱离农业生产的农村居民入户城镇;二是鼓励失地农村居民入户城镇;三是推进农村居民集中居住地居民就地转移为城镇居民。

2014年11月四川省政府发布《四川省进一步推进户籍制度改革实施方案》,在前期落户政策的改革下,提出四川省将全面放开除成都市外所有大中小城市和建制镇落户限制,基本做到进城落户"零门槛"。根据《国务院关于进一步推进户籍制度改革的意见》,户口迁移政策应该采取差别化的制定标准,即:全面放开建制镇和小城市落户限制、有序放开中等城市落户限制、合理确定大城市落户条件和严格控制特大城市人口规模。而四川省在户口迁移政策制定中只将差异化进行两类区分,即成都这一特大城市严格控制人口规模,其余所有城市无论大中小,全面放开落户限制。在除成都市外的大中小城市和建制镇有合法稳定住所(含租赁)的人员,本人及其共同居住生活的配偶、未成年子女、父母等,可以在当地申请登记常住户口。2016年8月四川省人民政府办公厅发布《关于加强和规范人口登记管理工作的通知》，要求进一步细化政策措施。具体要求各地要在2016年年底前细化和出台本地户籍制度改革方案及相关配套措施，落实全省除成都市外全面放开大中小城市和建制镇落户限制的要求，确保进城落户"零门槛"、公共服务同保障，充分吸引广大农业人口举家进城落户，加快提升全省户籍人口城镇化水平。

2. 探索居住证积分入户制度，严控成都市人口规模

成都作为四川省省会城市，早在1993年就被国务院确定为集科技、商贸、金融、交通、通讯枢纽为一体的西南地区中心。成都位于四川盆地西部，成都平原腹地，成都东与德阳、资阳毗邻，西与雅安、阿坝接壤，南与眉山相连。成都市下辖锦江区等11区5县，代管4个县级市。2014年末，成都市辖区建成区面积604.1平方公里，常住人口1442.8万人。2015年由国务院批复并升格为国家重要的高新技术产业基地、商贸物流中心和综合交通枢纽，西部地区重要的中心城市。根据国务院意见，人口超过500万的特大城市，将建立完善居住证积分落户制度，成都正是其中之一。回顾成都户籍制度改革历程，可分为以下四个阶段：

(1)2003~2008年，成都户籍制度改革循序渐进，初显成效。根据地区实际，成都通过循序渐进的方式推进户籍制度改革，将实现城乡统筹和公共服务均等化作为户籍制度改革的目标。2003年成都市依据《关于调整现行户口政策的意见》，取消了入城指标限制，以条件准入制代替"入城指标"；2004年依据《关于推行一元化户籍管理制度的实施意见》，取消了"农业户口"和"非农业户口"性质划分，统一登记为"居民户口"，旨在做好农村工作，统筹城乡经济社会发展，推进城乡一体化；2006年依据《关于调整现行户口政策的意见》，实现本市农民租住统一规划修建的房屋可入户；2008年依据《关于促进灾后重建和经济发展调整我市部分户口政策的暂行意见》，实现本市农民租住私人住房可入户，打破由货币筑起的阻碍农民走向城镇的壁垒。经过几年的努力，成都市农村面貌发生了巨大变化，农民的生产生活方式和居住条件得到明显改善。2008年，全市农民人均纯收入达到6481元，比2003年增长了77.3%。2008年城乡居民收入差距由2003年的2.64∶1缩小至2.61∶1[1]。由上可知：成都户籍制度改革工作从2003~2008年历经了4次较大的调整，通过这种循序渐进的方式，逐步使受到改革影响的群体增多，影响范围扩大，扎实有序地推进了成都市城乡一体化进程，为今后更大规模的改革奠定坚实基础。以上4次较大程度的政策调整具体内容见表11-1。

表 11-1　2003~2008 年成都户籍政策调整内容[2]

年份	内容
2003	取消入户指标限制，以条件准入制代替"入城指标"
2004	打破沿袭 50 年的二元户籍登记制度，取消"农业户口"和"非农业户口"性质划分，统一登记为"居民户口"
2006	率先实现本市农民租住统一规划修建的房屋可入户
2008	实现本市农民租住私人住房可入户，彻底打破由货币筑起的阻碍农民向城镇转移的壁垒。

(2)2010 年，成都户籍制度改革最大规模，凸显特色。为进一步推进城乡统筹建设，成都市于 2010 年推行新一轮户籍制度改革，其力度之大，影响之深，被社会各界称为我国最大规模、最彻底的户籍制度改革。2010 年 11 月 16 日中共成都市委、成都市人民政府出台《关于全域成都城乡统一户籍实现居民自由迁徙的意见》（以下简称《意见》）。根据《意见》要求，此次成都户籍制度改革将实现城乡统一户籍，保障城乡居民各项公共服务权利平等，实现城乡居民自由迁徙。成都"一元化"户籍制度改革作为我国户籍改革进程中最浓墨重彩的一笔，旨在彻底破除长期存在于我国城市与农村居民之间因为户籍造成的身份和权利不平等，追求所有公民平等享有包括社会保险、社会福利、医疗教育、创业就业等各项权利。《意见》的出台，不仅标志着成都户籍制度改革进入一个全新的时代，而且也对我国改变长期存在的不平等城乡二元结构有着重要的理论和实践意义。2010 年成都户籍政策调整内容见表 11-2。

表 11-2　2010 年成都户籍政策调整内容[2]

类别	内容
就业	统一就业失业登记，完善就业援助制度
教育	实现义务教育公平化 统一中职学生资助政策
身份	建立户口登记地与实际居住地统一的户籍管理制度 市外人员入户享受与本地居民同等的待遇
福利	进一步完善城乡统一的社会保险制度 建立分区域统一的城乡住房保障体系 分区域统一城乡"三无"人员供养标准和低保标准 实行统一的退役士兵安置补偿和城乡义务兵家庭优待政策
权利	建立城乡统一的计划生育政策 城乡居民在户籍所在地享有平等的政治权利和民主管理权利

(3)2011~2013年,成都户籍制度改革扎实推进,稳步提升。成都市户籍改革工作在前期相关配套政策改革基本到位的基础上,严格按照《国务院办公厅关于积极稳妥推进户籍管理制度改革的通知》和《关于全域成都城乡统一户籍实现居民自由迁徙的意见》文件精神,研究制定了《户口登记地与实际居住地统一的户籍管理制度》,起草了《关于市外人员入户的若干政策调整意见》和《全域成都统一户籍迁移的暂行规定》,并于2011年1月起在全市施行居住证制度。当时的居住证制度属于过渡性政策,流动人口在满足相应居住年限等条件后可申领居住证,持证人享有与当地户籍人口同等的劳动就业、基本公共教育、基本医疗卫生服务、计划生育服务、公共文化服务、证照办理服务等12个方面的权利。

(4)2014年至今,成都户籍制度改革积分入户,合理调控。2014年11月省政府发布《四川省进一步推进户籍制度改革实施方案》,明确成都市在改进现行的购房入户、人才引进入户、投靠入户等落户方式的政策基础上,建立居住证积分入户制度,制定统一的居住证积分入户标准,达到积分入户标准的外来人员可申请办理常住户口登记。居住证积分入户制度是在居住证制度基础上建立的,落户积分的标准包括持续居住的年限、持续缴纳社保的年限等内容。同时积分入户政策全程公开透明,任何一位申请者都可以查询自己目前已有的积分和自己距满足入户的分值还差多少。积分入户的具体政策由成都市政府制定,可根据城市综合承载能力和经济发展需要,对居住证积分入户人数进行计划调控。

成都市户籍制度改革经过多年不断的探索实践,通过以上改革措施进一步调整户口迁移政策,具有特色鲜明的改革做法,走在全国前列。

3. 放开租赁落户条件,各市州制定具体实施办法

租赁房入户涉及的问题较复杂,在过去从来没有放开过。租赁房屋不是租赁人本人拥有的长期稳定合法居住的房屋,导致租赁人员往往具有较强的流动性,容易给社会治安管理带来一定的隐患。此外,如果一名流动人口使用其租赁房落了户,但不久后其又迁走,那么下一位租客是否仍然可以使用这个房屋进行落户。这些问题都亟待规范。放开租赁房落户条件,就像一把双刃剑,一方面有利于推进户籍制度改革,推进全省新型城镇化建设进程;另一方面也为相关工作的具体实施造成了困难。2013年5月四川省公安厅印发的《关于服务新型城镇化建设改进户政管理工作的实施意见》最早提及租赁房入户。2014年11月四川省政府出台的《四川省进一步推进户籍制度改革实施方案》进一步对租赁房入户进行规范。在放开租赁房落户条件的基础上,对其设定了一个条件,即租赁房入户的具体办法,将由各市州人民政府制定。将租赁房入户的具体实施办法,交由各市州政府制定,使得各市州可根据自身情况制定相应的入户条件,将有利于因地制宜,减少隐患。

11.2.2 创新人口管理模式

创新人口管理模式，既是四川省户籍制度改革的一项重要任务，也是四川省户籍制度改革的创新举措之一。四川省创新人口管理模式的主要内容包括：建立城乡统一的户口登记制度、全面实施居住证制度、健全人口管理信息。

1. 建立城乡统一的户口登记制度

城乡分化的二元户籍制度是特定历史条件下的产物，随着社会的发展，这种户籍制度又逐渐被赋予了许多福利待遇和发展机遇等内容，而且其对人口的迁移也做出了严格的限制规定。因为二元户籍制度导致许多不公平，已经造成许多亟待解决的社会问题。进入 21 世纪后，政府逐步意识到二元户籍制度不利于我国城镇化的发展，因此加紧了户籍制度改革的步伐，中央和地方都相继推出了一系列改革措施，但从总体上看，改革成效仍然欠缺。其中最有代表性的是郑州市的二元户籍制度改革案例。郑州市在 2001 年放宽了落户郑州的政策；2003 年实行一元化户籍管理，统一户口为郑州居民户口，同时规定凡与本市企业签订劳动合同并交纳社会统筹金的就可办理入户；直到 2004 年 8 月，由于无法承受公共服务资源紧张的巨大压力，郑州市户籍制度改革被迫中止。此次郑州市二元户籍改革收效甚微。四川省在户籍制度改革中，关于二元户籍的改革也走在全国前列，早在 2004 年，成都市打破沿袭 50 年的二元户籍登记制度，取消"农业户口"和"非农业户口"性质划分，统一登记为"居民户口"。2014 年 11 月四川省政府出台《四川省进一步推进户籍制度改革实施方案》，进一步在全省范围内建立城乡统一的户口登记制度。取消"农业户口"与"非农业户口"性质区分，统一登记为居民户口。并以此为基础，建立与统一城乡户口登记制度相适应的教育、卫生计生、就业、社会保障、住房、土地及人口统计制度。

2. 建立居住证制度

居住证制度，集流动人口居住登记和就业、社保、租房、教育、计生等多种服务管理功能于一体。2010 年 5 月 27 日，国务院转发了国家发改委《关于 2010 年深化经济体制改革重点工作的意见》，这是首次在国务院文件中提出在全国范围内实行居住证制度。成都市于 2011 年 1 月起在全市施行居住证制度，截至 2014 年 7 月，成都已有 251 万人办理了居住证，享有医疗卫生、子女教育、劳动就业等 12 项与成都市民同等的权益。目前除成都外，乐山市于 2013 年 9 月 1 日也开始实行居住证制度，已有 1.2 万余人办理了居住证，可享有申请公租房、基本医疗保险、养老保险等 10 项权益和公共服务。

此外，2014年11月四川省政府出台《四川省进一步推进户籍制度改革实施方案》（以下简称《方案》），面向全省全面推行居住证制度。根据《方案》规定，公民离开常住户口所在地到其他市（州）居住半年以上的，可在居住地申领居住证。居住证持有人享有与当地户籍人口同等的劳动就业、基本公共教育、基本医疗卫生服务、计划生育服务、公共文化服务、证照办理服务等权利。《方案》还提出以连续居住年限和参加社会保险年限等为条件，让居住证持有人逐步享有与当地户籍人口同等的中等职业教育资助、就业扶持、住房保障、养老服务、社会福利、社会救助等权利，同时结合随迁子女在当地连续就学年限等情况，逐步享有随迁子女在当地参加中考和高考的资格。

3. 健全人口信息管理

人口信息管理是指社会活动和社会管理所通用的有关人口身份、住址、亲属关系以及人口数量、构成、变动、分布、质量等的信息。健全人口信息管理，对于进一步推进人口管理和服务有着重要意义。四川省人大曾在1996年出台了《四川省暂住人口治安管理条例》，并于2004年对其进行相关修订，随着时代的发展与变化，其中的一些提法和规定已经难以适应当前发展需要。在这一背景下，2014年10月四川省实施《四川省流动人口信息登记办法》，规范流动人口信息登记，明确政府和用人单位、出租房屋人及相关单位、场所的责任。但登记信息，仅局限于流动人口信息登记事项，未涉及社会各界广泛关注的流动人口服务的相关内容。2014年11月四川省政府出台《四川省进一步推进户籍制度改革实施方案》，明确规定在贯彻落实《四川省流动人口信息登记办法》的基础上，建立健全实际居住人口信息登记制度。根据实际情况制定《四川省流动人口服务管理条例》，这将是一个涵盖管理、服务流动人口的法规，旨在规范居住证、流动人口社会服务、管理等工作，固化四川户籍制度改革中人口管理创新的成果。各县（市、区）要在公安派出所、村（居）委会等建立流动人口服务点，按照流动人口500：1的比例配置流动人口协管员，流动人口管理工作经费由地方政府全额保障。通过健全人口信息管理，四川省将积极推进建立人口基础信息库，积极推进覆盖全部实有人口，以公民身份证号码为唯一标识、以人口基础信息为基准的国家人口基础信息库建设。通过分类完善劳动就业、教育、收入、社会保障、房产、信用、卫生计生、税务、婚姻、民族等信息系统，逐步实现跨部门、跨地区信息整合和共享，为制定人口发展战略和政策提供信息支持，为人口服务和管理提供支撑。

11.2.3 保障农业转移人口及其他常住人口合法权益

切实保障农业转移人口及其他常住人口合法权益，有序推进农业转移人口市民化，是户籍改革的重要内容，对促进全面深化城乡统筹建设具有重要意义。四川省在此方面的工作做法主要包括：配套出台促进农业转移人口市民化的政策制度；稳步推进城镇基本公共服务覆盖全部常住人口；加强财政保障，促进基本公共服务均等化。

1. 促进农民进城落户，不以退出"三权"为条件

2004年，成都市打破沿袭50年的二元户籍登记制度，取消"农业户口"和"非农业户口"性质划分，统一登记为"居民户口"。大力鼓励农民进城落户，但是农民进城落户不以退出土地"三权"（土地承包经营权、宅基地使用权、集体收益分配权）为条件，否定了以土地换社保、以土地换户口的做法。2014年11月四川省出台的《四川省进一步推进户籍制度改革实施方案》明确规定，完善农村产权制度，现阶段，不得以退出农村"三权"作为农民进城落户的条件。进城落户农民是否有偿退出"三权"，在尊重农民意愿前提下开展试点。加快推进农村土地确权、登记、颁证，依法保障农民的土地承包经营权、宅基地使用权。建立农村产权流转交易市场，推动农村产权流转交易公开、公正、规范运行。坚持依法、自愿、有偿原则，引导农业转移人口有序流转土地承包经营权。通过以上措施，保障农民在进城落户过程中自身合法权益不受侵占，进一步体现平等性。

2. 落实政策导向，扩大基本公共服务覆盖面

制定相关政策，采取多种方式，扩大基本公共服务覆盖面，保障农业转移人口及其他常住人口的合法权益。这些权益包括：随迁子女平等享有受教育权利；面向农业转移人口全面提供政府补贴的职业技能培训服务；将农业转移人口及其他常住人口纳入社区卫生和计划生育服务体系；把进城落户农民完全纳入城镇社会保障体系、城镇住房保障体系等。2014年11月四川省发布的《四川省进一步推进户籍制度改革实施方案》对此进行了详细规定。

3. 加强财政保障，促进基本公共服务均等化

制定合理的政策只是取得成效的第一步，加强财政保障，才能使政策从冰冷的文字真正落实到每名老百姓的生活中。完善促进基本公共服务均等化的公共财政体系，逐步理顺事权关系，建立事权和支出责任相适应的制度，四川省和各市县政府按照事权划分相应承担和分担支出责任，加大财力均衡力度，保障地方政府提供基本公共服务的财力。

11.3　四川省户籍制度改革取得的成效

1. 城镇居民增加，户籍城镇化率明显提升

从四川省户籍制度改革的相关配套政策上看，通过加大调整户口迁移政策力度，放开城市和建制镇落户限制，放开租赁落户条件等措施，实施中小城镇户籍管理制度改革，加快了农村剩余劳动力就近、就地的合理有序转移，有力地推动了中小城镇第二、三产业的发展，对于加快我国城镇化进程，促进城乡经济协调发展和社会稳定起到了积极作用。如2016年达州市共有户籍人口682万人，其中城镇居民211.9万人，与2014年相比城镇居民新增68万人；户籍城镇化率由21.19%上升到31.04%。针对成都这类特大城市，除了制定前述户口迁移政策外，还通过探索居住证积分入户制度，严控成都市人口规模，对成都周边的农村户籍融入特大城市提供了一些可操作性的方案，有利于将大规模农村剩余劳动力转移到城市，解决城镇化落后于工业化进程的问题，实现统筹城乡发展。

2. 户口登记日趋规范

通过在全省范围内建立城乡统一的户口登记制度。取消"农业户口"与"非农业户口"性质区分，统一登记为居民户口，并以此为基础，建立与统一城乡户口登记制度相适应的教育、卫生计生、就业、社会保障、住房、土地及人口统计制度。使得户口登记日趋规范，并且促使与户口登记制度相使用的其他登记制度也日趋规范。如达州市自2013年以来，公民出生日期、姓名变更的更正数量呈直线下降趋势。2013~2015年，出生日期的更正数量分别为4297人、3841人、2140人；公民姓名变更的更正数量分别为7935、6154、4501人。

3. 创新人口管理服务，信息登记稳步推进

四川省通过创新人口管理服务，深入推进信息登记规范化，进一步落实信息登记管理责任、规范办理程序、健全户籍管理监督制约机制，明确户口协管员不得从事按规定应当由民警实施的户口登记、管理、审批等行政行为，严格出生、死亡和变更、更正户口登记管理的程序和要求，着力解决好无户口人员落户问题，全面实行户籍窗口首接责任制和终身负责制。深入推进信息登记的信息化建设，通过健全完善人像比对系统建设应用机制，实现业务监管关口前移、源头控制；加快建立户口迁移网上监管机制，

2015年实现准迁证、迁移证信息网上备案、核验和信息流转；建立健全丢失、被盗居民身份证信息监管机制，年底前建立丢失、被盗居民身份证信息管理系统，建立健全与金融、电信、交通、铁路、民航等社会应用部门、单位的联动

机制，共同做好身份证查验核查工作，最大限度地防止丢失、被盗身份证被不法分子冒用。深入推进信息登记专业化建设，强化教育训练和队伍管理，加强反腐倡廉和纪律作风建设，建成一支高素质的户籍管理队伍。严格落实信息登记管理的纪律规定，凡在登记管理中造假的，坚决依法依纪严惩。

4. 推动城乡基本公共服务发展

四川省通过户籍制度改革，在推进城乡一体化方面进行重要的探索，以推动城乡基本公共服务发展。一是完善了城乡基本公共服务供给体制，如成都市率先合并了城乡医疗保险，提高完善农民工社会养老、医疗、就业保障待遇，体现了城乡统一的居民户籍的含金量。二是促进城乡公共服务设施一体化建设，全面推动覆盖城乡的医疗、教育、交通、信息、娱乐文化等基础设施网络。三是建立村级公共服务管理的财政保障机制，加大对农村的投入，推动农村、农业、农民的发展，缩小城乡差距。四是完善了促进基本公共服务均等化的公共财政体系。增强政府提供基本公共服务能力，把更多财政资金投向公共服务领域。以发展社会事业和解决民生问题为重点，优化公共资源配置，让人民的钱更好地为人民谋利益，使得所有城乡百姓都能共享改革发展的成果。

参 考 文 献

[1] 李红兵，严蓉，赵静，等. 成都统筹城乡户籍制度改革研究[J]. 学理论，2012，(13)：20-23.
[2] 魏滔. 我国户籍制度改革模式研究——以成都户籍改革为例[D]. 湛江：广东海洋大学，2012.

第 12 章　四川省农民工体面就业案例研究

12.1　农民工体面就业的背景

改革开放以来，随着我国社会政治经济体制改革的不断深入，产业结构的调整升级，城镇化建设进程的不断推进，劳动力市场发生了显著的变化，大量农村剩余劳动力涌现。尽管一些进城务工的农村剩余劳动力在非农产业实现了就业，但由于受到传统社会制度的影响和现行社会制度的约束，他们的社会地位与身份并没有随着职业的改变而发生改变，从而在我国形成了极具特色的拥有双重身份的社会群体——农民工。农民工是指其户籍在农村，但依靠在城市的非农就业并获取收入作为生活来源的非正式雇佣劳动者。就农民工的职业身份而言，农民工是工人，是处于城市就业的非农劳动者，就农民工的社会身份来说，农民工依然是农民。据《人力资源和社会保障事业发展统计公报》发布的 2015 年度数据显示：2015 年全国农民工总量为 27747 万人，城镇就业人员为 40410 万人，农民工占城镇总就业人口的 40.7%，成为城镇非正规就业的主流人群。

农村剩余劳动力的迁移是世界各国城市化、工业化的共同现象，是具有历史进步意义的社会大变迁。农民工群体是我国经济社会转型时期形成的特殊社会群体，在城乡二元经济结构尚未彻底破除的历史背景下，这种城乡迁移顺应了市场经济体制条件下以市场为基础方式配置资源的时代要求，也为农村剩余劳动力找了一条特殊的就业路径。农民工进城就业，为我国城市化发展、工业化进步、缩小城乡差距和非农产业提供了较为廉价的劳动力资源，大大地推动了我国国民经济社会的发展。

由于非正规就业对劳动者的劳动技能要求低，劳动机制较为灵活，能够满足各种层次劳动者的就业需求，它越来越成为农民工群体就业的重要渠道。农民工自身劳动技能低下、受文化教育的程度低，自身也没有更多可供利用的社会资本，仅凭自身简单、廉价的劳动力就业于劳动力市场，其劳动就业容易遭到歧视，属于典型的社会弱势群体。在劳动力市场中，劳动报酬低下、工作环境恶劣、劳动强度大、劳动安全难以保障、人格尊严容易受到侵害；居住条件差，基本不享受国家的住房保障政策；加班现象普遍，基本无节假日，工作家庭很难平衡；生活条件差，劳动者身心健康容易受到伤害。由于农民工自身文化程度低，在职培训教育受到歧视,导致其素质低下和维权意识薄弱,劳动权益很难得到保障,处于被剥夺、被歧视和被边缘化的地位,严重影响了我国和谐劳动关系的构建,已成为影响社会稳定的严重隐患。

国际劳工组织为了全社会的和谐稳定发展,解决全球化条件下各社会领域及其劳动者劳动方面出现的各种问题,提出了"体面就业"概念,并把它作为解决各种社会和劳动问题的战略目标。我国政府积极响应和支持,把全民体面就业的实现作为和谐劳动关系发展与和谐社会构建的基础,而我国农民工群体的就业与体面就业要求相差甚远,只有不断提高农民工群体的体面就业质量,才能真正意义上实现和谐社会的构建。

12.2　四川省在农民工体面就业方面的主要做法

作为全国城乡统筹实验示范区的成都市,在农民工体面就业方面做了很多努力,尤其是在农民工的报酬权益保障方面、农民工综合社会保险体系构建方面、返乡农民工创业体系构建方面、农民工子女就学条件方面、农民工的劳动关系管理方面、劳动权益保障的社会监察方面等做了很多的尝试和努力,取得了很大的成效。

12.2.1　进一步保障农民工的报酬权益

2010年国家主席胡锦涛在出席"全国劳动模范和先进工作者表彰大会"时提出:要增强劳动者的劳动报酬,特别是一线劳动者,让广大劳动者都能实现体面劳动。这里的一线劳动者很大一部分群体包含农民工。体面劳动意味着劳动就应该有回报,劳动使劳动者的生活水平有所提高,并能实现劳动者的自身价值。劳动者在生产性劳动中,他们的劳动权益应该得到充分的保障,并获得与其劳动力价值相符的劳动报酬。可在很长一段时间内,部分劳动者特别是处于弱势地位的劳动者的劳动报酬未能体现其劳动力价值,劳动力回报相当低下,劳动力价值被低估的现象十分普遍。

1. 农民工最低报酬标准的适时调整

2015年成都市根据四川省政府《关于调整全省最低报酬标准的通知》要求,结合本市实际,决定对本市现行月最低报酬标准和非全日制用工小时最低报酬标准进行调整。

1)月最低报酬标准和非全日制用工小时最低报酬标准

(1)锦江区、青羊区、金牛区、武侯区、成华区、成都高新区、成都天府新区、龙泉驿区、青白江区、新都区、温江区、双流区、郫县、新津县的月最低报酬标准为每月1500元（每日69.0元），非全日制用工小时最低报酬标准为每小时15.7元。

(2)都江堰市、彭州市、邛崃市、崇州市、金堂县、大邑县、蒲江县的月最低报酬标准为每月1380元（每日63.4元），非全日制用工小时最低报酬标准为每小时14.4元。

调整后的标准包含职工个人应缴纳的社会保险费和住房公积金。用人单位有执行最低报酬保障规定的义务，劳动者在法定工作时间内提供了正常劳动应得的最低报酬不得低于市政府颁布的最低报酬标准。

2)成都市最低报酬标准构成

在劳动者提供正常劳动的情况下，用人单位应支付给劳动者的报酬在剔除下列各项后，不得低于其所在地的最低报酬标准。

(1)因延长工作时间而获得的报酬。

(2)中班、夜班、高温、低温、井下、有毒有害等特殊工作环境条件下的津贴。

(3)法律、法规和国家规定的劳动者福利待遇等。

实行计件报酬或提成报酬等报酬形式的用人单位，在科学合理的劳动定额基础上，支付劳动者的报酬不得低于相应的最低报酬标准。

"五险一金"是否包括在最低报酬内，由各地根据实际情况而定。从各地公布的情况来看，除北京、上海明确最低报酬标准是剔除了"三险一金"后的净收入外，其他省份均将"三险一金"包含在最低报酬内。

3)成都市最低报酬标准适用的行业

最低报酬标准适用范围包括各种经济类型的企业、有雇工的个体工商户、民办非企业单位与劳动者形成劳动关系的；政府机关、事业单位、社会团体与劳动者建立劳动合同关系的；在试用期、熟练期、见习期内的劳动者。若用人单位违反最低报酬标准规定，人社部门将责令其限期补发所欠劳动者报酬，并可责令其按所欠报酬额度的1~5倍支付劳动者赔偿金。

2. 进一步保障农民工劳动报酬权益

为了进一步保证农民工的报酬基本无拖欠并稳定增长，成都市政府认真贯彻执行《四川省人民政府关于进一步做好为农民工服务工作的实施意见》，该意见明确提出：贯彻落实欠薪处理责任制，健全以源头治理为主的全程治理体系，推动实现农民工报酬拖欠治理常态化、长效化。加强建筑施工项目管理，强化准入、许可、惩戒等监管措施，全面改革和完善劳务分包制度，落实农民工报酬由总承包或专业承包建筑企业直接发放办法，规范总承包企业或专业承包企业对劳务分包企业、包工头、班组长用工施工管理，明确总承包企业或专业承包企业对农民工报酬的直接管理责任，切实解决报酬层层分包以及劳务分包企业、包工头、班组长责任落实难等源头问题。加大劳动监察力度，完善查办、移交制度，对未落实报酬支付责任制引发源头性欠薪和经济纠纷的，严格按规定落实清欠责任。依法全面推行报酬保证金制度，在市(州)、县(市、区)建立完善欠薪应急周转金制度，完善并落实劳动保障监察与刑事司法联动治理恶意欠薪制度、解决欠薪问题地方政府负总责制度，推广实名制报酬支付银行卡。强化信用监督管理，对恶意拖欠农民工报酬的企事业单位，按各行业规定记入不良行为记录，向社会曝光，并按规定及时将相关信用信息录入中国人民银行的企业征信系统。继续实施农村支付结算"迅通工程"，持续创建农村地区"刷卡无障碍示范区"，推动银行卡业务向农村地区延伸。按季度开展农民工报酬专项排查，加强农民工报酬支付日常监督及"两节"(元旦、春节)期间报酬支付保障工作。在报酬集体协商中注重保障农民工的合法权益，促进农民工报酬水平合理增长。

12.2.2 构建农民工综合社会保险制度体系

为了推进农民工依法全面持续参加社会保险，构建农民工综合社会保险制度体系，成都市大力实施"全民参保登记计划"，加强基层社保平台建设，优化经办业务流程，将社保经办服务延伸到街道(乡镇)、社区(行政村)，逐步实现经办模式由层级管理向全域服务转变。整合各项社保经办管理资源，减少社会保险经办环节，实现对农民工的"一窗式"服务。以功能拓展和应用为重点，大力实施社会保障卡"一卡通"工程，着力提升对农民工社会保险经办服务的信息化水平。将领取养老金的农民工纳入乡镇、社区实行社会化管理服务。

1. 农民工的基本医疗保险待遇提升

为维护非成都市户籍农民工基本医疗保障权益，成都市专门出台了就非本市户籍农民工接续参加成都市城镇职工基本医疗保险的有关事项。

(1)2011年3月31日前已参加成都市非城镇户籍从业人员综合社会保险的非本市户籍农民工及其用人单位(不含建筑施工企业)，从2011年4月1日起，接续参加成都市城镇职工基本医疗保险。基本医疗保险费由用人单位缴纳，缴费标准为该类人员报酬总额的2.5%，个人不缴费。

(2)2011年4月1日以后与成都市行政区域内的用人单位建立劳动关系的非本市户籍农民工，参加成都市城镇职工基本医疗保险。基本医疗保险费由用人单位缴纳，缴费标准为该类人员报酬总额的2.5%，个人不缴费。

(3)按上述办法接续参加成都市城镇职工基本医疗保险的非本市户籍农民工，

按《成都市城镇职工基本医疗保险办法》的规定享受住院医疗保险待遇,不建个人账户,不计缴费年限。

2. 进一步提高农民工工伤保险的覆盖率

按照我国的《工伤保险条例》和《关于农民工参加工伤保险有关问题的通知》的规定,将招用的农民工纳入工伤保险范围,及时为其办理工伤保险手续,缴纳工伤保险费。对遭受工伤伤害的农民工,应严格按照规定进行医疗救治、工伤认定、劳动能力鉴定和相关工伤保险待遇支付。

(1)农民工受到事故伤害或患职业病,其工伤保险待遇应严格执行《工伤保险条例》的规定。因工伤残鉴定为一至四级伤残的农民工选择一次性享受长期待遇、因工死亡农民工的供养亲属选择一次性享受供养亲属抚恤金等问题,按照下述办法处理。

(2)劳动能力鉴定为一至四级伤残的农民工,选择一次性享受工伤保险长期待遇的,其伤残津贴计算标准按照全省人口平均预期寿命与解除或者终止劳动关系时的年龄之差(不满一年的按照一年计算),以统筹地区上年度职工月平均报酬基数计算:一级伤残,每满一年发3.3个月报酬;二级伤残,每满一年发3个月报酬;三级伤残,每满一年发2.7个月报酬;四级伤残,每满一年发2.4个月报酬。一至四级伤残农民工一次性享受伤残津贴待遇的标准分别不得低于100个月、90个月、80个月、70个月的报酬。按照前款的计算方法,伤残农民工一次性医疗补助金每满一年增发0.3个月(职业病人员加发0.2个月),不得低于6个月(职业病人员10个月);需要生活护理的人员,按照鉴定的生活护理等级,每满一年增发0.7个月、0.5个月、0.3个月生活护理费,不得低于14个月、10个月、6个月;经鉴定委员会确认安装了辅助器具的农民工,可享受一次辅助器具更换的补助费用。

(3)符合条件的因工死亡农民工的供养亲属,选择一次性享受供养亲属抚恤金的,其待遇计算方法为:供养亲属为子女的,以18周岁为失去供养条件,以按月发给的供养亲属抚恤金标准进行计算;其他供养亲属,以按月发给的供养亲属抚恤金标准计算20年,但55周岁以上的,年龄每增加1岁减少1年,最低不少于5年。

(4)成都市范围内各类用人单位的农民工,参加了工伤保险社会统筹的,由社会保险经办机构按《工伤保险条例》支付待遇;未参加工伤保险社会统筹的,由用人单位按《工伤保险条例》支付待遇。

(5)选择一次性享受工伤保险长期待遇的,需由农民工本人在待遇核定时提出;选择一次性享受供养亲属抚恤金的,需由工亡农民工供养亲属在待遇核定时提出。均应与统筹地区社会保险经办机构或用人单位签订书面协议,终结其工伤保险关系。

3. 针对高危企业出台专门的农民工综合社会保险制度

由于建筑施工属于高危职业，是农民工最为集中的地方，为规范建筑施工企业的劳动用工行为，保障建筑施工企业农民工的合法权益，成都市结合本市实际，专门出台了《成都市人民政府关于非城镇户籍从业人员综合社会保险并轨城镇职工社会保险有关问题的通知》，该通知主要是针对非本市户籍农民工出台的相关综合社会政策。

1）参保范围

凡在本市行政区域内，从事房屋建筑和市政基础设施工程建设的施工企业（含工商注册地在本市行政区域内的建筑施工企业和外地在蓉建筑施工企业）的非本市户籍农民工，均应按照本通知要求参加建筑施工企业社会保险，并缴纳社会保险费。

2）参保缴费

以本市上一年职工平均报酬的60％为缴费基数，费率为4％（其中：医疗保险费率为2.5％、工伤保险费率为1.2％、意外伤害保险费率为0.3％），由建筑施工企业缴纳。

建筑施工企业在工程项目建设中预缴社会保险费时，市医疗保险经办机构可依据市建筑行业定额标准，核定其预缴费金额。具体计算标准如下：

（1）建筑施工企业预缴社会保险费金额＝预计用工数（人·月）×上一年度全市单位职工月平均报酬×60％×4％。

（2）预计用工数（人·月）＝（定额人工费×85％）/上一年度全市建筑施工企业从业人员月平均报酬。

（3）上一年度全市单位职工月平均报酬以办理建筑施工企业社会保险开户时的标准为准，工程合同履行期间不作调整。

（4）实行工程量清单计价招标的工程，建筑施工企业预缴社会保险费的定额人工费范围，依据《四川省施工企业工程规费计取标准》执行。

建筑施工企业预缴费社会保险后，市医疗保险经办机构应以"成都市建设领域从业人员权益（信息）卡"持卡上岗记录作为建筑施工企业社会保险人员实名参保的依据。建筑施工企业应将未持"成都市建设领域从业人员权益（信息）卡"，但实际招用的非本市户籍农民工的个人信息，及时向工程项目所在地的医疗保险经办机构申报办理实名参保事宜。

实际参保数（人·月）超过预缴建筑施工企业社会保险数（人·月）的，建筑施工企业应于30日之内补缴社会保险费。

工程项目竣工验收备案后，该工程项目的非本市户籍农民工的参保关系终止。

3)保险待遇

建筑施工企业的非本市户籍农民工从实名制参保次月 1 日起，按《成都市城镇职工基本医疗保险办法》的规定享受住院医疗待遇，不建个人账户，不计缴费年限。工程项目竣工验收备案后，该工程项目施工中招用的非本市户籍农民工不再享受住院医疗待遇。建筑施工企业在建工程项目施工中招用的非本市户籍农民工，发生事故伤害或被诊断鉴定为职业病，经人力资源和社会保障行政部门认定为工伤的，其工伤保险待遇按照《工伤保险条例》及省、市相关规定执行。

(1)建筑施工企业在建工程项目已实名参保的人员的工伤保险相关待遇由工伤保险基金支付。工程项目竣工后，未与用人单位终止工伤保险关系的原工伤人员的工伤保险待遇由工伤保险基金继续支付。

(2)参加了社会保险的建筑施工企业在建工程项目施工现场造成人员意外伤害，有两种情形之一的，可享受一次性意外伤害保险待遇。①工程项目施工现场造成非本单位人员意外伤害的；②工程项目施工现场造成本单位非本市户籍农民工意外伤害，但经认定为非工伤的。

4)农民工失业保险的保障

根据《社会保险法》等法律法规规定，按照四川省委、省政府关于推进统筹城乡发展和加快推进新型城镇化的安排部署，为进一步做好农民工参加失业保险工作，切实保障农民工的失业保险待遇，成都按照四川省人力资源和社会保障厅、四川省财政厅《关于进一步做好农民工失业保险工作有关问题的通知》执行如下标准：

(1)从 2014 年 1 月 1 日起，用人单位招用的农民工统一按照城镇职工的缴费比例缴纳失业保险费。

(2)用人单位在 2014 年 1 月 1 日前按"农民合同制工人"方式为农民工参加失业保险并足额缴纳失业保险费，且农民工未按规定享受失业保险待遇的，按本通知规定执行后，农民工的前后失业保险参保缴费期限合并计算。

(3)用人单位在 2014 年 1 月 1 日前按城镇职工方式为农民工参加失业保险并足额缴纳失业保险费，且农民工未按规定享受失业保险待遇的，按本通知规定执行后，农民工的前后失业保险参保缴费期限合并计算。

(4)按本通知规定参加失业保险并按时足额缴纳失业保险费的农民工失业后，符合享受失业保险待遇条件的，可向失业保险经办机构申领失业保险待遇，由失业保险经办机构统一按照城镇职工失业后的失业保险待遇计发办法，兑现其失业保险待遇。

(5)各地要加强政策宣传，强化工作落实，积极督促和引导用人单位与农民工参加失业保险并按时足额缴纳失业保险费。进一步夯实工作基础，切实提高失业保险经办服务能力,确保农民工依法享受失业保险待遇。

12.2.3 返乡农民工创业体系的构建

为了支持农民工返乡创业,成都市 2016 年专门出台了《成都市人民政府办公厅关于进一步做好农民工等人员返乡创业就业工作的实施意见》。

1. 推动产业融合发展促进返乡创业

(1)依托比较优势助推返乡创业。鼓励和扶持返乡人员挖掘、利用家乡资源的比较优势,发展农产品精深加工,培育特色"天府农产品"。鼓励返乡人员发展休闲农业、林下经济和乡村旅游,打造第一、第二、第三产业融合发展的"第六产业"。划分的相关责任单位为:市农委、市发改委、市商务委、市旅游局,各区(市)县政府(含成都高新区、成都天府新区管委会,后同)。

(2)借力"互联网+"带动返乡创业。鼓励和扶持返乡人员依托本地资源嫁接外地市场,利用互联网技术,发展农产品销售、商贸流通等城乡各类服务业及线上乡村旅游等休闲观光农业,推动线上线下融合发展。鼓励县、乡两级建立返乡创业电子商务基地、返乡创业小型电子商务集聚区,对电子商务创新创业办公用房、网络等按相关政策给予优惠或补贴。划分的相关责任单位为:市农委、市人社局、市商务委、市口岸物流办,各区(市)县政府。

(3)发展新型农业经营主体引领返乡创业。鼓励返乡人员创办农民合作社、乡村旅游创客基地、家庭农场、农业产业化龙头企业、林场等新型农业经营主体,围绕规模种养、农产品加工、农村服务业以及农技推广、旅游宣传、贸易营销、农资配送等,合作建立营销渠道和打造特色品牌。划分的相关责任单位为:市农委、市经信委、市商务委、市林业园林局、市旅游局,各区(市)县政府。

2. 健全返乡创业服务体系

(1)加强基层平台建设。完善区(市)县及以下基层就业和社会保障服务、中小企业公共服务、农村基层综合公共服务和乡村旅游信息平台建设,强化返乡创业基层公共服务。在乡镇(街道)、村(社区)建立创业服务工作室或创业服务窗口,宣传创业扶持政策,为创业者提供创业服务。划分的相关责任单位为:市人社局,各区(市)县政府。

(2)完善返乡创业服务。根据返乡创业者的需求,组织开展项目开发、方案设计、风险评估、开业指导、融资服务、旅游市场营销、跟踪扶持等"一条龙"创业服务。建立创业信息和政策发布平台,搭建创业者交流互助平台,为创业者提供指导和咨询。坚持"政府主导、社会参与、市场运作"原则,加快发展返乡人员创业园区(孵化园区),逐步形成"创业苗圃(前孵化器)+孵化器+产业园"的阶梯形创业服务体系,扶持返乡创业。支持返乡创业实训基地建设,动员知名乡镇企业、农产品加工企业、休闲农业企业、旅游企业和专业市场等为返乡创业人员提供创业实训服务。放宽注册登记条件,返乡农民工创业的项目暂不具备办理个体工商户登记条件的,可在就业(营业)场所所在地区(市)县工商部门申请办理《成都市灵活就业(营业)辅导证》,由工商部门提供营业辅导,开展试营业。做好返乡人员社保、教育、医疗等公共服务工作,降低创业风险。划分的相关责任单位为:市人社局、市农委、市工商局,各区(市)县政府。

(3)加大返乡创业培训力度。运用培训机构面授、远程网络互动等方式扩大培训覆盖范围。采取"创业培训+新型职业农民培训+农村实用技术培训"形式,培育懂技术、会管理的创业者和新型职业农民。加强农业职业经理人和乡村旅游带头人培训。依托综合示范基地、都市现代农业示范带和现代农业精品园区,健全创业指导制度,充实创业指导专家服务团队。通过开办农村创业讲习所、提供创业实训服务等方式,提升返乡人员创业能力。划分的相关责任单位为:市人社局、市财政局、市农委、市旅游局。

3. 完善返乡创业扶持政策

(1)加大财政支持力度。农民工和农民企业家返乡创办的企业,享受招商引资优惠政策;招用就业困难人员、应届高校毕业生的,按规定给予社保补贴和岗位补贴。经工商登记注册的网络商户从业人员,享受各项创业就业扶持政策;未经工商登记注册的网络商户从业人员,认定为灵活就业人员的,享受灵活就业人员扶持政策。经认定的创业培训机构开展返乡创业培训,按培训结业人数给予900元/人的补贴;经认定的模拟创业实岗训练机构开展训练,按模拟创业实岗训练人数给予800元/人的补贴;经认定的创业后续服务机构开展服务,根据服务人数、项目、质量给予补贴。返乡农民工自主创业的,在其办理工商营业执照(从事法律规定必须经过许可的行业应同时取得所经营行业的许可证),并正常经营3个月后,给予5000元的一次性创业补贴。个体工商户转化为公司制企业可按注册资本金一定比例给予一次性奖励,具体奖励办法由各区(市)县政府结合本地实际制定。对于骗取创业补贴和注册奖励金的,由区(市)县人社部门依法追回并列入有关信用"黑名单"。划分的相关责任单位为:市财政局、市人社局、人行成都分行营管部,各区(市)县政府。

(2)强化返乡创业金融服务。积极探索将集体建设用地使用权、土地经营权、农村房屋所有权、林权等农村产权纳入融资担保抵押范围。鼓励金融机构向符合条件的返乡创业农民工和农民企业家发放额度不超过10万元(含10万元)、期限为2年的创业担保贷款,财政部门按规定贴息;贷款期满可展期1年,展期不贴息。对返乡创业农民工和农民企业家领办的劳动密集型小企业,可按规定给予最高额度不超过 200 万元的创业担保贷款,财政按基准利率 50% 给予贴息。划分的相关责任单位为:市人社局、市财政局、市金融办、人行成都分行营管部。

(3)落实返乡创业税费减免政策。按照国务院《关于税收等优惠政策相关事项的通知》要求,落实返乡创业税收优惠政策。持就业创业证或就业失业登记证的农民工和农民企业家创办个体工商户、个人独资企业的,可依法享受税收减免政策。农民工和农民企业家返乡创业,符合政策规定的,可免征教育费附加、水利建设基金等政府性基金,免收管理类、登记类、证照类行政事业性收费。划分的相关责任单位为:市国税局、市地税局、市人社局、市财政局。

(4)强化返乡创业园区支持政策。依托现有工业园区、农业产业园区、物流园区等,盘活闲置厂房等存量资源,整合发展一批返乡创业孵化基地、返乡创业园区。加大返乡创业园区建设项目的用地支持力度,按照《成都市土地利用年度计划管理办法》优先安排用地计划指标。对符合土地利用总体规划的新建返乡创业孵化园区的项目用地企业,符合《划拨用地目录》的,可采取划拨方式提供土地使用权;不符合的,鼓励以租赁和短期出让方式提供土地使用权。返乡创业园区和孵化园区配套的医疗卫生、体育健身、休闲与乡村旅游等公共服务设施配套费按规定予以减免。对新建创新创业载体,核定后按 20 元/平方米给予最高不超过 300 万元的经费补贴。对新认定的创业苗圃、创新型孵化器、专业孵化器、创业孵化示范基地等创新创业载体,视其发展规模、服务水平以及服务企业的数量,给予运营机构最高不超过 100 万元的经费补贴。鼓励、吸收和支持社会资本投资建设返乡创业孵化园区,推进社会力量成为园区营运管理的主体。免费为创业者提供服务的孵化园区,按其园区规划的孵化面积给予房租补贴,补贴参照园区周边写字楼租金标准。划分的相关责任单位为:市国土局、市发改委、市经信委、市科技局、市人社局、市建委,各区(市)县政府。

4. 加大贫困群众创业就业扶持力度

(1)鼓励返乡人员到贫困村创办企业。返乡农民工和农民企业家到贫困村发展农产品加工、农资配送、养老服务业等环保优势产业,在符合规划的前提下,可依法使用农村集体建设用地,享受国家规定的税收优惠政策,按规定"减免缓收"残疾人就业保障金。对落户贫困村企业招用就业困难人员的,按规定给予社保补贴和岗位补贴。划分的相关责任单位为:市人社局、市财政局、市国土局、市地税局、市残联,各区(市)县政府。

(2)加大贫困村群众创业就业扶持力度。将贫困村列为农村普惠金融服务工作推进重点,推行订单农业贷款、农村土地流转收益保证贷款、农业设施及仓单抵押贷款等农村财产权融资方式,为贫困村群众创业提供金融支持。贫困村群众创业可按规定享受一次性创业奖励，在工商登记、准入条件、经营范围、注册资本等方面参照城镇失业人员创业的优惠政策执行。将贫困村的就业困难人员纳入就业援助范围，按规定享受社保补贴和岗位补贴。从事灵活就业的贫困村群众按规定享受社保补贴。加强贫困村就业困难人员职业技能培训，力争使有就业意愿的贫困劳动力至少掌握一项就业技能。划分的相关责任单位为：市人社局、市财政局，人行成都分行营管部，各区(市)县政府。

(3)加大低保困难群体就业创业扶持力度。对法定劳动年龄阶段内实现就业或自主创业的低保对象，已就业或自主创业申请最低生活保障的对象，在核算家庭收入时，应先扣减必要的就业创业成本。划分的相关责任单位为：市民政局、市财政局、市人社局、市农委(市扶贫办)。

5. 实施农民工等人员返乡创业就业行动计划

(1)开展"互联网+"创业就业培训行动计划。运用公共就业创业服务平台开展网上培训，通过移动互联网、手机 APP 等载体开展"创业+职业技能"组合培训，拓宽培训渠道。加大农民工中高级职业技能培训力度。划分的相关责任单位为：市人社局、市农委。

(2)开展返乡创业与"双创"深度融合行动计划。鼓励社会资本特别是重点龙头企业加大投入，建设市场化、专业化的众创空间，吸引返乡农民工和农民企业家创新创业。推行科技特派员制度，组织实施一批"星创天地"，为返乡创业人员提供科技服务。鼓励大型科研院所、高等院校建立开放式创新创业服务平台，促进返乡创业农民工和农民企业家运用其创新成果创业，实现返乡创业与"双创"的深度融合、联动发展。划分的相关责任单位为：市科技局、市教育局、市人社局，各区(市)县政府。

(3)开展支持农民企业家返乡创业行动计划。通过宣传回乡创业优惠政策，强化商会纽带作用，积极引导本市在外农民企业家返乡创业。在资金、税收、能源、建设、土地、用工等方面，在政策允许情况下给予农民企业家返乡创业优惠和扶持。划分的相关责任单位为：市投促委、市商务委，各区(市)县政府。

(4)开展农民集中居住区创业就业行动计划。通过税费减免、创业担保贷款、一次性创业补贴、举办创业项目推介会等政策举措，加大农民集中居住区创业扶持力度。强化就业实名制动态管理，根据集中居住区群众就业、培训需求等相关信息，有针对性地开展公共就业服务。划分的相关责任单位为：市人社局、市财政局、市农委。

(5)开展就业援助行动计划。加强对就业困难人员的实名制管理和分类帮扶，定期到农村开展就业援助活动，依托就业援助"962110"服务平台帮助有就业意愿的农村困难群众在不挑不选情况下，两个工作日内实现就业。划分的相关责任单位为：市人社局、市民政局。

12.2.4 农民工子女就学条件的完善

农民工一生最期盼的就是子女的成才，所以，农民工子女的就学是农民工自身乃至社会最为关注的问题。成都市专门出台了相关政策文件：及时妥善安排返乡农民工子女入学，属于义务教育阶段的要按照就近入学的原则安排，并享受当地义务教育阶段学生的有关待遇，学校不得以任何借口拒绝接收返乡农民工子女入学。高中阶段随返学生按高中学籍管理规定予以安排接收并办理相关的转学手续。

农民工随迁子女平等接受教育的权利也将进一步得到保障。将建立健全成都市中小学生学籍信息管理系统，将农民工随迁子女教育纳入教育发展规划和财政保障范围。保障农民工随迁子女在省内就业地平等接受学前教育、义务教育和参加中考、高考的权利。将专项奖励资金重点用于以接收随迁子女为主的公办学校和民办学校。公办义务教育学校、幼儿园要普遍对农民工随迁子女开放，与城镇户籍学生（儿童）混合编班、统一管理。

12.2.5 强化农民工的劳动关系管理

为了进一步促使农民工群体逐步融入城镇，实现农民工市民化奠定坚实基础，就必须规范农民工的劳动用工管理，加强农民工安全生产和职业健康保护，进一步强化农民工的劳动关系管理。

1. 规范农民工劳动用工管理制度

全面实行劳动合同制度。在流动性大、季节性强、用工时间短的行业中推广简易劳动合同文本。对小微企业经营者开展劳动合同法律法规培训，指导和督促用人单位与农民工依法签订并履行劳动合同。依法规范劳务派遣用工行为，抓好劳务派遣许可监管工作。清理规范建设领域违法发包分包行为。做好劳动用工备案、就业失业登记、社会保险登记等工作，加强对企业使用农民工的动态管理。落实劳动标准，改善农民工劳动条件，落实带薪年休假制度，做好女性农民工和未成年农民工的特殊劳动保护工作。

2. 加强农民工安全生产和职业健康保护

强化高危行业（领域）和中小企业一线操作农民工的安全生产、职业健康教育培训，切实提高农民工的安全生产意识和职业病自我防护意识。加大农民工安全生产事故多发易发行业（领域）的整治力度。建立农民工职业危害追溯体系，实施农民工职业病防治和救治行动。督促用人单位落实农民工职业健康检查责任。加强农民工职业病防治监管工作，建立重点职业病监测哨点，健全职业病诊断、鉴定、治疗的法规、标准和机构。重点整治矿山、工程建设等领域农民工工伤多发问题。切实保障用人单位已经不存在或者无法确认劳动关系且符合相关政策规定的农民工职业病患者享受相应的生活和医疗待遇。推进职业病防治技术服务体系建设，为农民工提供职业健康检查、诊断与鉴定、医疗救治等技术服务保障。

12.2.6　逐步改善农民工居住条件

将解决农民工住房问题纳入当地住房保障和供应体系，继续实施"农民工住房保障行动"，每年竣工的公共租赁住房按一定比例定向供应给农民工。鼓励有条件的地方逐步建立健全公共租赁住房租赁补贴制度，加快推进共有产权住房和公租房"租改售"试点工作，促进农民工住房保障工作制度化。在优化土地利用总体布局时，积极支持涉及改善农民工住宿条件的项目建设。建立健全农民工住房保障制度，对在城镇稳定就业并居住一定年限的农民工，按城镇户籍居民同等准入条件、同等审核流程、同等保障标准申请享受公共租赁住房保障，逐步实现农民工住房保障常态化。积极支持符合条件的农民工购买或租赁商品住房，并按规定享受购房契税和印花税等优惠政策。允许招用农民工数量较多的企业，在符合规划和规定标准的用地规模范围内，利用企业办公及生活服务设施建设农民工集体宿舍。开发区、产业园区可以按照节约集约用地原则，在安排的配套设施用地范围内集中布局，建设单元型或宿舍型公共租赁住房，专门面向农民工出租。逐步将在城镇稳定就业的农民工纳入住房公积金制度实施范围。

12.2.7　形成成都市用人单位劳动用工和社会保险管理标准

成都市劳动保障系统以构建和谐劳动关系为目标，深入贯彻市政府政策方针，推行《成都市用人单位劳动用工和社会保险管理标准》，推进劳动合同实施三年行动计划，进一步加强企业工资宏观调控指导，创新劳动保障网格化监察模式，妥善处理国企破产改制职工分流安置、农民工工资拖欠等热点、难点问题，推动创建和谐劳动关系工业园区试点工作，成都市的武侯科技园区被人社部、中华全国总工会、中国企业联合会/中国企业家协会评为"全国模范劳动关系和谐工业园区"。

12.2.8 实行劳动保障监察网格化管理

为深入贯彻落实《成都市劳动用工和社会保险管理暂行规定》，促进用人单位严格执行劳动保障法律法规，切实保障劳动者和用人单位的合法权益，促进城乡充分就业，完善社会保险体系，加快构建和谐劳动关系，全面提高全市劳动保障监察效率，根据本市实际，制定劳动保障监察网格化管理制度，进一步规范劳动用工市场，尤其是农民工市场。实现全员签订劳动合同，全员参加社会保险，按时足额支付报酬，严格遵守劳动保障法律法规，切实保障劳动者和用人单位的合法权益，提高就业稳定性，建立和谐的劳动关系，促进企业的稳定发展。

1. 网格化管理的内容

以1个街道(乡镇)为1个网格，各区(市)县内形成若干个网格。以网格为单位，依托市、区(市)县劳动保障机构监察员、街道(乡镇)兼职监察员和社区(村)劳动保障法律监督员(协管员)四级队伍，对网格地域内的所有用人单位(指本辖区内的企事业单位、个体经济组织、民办非企业单位和国家机关、社会团体)，依法审验其"中华人民共和国组织机构代码证"原件，确认用人单位的合法性。掌握用人单位依法与劳动者签订劳动合同、足额支付报酬、缴纳社会保险和遵守劳动保障法律法规的情况，发挥组织机构代码证卡合一的优势，进行信息采集和动态监控，形成全覆盖、全方位、全动态、全过程监督检查的劳动保障监察机制，切实保护劳动者和用人单位的合法权益。

2. 网格化管理的要求

(1)建立网格。由各区(市)县负责建立网格，以街道(乡镇)实际管辖地域为一个网格，将本区(市)县划分成若干个网格，建立网格内全部用人单位劳动用工的基本信息电子档案，掌握用人单位遵守劳动保障法律法规和签订劳动合同、全员参加社会保险、足额支付报酬等基本情况。网格以彩图形式书面报市劳动保障局。

(2)建立基本数据库。建立网格地域内用人单位遵守劳动保障法律法规的劳动用工电子信息档案，在对外业务范围的报表、申请表和相关软件中，应设置代码栏目，作为组织机构单位的标识。在劳动用工电子信息档案的基础上，建立全市用人单位劳动用工基本信息数据库，并在此基础上进一步形成全覆盖、全方位、全动态、全过程监督检查的劳动保障监察机制。根据用人单位遵守劳动保障法律法规的情况，有针对性地开展劳动保障监察执法，促进用人单位全员签订劳动合同，全员办理社会保险，全额支付劳动者报酬。

(3)落实人员。各区(市)县在每个街道(乡镇)的劳动保障所都要聘任劳动保障兼职监察员,在每个社区(村)的劳动保障工作站都要聘请劳动保障法律监督员或协管员,建立起市、区(市)县、街道(乡镇)、社区(村)四级监督检查队伍。按每个网格落实2名以上劳动保障专(兼)职监察员,充分发挥社区(村)劳动保障法律监督员或协管员的作用,逐一对网格地域内全部用人单位的基本信息进行采集,建立用人单位的基本信息数据库和劳动用工电子信息档案,动态记录用人单位遵守劳动保障法律法规的情况并进行监督检查。对用人单位违反劳动保障法律法规的案件,由各级劳动保障监察机构,按程序依法进行查处,同时发挥街道(乡镇)兼职监察员作用,形成三级执法监察工作机制。

(4)部门职责。劳动保障部门负责抓好劳动保障监察网格化管理工作的计划、组织、协调、落实和对区(市)县工作的指导检查;统计部门负责提供网格地域内全部用人单位的基础数据;工商部门负责提供网格内全部用人单位(含私营企业和个体工商户)工商注册的基本情况;国税和地税部门负责提供网格内全部用人单位税务登记的基本情况;技术监督部门负责提供全市已申办的组织机构代码信息,并与劳动监察网联网实现信息互换,负责证卡信息与网络信息的核对。

(5)实施步骤。按照"全面推行,重点突出"的工作思路,2006年在全市全面推行劳动保障监察网格化管理,初步建立用人单位劳动用工电子信息档案和基本信息数据库。各区(市)县要全面部署网格化管理实施工作,重点抓好街道(乡镇)的网格化管理工作,以点促面,全面推进,健全网格化管理和完善用人单位基本信息数据库及劳动用工电子信息档案。

12.3 主 要 成 效

成都市通过上述各项政策措施的施行和各地方政府及企业的通力合作与协调,在农民工体面就业方面取得了很大的成效。

1.农民工劳动报酬保障得到了进一步提升

1)农民工的月平均收入增速较快

近年来,成都市大力发展经济和努力扶持企业经济增长,为农民的报酬收入的提升打下了坚实基础。据国家统计局成都调查队发布的《成都市农民工就业状况调查简析》数据显示:2015年成都市的农民工月均收入3072元,比上年增加208元,增长了7.2%,其中,制造业,建筑业,住宿和餐饮业,居民服务、修理和其他服务业的农民工月均收入分别比上年增长了6.7%、4.4%、2.2%和4.1%。

2)构建了农民工报酬保障的制度体系

成都市在构建农民工报酬保障制度体系过程中,重点从四个方面着手。一是理顺部门监管体制。建立项目主管部门源头性欠薪处理责任制,推动主管部门增强环节把关和源头监管的主动性。二是建立市场决定机制,落实欠薪源头治理。改革完善劳务分包制度,推进形成市场决定机制,由行业主管部门落实建立总承包企业农民工报酬直接支付责任制,做实锁定支付主体,从根本上解决劳务费用层层分包、报酬款工程款相互交织、承包商以报酬名义加剧利益博弈以及劳务分包企业、包工头、班组长难担责难尽责等源头问题。三是夯实地方属地责任,确保工作落地落实。完善地方属地责任制,明确各级地方政府制定属地责任制、处理责任制、支付责任制实施办法,加强组织协调,明确责任分工,确保问题解决在当地,确保春节前基本无拖欠。四是实施配套制度措施,推进欠薪问题标本兼治。实施农民工报酬实名制、报酬保证金、欠薪应急周转金、劳动监察与刑事司法衔接联动等制度,开展农民工报酬日常巡查、季度排查、专项检查、案件专查,发挥执法查办、日常监管、协调处理、应急处置、涉罪打击等职能作用。

3)农民工报酬支付收到了显著成效

为促进农民工报酬支付,成都市人社部门开展了农民工工资清欠排查专项行动。为确保"专项行动"取得实效,按照各自职责,人社部门会同建委、公安等相关部门牵头组织"属地"和"责任区"的专项检查工作。另外,畅通投诉渠道,严格落实应急值班备勤制度,建立 24 小时电话值班和领导带班制度。加强司法联动,确保移送涉嫌拒不支付劳动报酬犯罪案件渠道畅通。对符合公安机关提前介入情形的案件,主动协调公安机关提前介入,为有效获取相关证据提供支持,逐步形成人社部门与公安机关联合办案机制。通过强化争议仲裁,及时裁决拖欠报酬劳动争议案件。畅通"绿色通道",对申请仲裁的拖欠报酬争议案件,按照"快立、快审、快结"原则及时受理、及时裁决,有效保障被拖欠报酬农民工及时向法院申请强制执行。

2. 农民工综合社会保障基本实现了全覆盖

至 2014 年 1 月 1 日以来,成都市发布了社保新政,打破传统的户籍限制,无论是农村还是城镇户口,本市户籍还是外地户籍,只要年满 16 周岁至法定退休年龄的灵活就业人员,带上户口簿或身份证,不需要开就业证明或暂住证,均可前往户籍所在地或就业所在地社保局申请城镇职工基本养老保险。这种手续的和程序的简化,为在本市的农民工参与基本养老保险带来了便利,使得更多农民工不枉费时间就轻松地参与基本养老保险。在医疗保险方面,成都还启动异地就医工作,实行外出务工人员、创业人员的医保异地就医结算,以方便外地务工人员就医;就失业保险方面,将失业保险费率从 3% 下调为 2%,支持企业稳岗的失业保险基金政策扩大到本市所有依法参保缴费,并且上年度未裁员或裁员率低于城镇登记失业率的企业，给予上年度失业保险缴费50%的稳岗补贴。据国家统计局成都调查队发布的《成都市农民工就业状况调查简析》报告显示：2014年成都市农民工参加综合社会保障比例较高，达到99.1%，较上年增加了0.3个百分点。就医疗保险而言，仅0.9%的农民工没参加医疗保险。其中，76.4%农村居民参加了原籍地的新型农村合作医疗，参加城镇职工基本医疗保险的占14.2%。就工伤保险而言，高危行业如建筑行业，农民工的工伤保险基本达到98.7%有保障。

3. 本地就业和创业人数显著增加

近年来，成都市大力构建返乡农民工创业就业扶持体系，从政策和措施方面给予这部分群体大力支持，加上各地政府大力发展经济，不断调整产业结构，劳动力需求增加，对农民工返乡创业就业有较强吸引力，"既能顾家又能挣钱"两不误的观念逐步形成，农民工就业地域结构发生变化，本地就业和创业人群显著增加。据国家统计局成都调查队2015年发布的《成都市农民工就业状况调查简析》报告指出：成都市农民工的就业形式主要有三种，一是本地非农自营，二是本地非农务工，三是外出从业。三类务工人数占农民工总人数的比重分别为12.8%、58.2%、29%。其中，本地非农自营和非农务工总人数所占农民工人数比重之和为71%，较上年增加了14.2%。

4. 农民工随迁子女基本能实现平等教育

据国家统计局成都调查队2015年发布的《成都市农民工就业状况调查简析》报告指出：为了子女可以接受更好的义务教育，成都市42.6%的农民工子女实现了在父母务工地就读。其中义务教育阶段全部在务工地建立了学籍，占全部义务教育的比重为46.7%；高中阶段占全部高中教育的比重为35.0%。绝大部分随迁子女进入公办学校就读。据调查显示，农民工子女随迁就读义务教育阶段的有80%，高中阶段的有60%进入了公办学校就读，其余的进入民办学校或私立学校就读。从家庭承受随迁子女就读费用难易程度看，义务教育阶段和高中阶段均没有选择"困难"的，义务教育阶段选择"比较困难"的占17.1%，选择"一般"的占54.3%，选择"不太困难"和"容易"的分别占17.1%和11.4%；高中阶段选择"比较困难"的占为50%，选择"一般"的占42.9%，选择"容易"的占7.1%。在被问及每年随迁子女在教育方面的花费占家庭收入比例看，义务教育阶段大部分占5%~20%，最低的占0.4%；高中阶段大部分占20%~40%，最低的占0.3%。说明大部分家庭承受随迁子女就读费用的难度不大。

5. 农民工的劳动关系得到进一步改善

首先是超时劳动情况有所改善。据国家统计局成都调查队2015年发布的

《成都市农民工就业状况调查简析》报告显示：2015 年成都市农民工年从业时间平均为 10.1 个月，月从业时间平均为 25.2 天，日从业时间平均为 8.7 小时，均较 2014 年略有下降。其次，签订劳动合同的农民工比重上升。2015 年成都市与雇主或单位签订了劳动合同的农民工比重为 36.2%。其中，外出农民工和本地农民工与雇主或单位签订劳动合同的比重分别为 39.7% 和 31.7%，农民工签订一年以下短期劳动合同的情况有所改善，比上年提高 0.3 个百分点。

6. 畅通农民工维权渠道

全面推进劳动保障监察网格化，实行网络化管理，完善劳动保障违法行为排查预警快速处置机制，畅通农民工维权渠道，及时受理和依法查处用人单位侵害农民工权益的违法行为。按照"鼓励和解、强化调解、加快仲裁、衔接诉讼"的要求，畅通仲裁"绿色通道"，提高仲裁效能，及时公正处理涉及农民工的劳动争议。大力加强劳动保障监察机构、劳动人事争议仲裁院和基层劳动争议调解组组织建设，完善服务设施，增强维护农民工权益的能力。简化涉及农民工案件的立案手续，加强案件审判执行工作，依托司法审判保障农民工的合法权益。建立健全农民工维权协调联动机制。四川农民工维权救助成效较为明显，处理劳务纠纷案件数量逐年增加，2014 年达到 20546 件，挽回经济损失金额也有较大幅度增长，2014 年达到 164953 万元。

7. 形成了成都市人力资源社会保障行政执法裁量标准

成都市 2015 年发布的《成都市人力资源社会保障行政执法裁量标准》有力保障了农民工及其他灵活就业人员的劳动权益，使农民工体面就业得以真正实现。

12.4 改 革 经 验

根据上述分析可以看出，成都市在保障农民工体面就业方面做了很大的努力，也取得了很大的成效，但是如果要确保农民工体面就业还需要全国各省、市、区同步推进相关的改革，构建全国统一的劳动力市场，积极扶持农民工工会组织建设，加强农民工医疗、保健投入、切实保障农民工子女享有平等的受教育权利，加大普法宣传，增强农民工自身的维权意识。

1. 构建全国统一的劳动力市场

改革开放以来，尽管我国劳动力市场有了一定程度的发育，但全国统一、成熟的劳动力市场尚未形成。因此，应尽快建立全国统一的劳动力市场。建立全国统一的劳动力市场，是一个涵盖多方面工作的系统工程。一是建立覆盖全国的现代化的劳动力市场信息网络系统。做好劳动力市场信息的采集、整理、储存、发布与咨询工作，充分及时地传递劳动力供求信息，尽力消除就业信息不对称问题；各级政府有关部门要加强信息搜集和发布工作，搭建用工信息共享平台，为农村劳动力就业提供准确、便捷的劳动力市场信息，引导劳动力合理有序流动，减少农村劳动力流动的自发性与盲目性，降低农村劳动力的就业搜寻成本。二是建立完善的劳动力市场服务体系，为农民工和用人单位提供职业介绍、职业指导、职业培训、失业登记与求助、档案管理、代办社会保险以及组织劳务等服务；加强针对农民工的政策咨询、求职登记、职业介绍以及就业指导等服务。三是加强和规范对劳动力市场的监督管理，逐步完善有关劳动力市场的组织规范和立法工作，加强劳动力市场执法力度，规范对职业中介的管理，打击各种违法用工行为，实现劳动力市场的规范化运行。

2. 积极扶持农民工工会组织建设

目前农民工权益普遍容易遭受侵害，很大程度上源于农民工的组织缺失，分散的农民工个体无法通过组织化渠道来表达自身的利益诉求，无法与雇主及政府进行有效的沟通和谈判。因此，要真正保障农民工的合法权益，必须发挥农民工工会组织的作用，做好农民工工会组织的建设工作，使其成为农民工的利益代表和组织代言人。因此，国家有关部门应当采取措施加大在农民工比较集中的行业如建筑业、制造业等，以及农民工比较集中的企业如私营、外资、合资企业中建设基层工会组织的力度，探索农民工工会的组织形式和入会方式，支持农民工加入工会，确立工会的农民工集体劳动权代表者身份，全面、准确、及时地表达农民工的利益诉求，充分发挥工会组织的维权职能，依法维护农民工的合法权益，切实改善农民工的工作条件和工作待遇。

3. 加强农民工医疗保健投入

农村居民由于收入低、缺乏医疗保障，其身体健康状况显著低于城市居民。首先，国家应当调整城乡卫生支出结构，大力加强对农村医疗卫生事业的投入，改善农村地区的就医条件，提高农村劳动力的健康资本存量。其次，政府应建立农民工医疗保健服务体系。政府要加大对职业卫生机构的投入，合理布局医疗机构，为农民工提供质优价廉的医疗服务；加强农民工职业病和传染病的防治工作；加强农民工的妇幼保健工作。同时，政府要加强劳动保护，监督企业重视农民工的医疗保健。

4. 切实保障农民工子女享有平等的受教育权利

长期以来，我国农民因未能享受平等的教育权，而导致其人力资本水平低下，进而在政治地位和经济地位上均处于社会底层。从公平的角度看，随着我国综合国力的大幅提升和社会的日益文明与进步，农民工子女不应再遭受其父母所经历的遭遇，他们理应享有平等的教育权。从发展的角度看，农民工子女无法接受应有的义务教育，势必直接影响我国下一代劳动力的素质问题和我国未来工业化和城市化发展。新的《义务教育法》明确了流动人口子女平等接受义务教育的权利，相对来说这是一个重大的进步，但尚未对流出地和流入地政府在流动人口子女接受义务教育问题上的责任做出明确规定。对流入地政府来说，首先，建立公平的入学准入机制，确保农民工子女享有公平的受教育权利。要把农民工子女纳入整体教育规划中，采取多种措施增加投入，充分挖掘及合理配置公办义务教育资源，平等接纳农民工子女在当地全日制公办中小学接受义务教育，使农民工子女在城市入学时，不再受户籍制度的限制。其次，建立科学的农民工子女学籍管理模式。由于农民工群体的流动性较强，农民工子女因其父母流动而频繁转学的现象是难免的。因此，教育行政部门应探索创新农民工子女学籍管理模式，准确、及时地掌握农民工子女的学籍信息，做到信息共享，为农民工子女转学提供便利。最后，要倡导和支持社会力量兴办农民工子女学校，在招生管理、教育资源分配方面尽量确保其享有与公办学校同等的待遇。对流出地政府来说，要把农村"留守儿童"教育纳入农村教育中长期发展规划，为他们提供良好的义务教育，提高他们的科学文化素质。

5. 大力发展乡镇民营企业，实现农村剩余劳动力在农村内部转移

农村剩余劳动力在农村内部转移，就是从农业生产领域游离出来的劳动力向工商业等非农业产业转移。首先，要继续大力发展乡镇民营企业。从目前我国农村资源状况和乡镇民营企业的发展潜力看，乡镇民营企业仍然是转移农村剩余劳动力的主要渠道，也是吸纳农村剩余劳动力的潜力所在。因此，必须针对目前我国东南部沿海地区的乡镇民营企业开始出现资本密集化、吸收劳动力的能力相对下降的趋势，因势利导，推动一些乡镇民营企业上水平、上档次、上规模，扩大乡镇民营企业的发展空间与领域，使其更多地吸收农村剩余劳动力。其次，要大力发展农村第三产业。第三产业是劳动密集型产业，它是转移农村剩余劳动力的一个重要领域。国外劳动力转移的经验表明，在工业发展的早期阶段，主要是工业吸收农村剩余劳动力，而在后期阶段主要是靠第三产业吸收农村剩余劳动力。但是，目前我国第三产业发展相对滞后，一个重要原因就是由于乡镇民营企业地区布局较为分散，无法发挥非农产业的集聚效应，带动第三产业的兴起。针对这种状况，必须贯彻合理布局，相对集中的原则，推动乡镇民营企业的连片发展、加工业的适当集中，从而推动第三产业的发展，进而为农村剩余劳动力提供大量的就业机会。最后，加快农村城镇化进程，促进农村剩余劳动力向城镇转移。农村人口不断减少，城市人口不断增加，第一产业的劳动力不断减少，第二、三产业的劳动力不断增加，这是经济发展的普遍规律。

6. 规范社会保障体系建设，为城镇农民工提供有效的社会劳动保护

为城镇农民工提供有效、平等和充足的社会劳动保护，规范社会保障体系建设，保障城镇农民工的合法劳动权益，真正实现其体面劳动。第一，要有效实现现有社会保障制度与城镇非正规群体社会保障建设的衔接。各相关政府部门应结合城镇非正规就业社会保障的实际需要，探索扩大社会保障面的各项相关政策，打破过去社会保障体系中的身份、单位和地区等限制，积极努力地进行体制和制度方面的创新，建立统一的社会居民保障体系。考虑把城镇农民工纳入城镇社会保障体系，政府可以对承担社会保障责任的劳动就业单位予以社会保障补贴，真正实现城镇农民工的实际需求和现有社会保障体系的有效衔接。第二，积极探索城镇非正规就业的失业保险、工伤保险、医疗保险和最低生活保障制度方面的创新，为城镇农民工建立专门的社会保障机制，其缴费年限、标准、方式、保障水平和保障程序等方面要充分考虑城镇农民工的特殊性，尽量做到社会保障制度方面的灵活化和多层次化。第三，为了适应城镇农民工的分散性和流动性强、劳动关系不稳定的特点，必须进行现代网络技术的开发，设立社会保障个人账户和个人档案，方便农民工社会保障的转移和接续。最终促进社会保障体系的规范化、全面化建设。

7. 构建以劳动合同为依据的劳动权益保障模式

我国劳动法律法规明确规定，劳动就业组织应该严格依照《劳动法》《劳动合同法》的规定与职工签订劳动合同。自用工之日起，劳动就业组织与职工就建立起了劳动关系，劳动就业组织就必须依法为职工参与社会保险并缴纳相应的费用。在农民工比较集中的小微民营私有企业，劳动合同的签订比率非常小，不要职工签订劳动合同，或者不依法签订劳动合同，就会导致企业侵犯劳动者的合法权益，造成劳动关系的不和谐。人社部门，应该做好各类劳动就业组织劳动合同规范管理工作的指导和监督，对劳动合同的签订、终止、续订、解除或变更等实行动态管理。劳动监察部门要为劳动者、劳动就业组织提供全面服务，强化监督、检查和指导工作，加强对建筑企业、煤炭企业、制砖企业、商业零售业和餐饮服务行业与农民工签订劳动合同的监督管理工作，坚决预防与制止劳动者因未签订劳动合同，导致其因公负伤待遇、各种劳动补偿等难以落实的现象。以劳动合同为依据的劳动权益保障模式应该注意以下几点：

（1）明确劳动就业组织是劳动合同主体的原则。无论是正规就业部门还是非正规就业部门雇佣农民工，都必须要与劳动者签订劳动合同，建立以劳动合同为基础的劳动用工登记制度，劳动就业组织是签订劳动合同的责任主体，不签订或

不依法签订劳动合同就是违法。

（2）劳动就业组织要根据行业特性、区域特性或职业特性、《劳动合同法》和劳动就业组织内部的各项规章制度，对于不同职业类型的非正规就业劳动群体，制定和完善相适应的劳动合同范本，明确劳动就业组织必须向劳动者就劳动报酬、劳动时间、劳动内容、劳动条件、职业危害等的告知义务，对于没有签订书面劳动合同，但又存在劳动关系事实的，除劳动者有其他明确表示外，依法都应该视为签订了无固定期限劳动合同。

（3）劳动就业组织要在人力资源管理部门专门设立劳动合同管理岗位，负责建立劳动合同管理制度和具体的日常管理工作，建立和完善劳动就业组织员工劳动合同管理台账，妥善保管劳动用工方面的资料，使其管理动态化、常规化。

8. 加大普法宣传和教育，增强农民工群体自身依法维权意识

农民工的知识层次和能力偏低，不仅妨碍了他们在劳动力市场上的竞争优势，也妨碍了他们依法维护自身合法劳动权益的意识。农民工必须正视目前国内不理想的就业环境，积极掌握和了解保护自身相关权益的法律法规、政策制度，切实维护自身的合法权益不受侵害。我国虽然制定和实施了一系列的相关法律法规、政策制度来保障劳动者的合法权益，但是，对于文化素质较为低下的农民工根本就不知晓或者不懂得如何运用，导致其依靠自身力量进行维权的意识相对薄弱。

针对农民工文化素质低、维权意识薄弱的特点，我国目前应该加强以政府为主导的、劳动就业组织为主体的劳动法律法规的教育与宣传。首先是在各级各类职业培训过程中，把相关劳动法律法规的教育与宣传作为一门必修课程，让农民工在上岗前就能提高劳动法律法规方面的素质，增强自身的维权意识。其次，大力借助报纸、电视，尤其是网络等大众媒体的力量和城市社区面对面的法制宣传手段进行普法宣传和教育，内容涵盖劳动法律法规、政策制度和真实案例等。最终形成有效的舆论教育与宣传环境，使农民工在生产生活中随时可以便捷地了解维权的知识和手段，提高劳动者依法维权的意识。

参考文献

[1] 黄孟复. 中国民营企业劳动关系状况调查[M]. 北京：中国财政经济出版社，2008.
[2] 国家统计局成都调查队. 成都市农民工就业状况调查简析[EB/OL]. http://www.chengdu.gov.cn/info/00020101/2015/4/8/857135info.shtml，2015-4-8.
[3] 王杰力. 中国农民工就业歧视问题研究[D]. 沈阳：辽宁大学，2013.

第13章 四川城乡统筹养老保险制度改革案例研究

13.1 背景意义

改革开放以来，我国的城乡建设取得了举世瞩目的成就，但长期的城乡二元结构体制，使得城乡经济社会陷入相对分割的、断裂的极不均衡发展格局，严重制约了我国未来经济社会的发展。党的十七大报告提出，我国将在2020年建立覆盖城乡的社会保障体系，这不仅是全面构建和谐社会的必然要求，也是社会保障体系建设的必由之路。党的十八大报告明确提出，在统筹推进城乡社会保障体系建设中，要坚持"全覆盖、保基本、多层次、可持续"的12字方针，以增强公平性、适应流动性、保证可持续性为重点，努力构建城乡统筹的社会保障体系。

13.1.1 城乡统筹养老保险制度改革的背景

我国新型社会养老保险制度的建立及改革经过十多年的探索、实践，在资金的管理上逐步形成了"社会统筹与个人账户相结合"的筹资模式，建立了多层次的城乡统筹养老保险体系。但目前我国的养老保险制度正面临着更加严峻的形势。覆盖面窄、人口老龄化严重、统筹层次较低、个人空账和隐性债务等问题的呈现使得我国现有的养老保险制度力不从心。同时农村传统的"土地保障和家庭养老"功能已逐渐退化，而农村养老保险试点才刚起步。因此，结合我国实际，针对我国当前的社会养老保险制度在实践中遇到的各种问题进行分析，进而提出构建新型城乡统筹养老保险制度，是目前我国社会保障体系中亟待解决的核心问题。

农村养老保险制度先后经历了初步探索与试点推广(1982~1994年)、逐步发展(1994~1997年)、衰退停滞(1998~2008年)以及崭新发展(2008年至今)四个阶段。

自新中国成立至改革开放前，我国并没有严格意义上的农村养老保险制度。1982年，全国11个省市3547个生产队实行养老金制度，养老金由大队、生产队根据经济状况按比例分担，从队办企业利润和公益金中支付[1]；1987年3月，民政部下发《关于探索建立农村基层社会保障制度的报告》[4]；1991年，国务院授权民政部在有条件的地区，开展建立农村社会养老保险制度的试点工作。此阶段农村养老保险的主要特点为：①在养老保险金的筹集渠道上，集体经济承担了主要义务，资金的多少受集体经济效益的影响，来源不稳定，个人不承担缴费义务；②在养老金的计发上，没有科学严格的计算；③养老金的管理上，以村镇企业或乡镇为单位，缺乏监督和约束机制，资金安全性差，流失严重。

1994~1997年，劳动和社会保障部先后提出整顿方案：继续在有条件的地区进行农村社会养老保险制度的探索。在此基础上，针对进城农民工、城镇农转非人员和农村劳动者研究设计标准不同、可互相转变的养老保险办法。2008年10月，党的十七届三中全会指出，要建立新型农村社会养老保险制度；2009年9月国务院发布《关于开展新型农村社会养老保险试点的指导意见》，规定2020年基本建立覆盖城乡居民社会保障体系的目标；在筹资模式上，采用统账结合的制度模式；在基金管理上，新农保基金要纳入社会保障基金财政专户，实行收支两条线管理，单独记账、核算。新农保制度的主要特点为：①基金筹集以个人缴费为主，集体补助为辅，国家政策扶持，突出自我保障为主的原则；②实行储备积累，建立个人账户，个人领取养老金的多少取决于个人缴费的多少和积累时间的长短；③农村务农、经商等各类从业人员实行统一的社会养老保险制度，便于农村劳动力的流动；④采取政府组织引导和农民自愿相结合的工作方法。该制度存在的主要问题是：参保比例较小，保险水平偏低；政府没有补贴农村养老保险费；养老基金难以实现保值增值等。

虽然我国的新型养老保险制度已经过十多年的改革和建设，取得了突出成就，但面临我国日益加剧的老龄化、制度转轨遗留的历史欠账以及经济社会发展中的诸多问题，新型养老保险制度仍有许多重大的、急需破解的问题[2]。

1. 养老保险覆盖面仍然狭窄

近年来，我国的养老保险制度实施范围不断扩大，其中，国有企业基本实现全覆盖，城镇集体企业覆盖率为75.39%，但其他经济类型企业覆盖率仅为17%，还有很多外商投资企业和民营企业未参保。虽然各级政府重点抓"扩覆"工作，但离全覆盖的目标仍有距离。截至2010年，全国参加城镇基本养老保险的人数为2.57亿人（含农民工参保人员3000多万人），参加新型农村养老保险试点农民人数为1.03亿人。参加各种养老保险的总人数为3.6亿人，仅占当年全国20岁以上人口总数的36.7%，也就是说，养老保险的全国覆盖率只有30%多。这样的覆盖率显然不能发挥其社会保障功能，也不适合我国经济社会发展的需要。2009年开始试点的新型农村社会养老保险和2011年开展试点的城镇居民社会养老保险任务艰巨，特别是如何保量又保质，需要更多的探索和实践。比如，由于缴费负担过重，各地已经参保的灵活就业人员退保情况较为严重。

2. 养老保险基金统筹层次较低

目前，我国实行的是养老保险省级统筹，但实际运行中，省级调剂的力度还不够，未充分发挥统筹共济的功能，大部分养老保险基金还处于分散统筹状态，造成地区间负担畸轻畸重，影响了制度的效率。由于"文革"期间，养老保险沦为企业保险的历史原因，我国养老保险的统筹层次至今依然很低。就全国养老保险制度改革的进展情况看，少数省份实行了省级调剂金制，但调剂的比例和数额极为有限，大部分省份仍实行分级统筹。这样带来诸多问题：养老保险基金抗御风险的能力弱，很容易造成养老保险基金的流失；养老保险跨地区关系转续以及领取不便，不利于建立全国统一的社会保险制度。

此外，养老费用不均衡还会加剧区域发展差距。如2010年广东省有3000多亿元的养老保险基金结余，可有的省份却没有结余，且年年都有缺口，需要中央补贴。一般来说，经济发达省份，财政实力较为雄厚，再加上流动人口多，他们的养老金就多，因为流动人口不在那里养老，仅在那里缴费做贡献。而人口输出大省就面临基金缺口，这些省份的青壮年大多都到外省去务工，基金都缴纳给了外省，但本省的老人却要支付养老金，从而造成收入少、支出多。所以养老金总额的多少跟人口分布的空间和流动有一定关系。而人口流动又受经济发展水平的影响，流动人口聚集的地区，往往是经济发达地区。于是造成了经济越发达的地区养老金越多，经济越落后的地区养老金越少。

3. 隐性债务以及个人账户"空账"依然存在

为应对人口老龄化高峰，我国于1997年决定把长期实行的现收现付养老保险制度转变为社会统筹和个人账户相结合的养老保险制度，这就出现了养老保险的隐性债务问题。所谓隐性债务，是指在养老金制度从现收现付制向基金积累制或半基金积累制转变过程中，由于已经工作和退休的人员没有过去的积累，而他们又必须按新制度领取养老金，那么他们应得的，实际又没有"积累"的那部分资金就是隐性债务。隐性债务包括两部分：一部分是应继续付给新制度实施前已离退休人员的离退休金总额；另一部分是新制度实施前参加工作、实施后退休的人员，在新制度实施前没有积累的养老金总额。这两部分债务的具体规模依赖于退休年龄、缴费率和投资回报率等重要参数。根据中国养老保险隐性债务课题组1999年的推算，隐性债务最低为1.8万亿元，最高接近12万亿元。我国庞大的隐性债务在将来很长一段时期仍将存在。我国的养老保险实行改革后的新制度，按照制度设计，对已经退休人员发放的养老金应该用社会统筹资金支付。但是，由于现在的退休者没有(或很少有)个人账户的资金，又要按标准发放，社会统筹的资金远远不够支付庞大的退休群体的需要。各省、市、县为了按时足额发放养老金，就挪用了本应是将来才能支付的现在在职职工个人账户的资金（社会统筹和个人账户没有分开管理），从而造成了全国范围内养老基金的有名无实，空账运行。究其根源，空账的出现还是要归因于我国养老保险体制转轨所形成的隐性债务。

4. 保值增值效率低下难以应付过高通货膨胀

中国社科院发布的《中国养老金发展报告 2015》显示：截至 2014 年，城镇职工基本养老保险的个人账户累计记账额达到 40974 亿元，而城镇职工基本养老保险基金累计结余额为 31800 亿元。也就是说，即使把城镇职工基本养老保险基金的所有结余资金都用于填补个人账户，也仍有接近 1 万亿的空账；同时全国所有试点省份累计做实个人账户基金 5001 亿元，有大量个人账户目前仍然是"空账"运行。究其原因，一方面是现阶段职工个人账户养老保险金被用于支付现期的退休金，账户上几乎没有什么实际资产，大部分是空账；另一方面是现行制度要求养老保险金余额除满足两个月的支付费用外，80％左右要用于购买政府债券或存入银行，由于近期银行存款利率低于通货膨胀率，导致养老保险金的结余不断贬值，这些钱的收益率多年来一直不到 2％，这势必加重未来养老保险的负担，也会增加国家在养老保险方面的支出负担，应对老龄化的长期资金平衡压力巨大。

5. 养老保险待遇公平性不足

因身份、地区、行业等不同，不同人群参加的养老保险制度类型也不同，退休后的养老保险待遇差别较大。比如，企业退休职工基本养老金从 2005 年以来已连续提高 10 次，目前每月为 2000 多元，而新农保的基础养老金只有 55 元；再如，有研究统计，2013 年事业单位退休人员月均养老金是企业退休职工的 1.8 倍，机关退休人员月均养老金水平是企业退休职工的 2.1 倍。

6. 养老保险制度之间兼容性不强

多年来，我国养老保险制度采取按人群设计、分部门管理、各地区实施的"单兵突进、重点突破"方式，出现了人群分割、地区分割、城乡分割的状况。随着人员流动规模不断扩大，由于相关制度衔接不够、信息系统建设滞后等原因，参保人员跨制度和跨地区流动仍有不少障碍。目前，全国进城务工农民数量已达 2.7 亿人，约占全国总人口的 1/5，因养老保险制度流动性差，他们的参保积极性不高。

我国养老保险制度存在的上述问题，是历史因素和现实矛盾长期积累的结果,已经影响了社会和谐稳定,也制约了经济社会持续健康发展。必须以更大的力度推进改革,进一步完善养老保险制度,解决国人的后顾之忧,让老年人生活得更加体面、更有尊严。

13.1.2 城乡统筹养老保险制度改革的意义

现阶段,我国提出的"统筹城乡发展"是指根据我国的经济综合实力和各种社会矛盾的综合情况,对城市和农村进行整体筹划,强调重点不再是城乡的梯度发展或非均衡发展,而是城市和农村能够相互适应、相互促进,城乡都能从自身条件出发,充分发挥自身优势,相互取长补短,合理分工。因此,统筹发展城乡社会保障体系,其实质就是要破解城乡二元结构,形成城乡社会保障体系协调发展的制度环境,以实现城乡经济社会的良性互动。

1. 构建城乡统筹的城乡养老保障体系是建设和谐社会的必然要求

经过多年探索建立起的适合中国国情的社会保障体系,将为我国的社会保障事业持续发展提供各种有利条件。而与区域经济相关联的城乡居民社会养老保险制度的发展和优化问题研究是经济社会协调发展和建设和谐社会的必然要求。新时代的政府面临着各种社会问题,而这些问题均集中表现为各种民生问题如就业、养老、医疗、低保、救助等。伴随着我国城乡劳动人口结构失衡、人口老龄化和人口高龄化的加快,迫切需要通过健全社会保障制度及相关政策体系来化解这些问题。在新的发展时代,如何分好财富蛋糕与如何做大财富蛋糕已经处于同等重要的地位,分配财富与创造财富已经构成了相辅相成的关系,而通过社会保障制度对收入分配进行调节,进而缓解社会矛盾,促进整个社会和谐发展具有必要性、重要性与紧迫性。城市社会保障制度与农村社会保障制度存在着巨大差异,并处于严重失衡状态,我国社会保障制度体系的碎片化、条块分割化和长期的不完善也使经济的全面、协调、平衡发展处于不利地位。因此,系统地研究我国城乡社会保障体系协调发展战略、步骤及改革发展目标中的区域差异、城乡差异,研究不同城乡人口群体的社会保障协调、协同发展问题对实现城乡社会经济的全面、协调、平衡发展具有非常重要的意义。

2. 为农村社会养老保险制度的全覆盖提供机遇

在2009年之前研究统筹城乡社会养老保险制度还是很遥远的问题,因为当时占中国人口绝大多数的农村居民还没有覆盖社会化的养老保险制度,由于国家社会保障政策的重心更偏重于解决职工养老保险问题,同时考虑到并不十分充裕的中央、地方财政状况,加之之前农保在制度设计上的不完善,使得农村居民享有真正意义上的养老保障遥遥无期。随着新农保制度的试点从广覆盖到全覆盖，中国 7 亿多农村居民终于拥有了真正意义上的养老保障，只要年满 60 岁的农村居民大部分都可以领取基础养老金；同时，由于新农保制度的成功运行，一些地方政府也找到了解决城镇居民养老保险问题的办法，随后国家出台了比照新农保制度的城镇居民养老保险制度，这使得社会保障真正意义上覆盖了原先占据人口总数相当大比重的、无养老保障的城乡居民。

通过结合我国城乡发展、区域经济发展、财政收入能力、居民的消费水平等实际状况，揭示我国不同城乡发展、区域人口群体演进过程与社会养老保险制度体系协调推进过程中相互衔接的关联配套制度，为不同区域政府完善城乡社会保障制度体系提供政策依据和决策参考。逐步实现社会养老保险制度覆盖所有人群，有助于保障人人享有社会保障的基本权益，并通过构筑与城乡经济发展水平相适应的保障体系，真正做到"老有所养"。

3. 有利于实现全社会公平公正的社会保障普惠目标

城乡居民社会养老保险保障制度的优化和发展研究将各项制度的政策体系进行协调与整合，将涉及不同利益群体的相关内容和标准进行协调和整合，将有利于缩小地区、城乡、行业和人群之间的差异，促进社会公平和公正，实现社会保障普惠的目标。为加快城乡居民基本养老保险制度统筹步伐，2014 年以来国家出台了一系列重大举措，2014 年 2 月国务院发布《国务院关于建立统一的城乡居民基本养老保险制度的意见》（以下简称《意见》），决定将新型农村社会养老保险和城镇居民社会养老保险两项制度合并，随后《城乡养老保险制度衔接暂行办法》出台。

《意见》提出，"十二五"末，在全国基本实现新农保和城居保制度合并实施，并与职工基本养老保险制度衔接；2020 年前，全面建成公平、统一、规范的城乡养老保险制度。新农保、城居保的统一，表明我国养老保障在打破城乡壁垒、实现城乡公共服务均等化上迈出了一大步。目前，全国新农保、城居保参保人数已近 5 亿人，可以说这项新的制度将惠及职工养老保险覆盖对象以外的城乡居民。

统一新农保和城居保，不是简单的"1+1"，而是在总结成功经验基础上的改革创新。当前最重要的是，在坚持"三个不变"，即统账结合的制度模式不变、个人缴费、集体补助、政府补贴相结合的资金筹集渠道不变，基础养老金和个人账户养老金相结合的待遇支付政策不变的前提下，将现有的两项制度有机整合，实现从制度名称到政策标准、管理服务、信息系统的"四个统一"，制度名称统称为"城乡居民基本养老保险"。

（1）统一政策标准。原来新农保、城居保对每年缴费标准，分别设置了 5 个档次和 10 个档次,这次统一制度归并为 100~2000 元 12 个档次。这使城乡居民缴费有了同等的自主选择权。

(2)统一管理服务。按照精简效能原则,整合现有公共服务资源和社会保险经办管理资源,建立统一的经办机构;将新农保基金和城居保基金合并为城乡养老保险基金,逐步推进省级管理,按国家统一规定管理、监督和投资运营。

(3)统一信息系统。整合现有新农保和城居保业务管理系统,形成省级集中的城乡养老保险信息管理系统,纳入"金保工程"建设,并与其他公民信息管理系统实现信息资源共享;实现省、市、县、乡镇(街道)、社区实时联网,大力推行全国统一的社会保障卡,方便城乡居民参保缴费、领取待遇和关系转移。

当然,城乡养老保险制度统一后,并不意味着每个参保人都领取同样的养老金。《意见》强调长缴多得、多缴多得的激励机制,除了国家支付的基础养老金,个人养老金待遇主要取决于个人的缴费年限和缴费多少,有效体现了制度的统一性和政策的灵活性。

13.2 成都市在农村养老保险制度改革方面的主要做法

为了真正构建和落实城乡养老保险制度,作为全国城乡统筹实验示范区的成都市,结合本市实际情况,努力做了相应的制度改革,也收到了一定的成效[3]。

13.2.1 促进农村居民利用耕地保护补贴参与社会养老保险

成都市于 2009 年 12 月发布《关于促进我市农村居民利用耕地保护补贴缴纳社会养老保险费有关问题的通知》,通知中明确指出,为促进我市农村居民利用耕地保护补贴缴纳社会养老保险费工作,现就有关问题通知如下:

(1)承担耕地保护责任的农村居民在参加社会养老保险时,可用耕地保护补贴缴纳社会养老保险费。

(2)符合参加我市城乡养老保险条件的年满 16 周岁农村居民,持本人身份证明向户籍所在地镇(乡)或街道劳动保障工作机构申请参保。参保人凭镇(乡)或街道劳动保障工作机构出具的缴款单及本人耕地保护卡,在市农信社分支机构申请办理利用本人耕地保护补贴缴纳养老保险费手续。市农信社分支机构将参保人用于缴纳养老保险费的耕地保护补贴资金,转入城乡养老保险收入专户。

(3)参保人可选择按年或按月缴纳养老保险费,家庭全部耕地保护补贴资金用于家庭成员缴纳当年养老保险费不足部分,可由本人一次性补足或按月缴纳。

(4)参加城镇职工养老保险或非城镇户籍从业人员综合社会保险且当年缴费满 12 个月的农村居民,可凭社会保险经办机构出具的本人当年缴费凭据,向市农信社分支机构申请支取本人当年耕地保护补贴现金，也可用于帮助家庭内其他成员参保缴费。

(5)年满16周岁以上60周岁以下的农村居民，按所选择缴费档次，利用耕地保护补贴缴费有余额的或当年未参加农民养老保险的，可用于下一年度缴费，也可用于帮助家庭内其他成员参保缴费。年满60周岁以上的农村居民，凭本人领取养老金凭证，可申请支取本人耕地保护补贴现金，也可用于帮助家庭内其他成员参保缴费。

(6)参保人符合领取养老金条件时，向社会保险经办机构提出申请，社会保险经办机构为其计算养老金，由市农信社分支机构按月发放。

(7)市农信社分支机构在社会保险经办机构、镇(乡)或街道设立农村居民参保缴费和支付养老待遇专柜，方便农村居民就近就地参保缴费和支取养老金。

(8)参保人可在户籍所在地市农信社分支机构、社会保险经办机构以及镇(乡)或街道劳动保障工作机构查询本人耕保补贴、参保缴费等信息。

13.2.2 大力推行成都市统筹城乡居民养老保险制度

为了更好地实现将新型农村社会养老保险和城镇居民社会养老保险两项制度合并，成都市相继在2009年12月和2010年1月出台了《成都市城乡居民养老保险试行办法》和《关于实施〈成都市城乡居民养老保险试行办法〉有关问题的通知》，两套文件很好地诠释了成都市正式开始实行统筹城乡居民养老保险制度[4]。

1.《成都市城乡居民养老保险试行办法》内容

为建立健全覆盖我市城乡居民的社会养老保险制度，根据国务院和省政府的有关规定，结合我市实际，制定本办法。城乡居民养老保险坚持"保基本、全覆盖、有弹性、可持续"的基本原则，权利与义务对应、保障水平与经济社会发展水平相适应，实行社会统筹与个人账户相结合。市劳动保障局负责全市城乡养老保险管理，区(市)县劳动和社会保障行政部门负责本辖区内城乡养老保险管理。市和区(市)县社会保险经办机构负责城乡养老保险业务经办。户籍关系在本市行政区域内年满16周岁及以上年龄的农村居民，以及城镇职工基本养老保险制度覆盖范围以外的城镇居民，可按本办法规定参加城乡养老保险。

1)农村居民缴纳养老保险费办法

(1)年满60周岁及以上参保人，在区(市)县政府按以下5个缴费档次确定的具体档次中选择一档作为缴费基数，按12%费率一次性缴纳15年养老保险费。5个缴费档次分别为：缴费时上一年度全省在岗职工平均工资的10%、20%、

30%、40%、50%。具体缴费金额由市劳动保障局、市财政局每年年初定期公布。

(2)国务院确定的新型农村社会养老保险试点地区年满60周岁及以上年龄的农村居民,其子女参保缴费后,本人可不缴费,享受省政府规定标准的新型农村社会养老保险基础养老金。

(3)年满16周岁、不满60周岁的参保人,在区(市)县政府按以下5个缴费档次确定的具体档次中选择一档作为缴费基数,按10%费率按年或按月缴纳养老保险费。5个缴费档次分别为：缴费时上一年度全省在岗职工平均工资的10%、20%、30%、40%、50%。每年具体缴费金额由市劳动保障局、市财政局每年年初定期公布。

2)城镇职工基本养老保险制度覆盖范围以外的城镇居民缴纳养老保险费办法

(1)年满60周岁及以上年龄的参保人,按缴费时上一年度全省在岗职工平均工资的40%或50%为基数,按12%费率一次性缴纳15年养老保险费。具体缴费金额由市劳动保障局、市财政局每年年初定期公布。

(2)年满16周岁、不满60周岁的参保人,按缴费时上一年度全省在岗职工平均工资的40%或50%为缴费基数,按12%费率按年或按月缴纳养老保险费。每年具体缴费金额由市劳动保障局、市财政局每年年初定期公布。①年满16周岁、不满60周岁的农村居民参保人履行了耕地保护责任的,可用耕地保护金代缴养老保险费。②年满16周岁、不满60周岁的城乡居民参保人缴费期间因特殊情况不能按时缴纳养老保险费时,经批准可暂停缴费；恢复缴费后,对暂停缴纳部分可以补缴,也可选择降低档次缴费。

3)养老保险费政府补贴办法

(1)年满60周岁及以上年龄的城乡居民,本人缴纳养老保险费以后,在按本办法第八条第(一)项规定计发养老金的同时,享受省政府对新型农村社会养老保险规定标准的基础养老金补贴。

(2)年满16周岁、不满60周岁的农村居民,本人按本办法第五条第一款第(三)项规定缴纳养老保险费以后,区(市)县政府按本人缴费基数的2%给予养老保险缴费补贴。

(3)国务院确定的新型农村社会养老保险试点地区年满16周岁、不满60周岁的农村居民,本人按本办法第五条第一款第(三)项规定缴纳养老保险费以后,享受省政府规定标准的新型农村社会养老保险缴费补贴,该缴费补贴低于本人缴费基数2%的部分,区(市)县政府给予补足。

(4)国务院确定的新型农村社会养老保险试点地区的农村籍重度残疾人,由区(市)县政府为其代缴部分或全部最低标准的养老保险费。具体标准及分担比例由区(市)县政府确定。

2.《关于实施〈成都市城乡居民养老保险试行办法〉有关问题的通知》内容

为了贯彻《成都市城乡居民养老保险试行办法》，成都市人力资源和社会保障局专门出台了《关于实施〈成都市城乡居民养老保险试行办法〉有关问题的通知》。

1)参保条件

户籍关系在本市的下列人员，可按本办法规定参加城乡养老保险：

(1)年满16周岁及以上年龄的农村居民。

(2)年满16周岁及以上年龄，属城镇职工基本养老保险覆盖范围以外的城镇居民。

(3)户籍关系从外地迁入本市满三年的60周岁及以上年龄的城镇居民，可按本办法规定参加城乡养老保险。

(4)应当参加或已经参加城镇职工基本养老保险、非城镇户籍从业人员综合社会保险的人员，以及已享受社会养老保障待遇的人员，不属于本办法覆盖的范围。

2)参保手续的办理

申请参加城乡养老保险的人员，应向户籍所在地的区(市)县社会保险经办机构或该机构指定的街道(乡镇)、社区(村)劳动保障所(站)提交本人参保申请及身份证和户口簿，与社会保险经办机构指定的金融机构签订代扣养老保险费协议。具体参保缴费手续和流程，可由区(市)县社会保险经办机构根据实际情况确定。

3)养老保险缴费

(1)年满60周岁及以上年龄的人员，应在申请参保当月一次性缴纳养老保险费。

(2)年满16周岁不满60周岁的人员，应按月或按年缴纳养老保险费，缴费时间为每年的4~12月。

(3)年满16周岁不满60周岁的人员，参保后中断或暂停缴费时间在两年以内的(含两年)，可申请补缴养老保险费(含利息)。中断或暂停缴费时间在两年以上的，不得一次性补缴。

(4)年满16周岁不满60周岁的人员，选择缴费档次在一个自然年度内不得变更。需要跨年度变更缴费档次的，应向参保缴费所在地的社会保险经办机构或劳动保障所(站)提出申请。

(5)年满60周岁但缴费年限不足15年(180个月)的人员，本人可选择延迟领取养老金时间，并继续缴费至满15年(180个月)；也可选择一次性趸缴至满15年(180个月)。一次性趸缴标准为：以当年所选择的缴费档次作为缴费基数，费率按12%一次性缴纳，趸缴的缴费基数记录在趸缴当年，趸缴年限同已缴费年限合并计算。

4)耕地保护补贴

享受耕地保护补贴的农村居民,按本办法规定参保时,可利用耕地保护补贴缴纳养老保险费,不足部分由本人补足。本人已足额缴费的,可凭社会保险经办机构出具的缴费凭据或养老金领取凭证,每年度向本人耕地保护补贴开户农商银行分支机构,申请支取本人当年耕地保护补贴。

耕地保护补贴缴纳当年养老保险费有余额的,余额部分可用于缴纳本人下一年度养老保险费,也可用于资助家庭内其他成员参保缴费。

享受耕地保护补贴的农村居民,申请支取本人当年耕地保护补贴的具体审核程序,按市级相关部门制定的办法执行。

5)政府补贴

(1)年满60周岁及以上年龄的人员,参保缴费累计满15年(180个月)及以上年限的,在按本办法第八条第(一)项规定计算养老金的基础上,政府按月给予基础养老金补贴,补贴标准为省政府规定的新农保基础养老金。

(2)年满16周岁不满60周岁的农村居民参保缴费后,按本办法第六条第(二)项规定给予养老保险缴费补贴。

(3)按照四川省人力资源和社会保障厅《关于开展新型农村社会养老保险试点工作有关问题的通知》第四条第(二)项规定,农村居民中断或暂停缴费时间在两年以内的(含两年),补缴时按本办法第六条第(二)项规定给予养老保险缴费补贴。

(4)年满60周岁以后但缴费年限不足15年(180个月)的农村居民,本人选择延迟领取养老金时间并继续缴费至满15年(180个月)的,继续缴费期间按本办法第六条第(二)项规定给予养老保险缴费补贴。本人选择一次性趸缴至满15年(180个月)的,趸缴部分不享受本办法第六条第(二)项规定的养老保险缴费补贴。

13.2.3 开展城乡老年最低生活保障对象参加城乡居民养老保险

为贯彻落实四川省政府办公厅《关于开展老年农村居民最低生活保障对象参加新型农村社会养老保险工作的通知》,提高本市城乡老年最低生活保障对象(以下简称老年低保对象)基本生活保障水平,2011年5月成都市全面开展老年低保对象参加城乡居民养老保险工作。

1. 老年低保对象参保条件

具有成都市户籍且年满60周岁及以上年龄、未参加社会养老保险的老年低保对象。

2. 参保手续办理

(1)老年低保对象申请参加城乡居民养老保险,应向本人户籍所在地的乡镇政府(街道办事处)提交本人居民身份证、四川省居民最低生活保障证,并填写《老年低保对象参加城乡养老保险申请表》。

(2)乡镇政府(街道办事处)将经过初审的老年低保对象申报材料送所在区(市)县民政部门,由区(市)县民政部门对申请人的低保资格进行审查后送区(市)县社会保险经办机构。

(3)区(市)县社会保险经办机构对申请人的参保资格进行审查后,对其是否符合老年低保对象参加城乡养老保险条件进行认定。对符合条件的,由区(市)县社会保险经办机构办理参保手续,建立参保档案。

3. 待遇计发

(1)本通知实施后,老年低保对象可免费参加城乡居民养老保险。

(2)社会保险经办机构根据市政府《关于印发〈成都市城乡居民养老保险试行办法〉的通知》第六条第一项规定的标准,按月向老年低保对象发放基础养老金。其中:2010年12月31日前年满60周岁及以上年龄的老年低保对象,从2011年1月1日起执行;2011年1月1日后年满60周岁的老年低保对象,从年满60周岁的次月起执行。

(3)已按本通知规定领取基础养老金的人员,由于家庭收入提高不再属于老年低保对象、本人参加城镇职工基本养老保险等原因而丧失领取资格的,社会保险经办机构停止发放基础养老金;已按《成都市农民养老保险办法》和成府发[2009]58号文规定参保的,基础养老金不重复享受。

4. 政府补贴

已纳入国家新型农村社会养老保险试点的区(市)县,按照国家统一规定的标准发放基础养老金,所需资金由中央财政给予全额补助;尚未纳入国家新型农村社会养老保险试点的区(市)县,在国务院批准试点前,发放基础养老金所需资金,除省级财政补贴外,其余部分由市、区(市)县两级共同分担。

13.2.4　有效进行城乡养老保险制度的衔接

2014年2月国务院发布的《国务院关于建立统一的城乡居民基本养老保险制度的意见》,决定将新型农村社会养老保险和城镇居民社会养老保险两项制度合并。成都市于2014年10月出台《成都市城乡养老保险关系转移接续暂行办法》。

(1)为完善成都市城乡养老保险制度，维护参保人员养老保险权益，根据人力资源和社会保障部、财政部《城乡养老保险制度衔接暂行办法》和四川省人力资源和社会保障厅、财政厅《关于贯彻城乡养老保险制度衔接暂行办法的实施意见》的规定，结合本市实际，制定本办法。

(2)本办法适用于参加城镇职工基本养老保险、城乡养老保险需要办理关系转移接续手续的人员。已经按照国家规定领取养老保险待遇的人员，不再办理城乡养老保险关系转移手续。

(3)市域内参加城乡养老保险的人员，可以按照以下办法之一，申请将其养老保险关系转移到城镇职工基本养老保险，同时终止城乡养老保险关系。①个人账户和统筹基金全额转移，缴费基数、缴费年限分别换算为城镇职工基本养老保险缴费基数和缴费年限。②按城镇职工基本养老保险个体参保人员缴费金额，扣除对应缴费年限本人已缴纳城乡养老保险费的金额，一次性缴纳差额部分的养老保险费(含利息)。其中：缴纳2013年以前差额部分，以对应上一年全省城镇非私营单位在岗职工月平均工资60%作为缴费基数；一次性缴纳2014年以后缴费年限差额部分，以对应年度上一年全省城镇非私营单位在岗职工月平均工资40%作为缴费基数。一次性缴纳差额部分的养老保险费后，个人账户、缴费基数和缴费年限转移到城镇职工基本养老保险。③将其个人缴费和按省政府规定标准的缴费补贴合并为个人账户，并入城镇职工基本养老保险个人账户。④城乡养老保险与城镇职工基本养老保险在同一时间段内有重叠缴费的，按照本办法第三条第一款第(一)项或第(二)项规定换算或补差后，合并缴费基数、个人账户，累计计算缴费年限；或者按照本办法第三条第一款第(三)项规定合并个人账户。

(4)市域内参加城镇职工基本养老保险的人员，申请将其养老保险关系转移到城乡养老保险的，个人账户、统筹基金全额转移，缴费基数、缴费年限分别转换为城乡养老保险缴费基数和缴费年限，同时终止城镇职工基本养老保险关系。

(5)市域内城乡养老保险与城镇职工基本养老保险在同一时间段内有重叠缴费的，参保人员未申请选择本办法第三条第一款第(四)项规定转移养老保险关系的，可以申请清退并终止城乡养老保险或城镇职工基本养老保险关系。清退并终止城乡养老保险关系的，退还个人缴纳的养老保险费；清退并终止城镇职工基本养老保险关系的，退还个人账户储存额或个人缴纳的基本养老保险费。

(6)具有本市户籍人员，申请将本人市域外城镇职工基本养老保险关系转移到本市城乡养老保险的，先按2009年国务院发布的《城镇企业职工基本养老保险关系转移接续办法》规定转移个人账户、统筹基金，再按本办法第四条规定执行。

(7)市域外参加城乡养老保险的人员，申请将其市域外的养老保险关系转移到本市城乡养老保险的，其个人账户按照川府发[2014]23号文件规定执行。

(8)参加本市城乡养老保险的人员，申请将其养老保险关系转移到市域外城乡养老保险的，将其个人缴费和省政府规定标准的缴费补贴合并为个人账户，按照国家和省现行规定转移。

(9)在本市参加城镇职工基本养老保险的人员，申请将其养老保险关系转移到市域外城乡养老保险的，按照人社部发[2014]17号文件规定转移个人账户。

(10)参加本市城乡养老保险的人员，其承包土地被依法征用并参加城镇职工基本养老保险的，可申请按照本办法第三条规定执行；也可申请清退并终止城乡养老保险关系，退还个人缴纳的养老保险费。

13.3 主要成效

2009年年底，成都市政府对城乡分割的养老保险制度进行了试点改革，建立了统筹城乡的养老保险体系，为了两种制度的有效衔接，将城乡养老保险的个人账户规模调整到与城镇职工一样的8%；同样考虑到公平性，对待遇的计算办法进行了调整，待遇的组成由基础养老金、个人账户养老金和基础养老金补贴三部分组成，基础养老金和个人账户养老金与城镇职工的计发办法相同。

两种制度衔接的具体方案为：参保人将本人城乡养老保险的统筹基金和个人账户储存额全额转移至城镇职工养老保险，根据城镇个体参加城镇职工养老保险的缴费下限、缴费年限和缴费基数均按相应比例换算。例如城乡居民养老保险的年缴费额是1000元，城镇个体参加城镇职工养老保险的年度缴费下限为5000元，那么城乡居民养老保险的缴费年限(缴费基数)换算为城镇职工养老保险缴费年限(缴费基数)的1/5。避免了因为人为对两种制度的选择而产生"获利"的现象，有利于实现制度公平。在缴费基数上也根据参保人的生活水平分别设立不同档次，城乡居民设立5个缴费档次，为上一年全省在岗职工平均工资的10%~50%，城镇居民设立两个档次40%和50%。

2015年成都市政府出台《成都市城乡养老保险全市统筹实施办法》，标志着成都市城乡养老保险实现了市级统筹。成都市城乡养老保险坚持统筹模式与管理层级相适应、责任分担与奖惩机制相协调、目标考核与基金巡查相结合的基本原则，对全市城乡养老保险基金实行统一预算、分级管理、市级调剂。在政策制度、缴费标准、待遇计发、业务规程全市统一的基础上，实行全市统一编制基金预算、统一调度和使用基金。

实施市级统筹后，城乡养老保险将实现政策制度、缴费标准、待遇水平、基金使用、基金预算、业务规程在全市范围内的统一。从县级统筹提高到市级统筹后，将加强城乡养老保险基金的保障功能，基金的抗风险能力和支撑能力大大提高，基金的安全完整得到保障。实施城乡养老保险市级统筹将有利于提高行政管理水平,从而提高经办机构的服务能力。城乡养老保险市级统筹后,将有利于实现资源共享,提高业务办理效率,市民在市域内各区(市)县之间转移城乡养老保险关系将实现无缝衔接,更加方便和快捷。[5]

从成都市在统筹城乡两种养老保险制度的衔接上可以看出,在个人账户和缴费比例的政策制定上都是基本一致的,在制度合并后统一按城镇职工养老保险制度的要求执行,但在缴费基数、缴费年限和养老金的计算方法上会根据各区(市)县实际情况各有不同。

1. 缴费基数的确定

缴费基数作为每年进行缴费扣缴的标准,是参保人非常关注的焦点。成都在缴费基数的标准上,保留了城乡养老保险的缴费标准,相对于原先的城镇职工养老保险制度中的缴费基数的规定增加了几个低档次的缴费标准,这样在制度合并后更有利于提高低收入人群的参保积极性。两种制度在衔接中,考虑到不同参保群体的收入水平,对于确定好缴费基数的档次非常重要。

2. 缴费年限的确定

缴费年限是个人养老保险最重要的参保数据之一,也是在达到退休年龄时计算养老金待遇的重要依据。在缴费年限确定上,成都市采取了按年缴费额折算缴费年限的办法,从表面上看,体现了制度公平,保障了原城镇职工参保人的利益,但具体分析,只有城乡养老保险的年缴费额低于城镇职工养老保险年缴费额的下限时,折算模式才能体现公平。我国社会保险体系不完善,各省居民收入水平不一,政策不统一,如果城乡养老保险的年缴费额高于城镇职工养老保险的下限,就会出现在缴费年限上获利的现象。如果出现城乡养老保险的年缴费额很低,在折算后,缴费年限达不到领取养老金待遇的要求时还要考虑到补缴的政策支持。补缴费模式相对折算模式更简单易懂,可操作性更强,更能体现制度衔接与统筹的优越性。折算办法需要考虑的因素很多,虽然全国的城镇缴费比例都统一为8%,但各地区收入水平的差异又导致两种制度的缴费水平各有不同,在折算后肯定会出现顾此失彼的现象,无法体现兼顾公平的原则。在当前各省的制度衔接中,还有一种对城乡缴费进行封存的方式,这种方式要求对养老金进行分段计算、统一核算,由于其不符合城乡统筹的目的,可操作性不强,所以在政策制定上一般不予考虑。

3. 待遇水平的确定

基本养老金,就是对参保人退休后的基本生活保障。每个人从参加工作开始缴费,缴费时间无论长短,缴费基数无论高低,最后都体现在基本养老金的核算上。成都市在制度并轨后，在养老金的组成上，增加了基础养老金补贴部分，这是对参加过城乡养老保险群体的相关补贴的一种补充形式。2014年成都市统一为享受城乡养老保险待遇和免费享受基础养老金补贴的人员调整基础养老金补贴，由55元增至60元。

4. 参保主体的平等性与待遇水平的均衡性

要做好城乡养老保险制度的衔接，首先必须要做到参保主体的平等性。参保主体的平等性就是要求不同参保主体的地位、身份平等，制度的衔接就是不同参保主体的合并，保障各主体在参保制度上的一致非常重要。其次是待遇水平的均衡性。待遇水平是参保人基本养老生活保障的基础，在履行缴费义务和享受权利相对应的基础上，他们所获得的待遇水平的机会与条件是相同的。2014年成都市全面完成了自建农村养老保险并轨城镇职工基本养老保险工作，并建立了农村养老保险并轨专项档案(含电子数据)，永久保存。并轨工作全面完成，真正实现了参保主体的平等性与待遇水平的均衡性。

5. 基本实现城乡养老保险全覆盖

为了健全更加公平更可持续的较为完善的社会保险制度，成都市正在不断提升社会保险治理和服务水平。2016年确保全年城镇职工基本养老、基本医疗、失业、工伤、生育保险参保人数分别达575.8万人、625.8万人、336.3万人、350.1万人、370.1万人；城乡养老保险和基本医疗保险参保率保持在90%以上和98%以上，尤其是要不断完善城乡养老保险制度，完善城乡医疗、工伤、生育保险制度，不断优化社会保险经办服务和管理，加强社会保险基金监管，基本实现城乡养老保险全覆盖。

6. 基本实现城乡养老保险之间的无缝衔接

成都市已经建立了城乡养老保险关系转移接续办法，城乡养老保险与城镇职工养老保险实现了无缝衔接，通过换算、补差等方式，实现参保人员在"城乡"与"城镇"养老保险之间自由转移接续[6]。

13.4 经　　验

当前我国还存在多种养老保险制度并行，各制度之间衔接不畅等问题，所以还要继续完善政策体系，稳步提高社会养老保险水平，推动养老保险制度建设取得新进展，最终使得城乡养老保险制度有助于缩小城乡差别，促进经济增长，实现社会和谐稳定和可持续性发展。

1. 完善城乡统筹养老保险模式

为了改变养老保险制度的"碎片化"现状，将城乡居民养老保险制度体系与城镇职工基本养老保险统一，2014年人力资源和社会保障部联合财政部推行了《城乡养老保险制度衔接暂行办法》，从政策上为养老保险制度并轨后的衔接问题提供了依据。

(1)账户资金来源问题的有效解决。为了实现城乡居民基本养老保险制度与城镇养老保险制度的有机整合统一，最为重要的问题就是账户资金来源问题。采用统账结合的模式，建立农村社会统筹的基本养老保险制度，这种办法就能将原本的制度模式转化为"个人账户养老保险制度模式"，养老金的计发办法与城镇企业个人账户养老金计发办法相同，其月标准为个人账户储存额除以参保人员领取个人账户养老金时的计发月数。农村社会统筹养老金计发办法，可以按照国发〔2005〕38号文件确定的基础养老金计发办法参照执行。

(2)完善土地保障制度。农村居民长期以来都是依靠土地作为他们的生存保障，建立农村基本养老保险制度，就应以基本养老保险保障为主，土地的保障作为补充养老保险，作用就要退居其次。把土地保障货币化使之成为农村居民养老保险制度保障体系中的一部分，也就是相当于企(职)业年金制度的作用。这种土地保障制度的完善，也为城乡统筹养老保障体系的构建奠定了基础[7]。

(3)建立个人储蓄养老保险制度。个人储蓄养老保险制度相对于农村居民来说，意义更为重大。因为中国的农村社会养老保险，没有体现国家与集体的责任，因此并不是真正意义上的社会保险，实质上类似于个人储蓄。在没有国家与集体的支持下，这种个人储蓄基本上属于个人行为，无法实现社会互济，更不能体现社会保障的公平性和再分配功能。在未能建立起农村社会统筹养老保险制度时，国家应当政策扶持和导向个人储蓄养老保险计划，在利率和税收方面给予特殊优惠，以此对农村尚不健全的基本养老保险制度进行补充，从而在真正意义上建立城乡统筹的养老保险制度[8]。

2. 逐步消除城乡不同群体之间的养老保险制度过大差异

国家政府机关、城镇事业单位工作人员的养老保险制度虽属社会养老保险范畴，但其养老保险金的替代率远高于社会统筹的企业职工养老金替代率，更高于城乡居民的养老保险待遇，这种群体差别和养老保险制度的巨大差异难免会带来社会福利待遇的两极分化，进而导致社会公平的缺失和效率的损失，最终可能引发社会矛盾，从而在一定程度上影响社会的和谐发展。为了将这种养老福利差异严格控制在一定的限度之内，政府的财政补贴应依据不同群体：政府公务员、企业职工、城乡居民等设立不同的补贴标准，以促进在不同制度模块之间的衔接，不同职业和行业劳动者之间的自由流转,不同身份人群之间待遇差距的缩小,以达到真正的城乡统筹居民养老保险制度模式[9]。

3. 完善养老保险的法规体系

养老保险制度的日益规范、完善以及可持续发展,基本要求之一便是养老保险的法制化保证。养老保险法制化是从根本上维护劳动者合法权益、公民合法权利的有力保证,尤其是面对我国人口众多、养老保险体制纷杂的事实,要实现社会保障制度大一统的最终目标,完善法律体系要先行。2010年10月我国出台的《社会保险法》是健全社会保险体系的一大推力,不仅使得养老保险制度建设有了权威的法律保障,更为快速推进养老保险制度的城乡统筹对接提供了明确指导和发展方向。虽然《社会保险法》千呼万唤始出来,但总体来看整个社会保障体系立法工作滞后于社会经济发展、滞后于社会保障业务发展的问题依然比较严重,在各地方利益格局已经形成并日益强化、各部门争夺利益的现象有加剧之势等状况下,立法工作显得尤为重要,此时不仅要敢于打破原有的利益格局,破除利益集团的阻挠,而且要在执行和落实过程中严格、认真,对基金筹集、监督、运营,对缴费义务、待遇享受标准,对财政补贴等多方面以法律为准绳、以维护人民利益为出发点、以做好本职工作为养老保险体系的顺利完善为指南。

4. 积极探索基金保值增值的新途径

我国目前的养老保险基金保值增值渠道基本局限于购买国债、银行存款等,收益率较低,难以应对不断攀升的物价、生活成本之需,应在邀请财务和金融等专家做好科学认证规划,在不影响基金支付基础上进行制度和投资方式创新,经社会保障和财政部门初审及人大的最终审批决策后,进行审慎的基金、股票、证券的有范围投资,以及石油、天然气、电力等垄断行业的实体企业投资,以谋求基金的多收益。

5. 建议构建城乡统筹养老金保障制度的衔接标准

成都市已经建立了城乡养老保险关系转移接续办法,城乡养老保险与城镇职工养老保险实现了无缝衔接,通过换算、补差等方式,实现参保人员在"城乡"与"城镇"养老保险之间自由转移接续。标志着成都市在构建城乡统筹养老保险制度的衔接方面做得很有成效。因此建议构建我国城乡统筹养老金保障制度的衔接标准体系。

参 考 文 献

[1]中国社会科学院. 中国社会科学院社会保障论坛暨《中国养老金发展报告2015》发布式商业养老保险发展战略与社会经济发展研讨会[EB/OL]. http://www.cs.com.cn/hyzb/

2015ylj/，2015-12-16.

[2]国务院.国务院关于建立统一的城乡居民基本养老保险制度的意见[EB/OL].http：//www.gov.cn/zhengce/content/2014-02/26/content_8656.htm，2014-2-26.

[3]成都市人力资源和社会保障局.2016年成都市城乡养老保险政策宣传[EB/OL].http：//www.shuangliu.gov.cn/zhengwu/detail_jcgk.jsp？id=45110.

[4]http：//www.cdhrss.gov.cn/，2016-2-18.

[5]王延中,张时飞.统筹城乡社会保障制度发展的建议[J].中国经贸导刊,2008,(1):39-41.

[6]韦樟清.中国养老保险关系转移接续制度研究[D].福州：福建师范大学,2009.

[7]温乐平,程宇昌.农民退休制度——失地农民养老保障的制度创新[J],江西社会科学,2009,(11):217-220.

[8]吴国华,黄晓英,刘建平.试论社会保障的城乡统筹与对接[J].宁波经济：三江论坛,2006,(11):19-22.

[9]徐阿莹.农民工养老保险关系转移接续的出路[J].合作经济与科技,2010,(15):104-105.

第14章 四川省城乡环境发展统筹案例研究

14.1 城乡环境发展统筹的背景

由于我国的城乡二元结构，导致对农村环境保护重视程度不够，城市污染物向农村转移；有限的环保资源主要配置在对城市、工业污染的控制；农村环境保护技术滞后于农村经济发展的需要；落后的农村经济制约了对环境保护的需求。我国4万多个乡镇绝大多数没有环境保护的基础设施，60多万个行政村绝大多数没有条件治理环境污染。在四川省，农村的环境问题主要包括：①农村面源污染较突出。化肥和农药的不合理施用、塑料薄膜残留物、饲料添加剂以及其他污染物对农村土壤和环境造成严重影响，不仅造成土壤板结，还威胁饮用水安全。另外，畜禽养殖、肥水养鱼等污染有加重趋势，对环境卫生和水源安全造成影响。②农村环境卫生较差。农村集镇和院落"脏、乱、差"突出，生活垃圾和废水随意排放，环境卫生差，臭气熏人，蚊蝇乱飞，危害人体健康。③工业污染有加重趋势。分布在农村的工厂企业呈逐年增加趋势，因环境污染问题产生的纠纷也有所上升。④农村饮用水质量堪忧。如剑阁县属缺水山区，很多乡镇集中饮用水源地位于山坳，场镇废水和雨水顺着山坡流入水源地，水质污染严重，饮水安全令人担忧。⑤环境保护意识淡薄。农村环保宣传普及不够，农村广大干部群众对环境保护缺乏正确认识，环保意识不强，参与环保自觉性低。

国务院2006年发布的《国务院关于落实科学发展观加强环境保护的决定》第一次将农村环保作为环保工作的重点，要求着力解决土壤、农业和村镇污水、垃圾污染，推进生态农业发展，促进农民生活质量提高、乡村环境整洁。2008年中央财政设立了农村环境保护专项资金，支持全国村镇开展环境综合整治和生态建设示范。2008年7月24日，国务院召开全国农村环境保护工作电视电话会议，会议强调：加强农村环境保护是建设生态文明的必然要求，改变农村环保落后状况是统筹城乡发展的重要任务，解决危害农民健康的环境问题是改善和保障民生的迫切需要。

2015年，四川省全省技术改造与转型升级专项资金支持工业节能节水工程建设、绿色低碳发展示范项目共75个，其中节能项目31个、节水项目12个、电机能效提升项目3个、循环经济示范项目17个、高效节能节水环保技术和产品产业化项目1个、绿色能源工程项目9个、清洁生产(灰霾治理)项目2个。全年安排环保专项资金8.7亿元,完成工业企业治理项目444个,其中工业烟粉尘治理项目127个、工业挥发有机物治理项目77个、重金属污染综合整治项目30个、清洁生产审核项目210个。11条重点小流域环境治理工作全面展开,完成30个服务人口5000人以上的乡镇集中式饮用水源地消除劣Ⅴ类水质的目标任务。

2015年年底,四川省共有自然保护区169个,总面积8.4万平方公里,占全省土地面积的17.35%；国家级生态县(区)15个,省级生态县(市、区)48个。

14.2 四川省城乡环境发展统筹的创新性做法

14.2.1 城乡环境综合治理

开展城乡环境综合治理是四川省委、省政府为改善四川省发展环境,提高人民群众生活质量的一项重大部署,于2008年全面推进。在这一过程中,四川省以科学规划为指导,以治理"五乱"为基本要求,以风貌塑造为主要内容,以设施建设为突破口,以宣传发动为有效途径,以典型引路为重要手段,以常态治理为根本保证,提高了群众参与度和文明素质,提升了四川省城乡环境综合治理水平。

1. 以科学规划体系为指导

2009年,四川省编制了《四川省城乡环境综合治理总体规划(2009—2011年)》,指导各地、各有关部门结合区域特点和部门职能职责,编制当地的治理工作规划以及市政环卫、垃圾和污水处理、城乡风貌塑造、园林绿化、城市交通管理、农贸市场和小商品批发市场升级改造等专项规划。2012年,根据《四川省国民经济和社会发展第十二个五年规划纲要》关于"十二五"期末"城乡环境综合治理取得明显成效"的要求,按照省第十次党代会"深入开展城乡环境综合治理,持续提高发展环境和人居环境质量"的部署,四川省将城乡环境综合治理与推进新型工业化新型城镇化互动发展和社会主义新农村建设结合起来,编制了《四川省城乡环境综合治理规划(2011—2015年)》,明确了"十二五"期间城乡环境综合治理的指导思想、基本原则、工作目标、主要任务和保障措施。同时,各地、各有关部门也编制了总体规划和有关专业规划[1]。

2. 以治理"五乱"为基本要求

治理工作需"对症下药",针对"垃圾乱扔、广告乱贴、摊位乱摆、车辆乱停、工地乱象"等影响城乡环境的"顽症",四川省坚持把治理"五乱"作为城乡环境综合治理的基本要求。从解决与人民群众生产生活息息相关的环境卫生和容貌秩序问题入手,突出节假日、重大纪念活动等时间节点和城镇背街小巷、"城中村"、城乡接合部、偏远乡镇村庄等重要部位,扎实开展集贸市场、道路交通、河道、城乡接合部、建筑工地、园林绿化、废旧物资回收站点,以及公路铁路河道沿线环境综合治理等系列专项治理行动。同时,着力推进治理工作向基层、村庄、盲点死角延伸,不断扩大覆盖面,采取"回头看""回头查""回头补"等多种措施,保持持续治理力度。据统计,仅2012年,全省在城乡环境综合治理中共清理卫生死角垃圾105万余吨,清除"牛皮癣"731万余处,治理施工现场扬尘污染3万余处,查处抛洒建筑垃圾车辆7.3万辆,整治违章停放机动车和非机动车200余万辆,新增机动车专用停车场1.2万余个,有效改变了城乡环境"脏、乱、差"现象,破解了城市综合管理的难题,促进了城乡容貌秩序改观。

3. 以风貌塑造为主要内容

为改变过去"千城一面""千村一面"现象,四川省坚持把城乡风貌塑造作为城乡环境综合治理的主要内容。按照"四注重、四提升"原则,即注重塑造风貌,提升城市整体形象;注重个体特色,提升单体建筑设计水平;注重色彩协调,提升建筑立面装饰美感;注重历史传承,提升城市文化品位。按照"三打破、三提高"的原则,打破"夹皮沟",提高村庄布局水平;打破"军营式",提高村落规划水平;打破"火柴盒",提高民居设计水平,更新规划理念,明确风貌定位,突出地域特色,因地制宜,积极稳妥推进城镇建筑立面清理和城乡风貌塑造,打造了一批富有文化内涵、具有民族特色、体现山水田园风光的城市街区、镇乡和村庄,提高了知名度和美誉度。统计数据显示:2012年,全省各地共清理建筑立面2596余万平方米,打造特色街区790条,治理背街小巷1739条、"城中村"3701处578万余平方米,新增绿化面积2806万余平方米,改造特色农房23.2万余户,国、省干道沿线和重点城镇、乡村已基本完成风貌塑造工作,城乡形象品位得到有效提升。

4. 以设施建设为突破口

生活垃圾和污水处理设施能力不足,是深入推进城乡环境综合治理,增强城乡承载能力的"瓶颈"。四川省坚持在设施建设上求突破,抢抓灾后恢复重建和扩大内需机遇,按照"政府主导、市场化运作"模式,多渠道筹措资金近200亿元,加大对生活垃圾、生活污水处理设施建设的投入,建成了一批城镇生活垃圾处理场、污水处理厂,初步构建了基本适应群众生产生活需要和经济社会发展的基础设施体系。截至2012年，全省累计投入资金达310多亿元。在垃圾处理工作上，全省总结推广成都、遂宁等地"袋装出户、小区细分、市场运作、政府扶持"的经验，扎实推进城市生活垃圾分类处理工作。与此同时，按"城市生活垃圾处理设施和服务向小城镇和乡村延伸"的要求，相继总结推广了农村垃圾"户定点、组分类、村收集、镇转运、县处理"的"罗江县模式"和"因地制宜、村民自治、市场运作"的"丹棱县模式"等适合经济欠发达地区、具有典型性的农村垃圾收运处理模式，建成了一批农村小型垃圾收集处理设施。截至2012年，全省设市城市生活垃圾无害化处理率已达91%，生活污水处理率已达81%，较治理工作开展前的2007年分别提高了21个百分点和25个百分点。

5. 以宣传发动为有效途径

提升群众文明素养是城市综合管理的治本之策。在治理工作中，四川省坚持开展形式多样、声势浩大的宣传，营造推动城乡环境综合治理的浓厚氛围，并在全省统一开通了城乡环境综合治理"96198"服务热线，受理咨询、投诉和情况反映。在全省持续开展城乡环境综合治理"七进"活动（即"进机关、进学校、进企业、进社区、进村社、进家庭、进景区"）和"除陋习、树新风"、文明劝导、志愿者服务等主题活动和社会实践活动，引导城乡居民摒弃不文明、不卫生陋习，不断提升社会文明程度。

6. 以典型引路为重要手段

创新方法载体，实行典型推动，是打开工作局面、巩固治理成果的有效举措。2009年，四川省启动实施了"五市十县百镇千村环境优美示范工程"建设，评选"环境优美示范城镇乡村"，并在此后经力争，将"实施环境优美示范工程"列入了全省"十二五"规划。通过抓典型、树典型、宣传典型，以点带面，示范推进全省城乡环境综合治理工作。2010~2011年，在全面治理、严格考核的基础上，成都市等14个城市、罗江县等32个县（市、区）及200个镇乡、2000个村庄获得省委、省政府命名。近期，经省政府常务会议审议，省委常委会议确定，又有4个城市、22个县（市、区）、100个镇乡、1000个村庄获得命名，至此，四川省共有18个城市、54个县（市、区）、300个镇乡、3000个村庄被命名为"环境优美示范城镇乡村"。这些获得命名的先进典型影响广泛，示范效应明显，引领全省各地迅速形成了比学赶超，创先争优，争当示范的生动局面，带动了全省环境治理工作水平的全面提升。

7. 以常态治理为根本保证

开展城乡环境综合治理是一项重大而艰巨的任务，贵在坚持，难在常态。在推进治理工作中，四川省注重部门联动协调，充分发挥38个治理办成员单位的作用，采用"省地共建"的形式，综合运用省直各有关部门工作平台，分工对各市（州）治理工作进行督导，指导各地工作，暗访各地成效，形成了合力推进的良好态势。在城乡环境综合治理中，四川省出台了《四川省城乡环境综合治理工作"清洁化、秩序化、优美化、制度化"标准》和考核办法、评分细则。制定了暗访工作制度、责任追究办法，形成了城乡环境综合治理暗访－整改－督导－问责联动机制。同时建立健全了城乡环境综合治理工作的组织领导、工作运行、经费保障、队伍建设等机制，全省各级党政成立相关议事协调机构，1/3的市（州）60%以上的县（市、区）定人定编成立了治理工作的常设机构。2011年7月，四川省人大常委会颁布了《四川省城乡环境综合治理条例》，对城乡环境综合治理的基本原则、责任区制度、容貌秩序、环境卫生、设施建设、考核监督、法律责任等方面做出了明确规定，把城乡环境综合治理纳入法制化轨道。同时，为保证常态治理，有效解决过多依赖突击性和运动式传统城市管理方法的问题，在全省地级以上城市建成"12319"服务热线的基础上，按照住房和城乡建设部推行数字化城市管理新模式的要求，制发《四川导则》。遵循部颁标准，推广全国数字化城市管理试点城市——成都市的经验，自2011年起先后在全省17个设区城市和凉山彝族自治州西昌市启动了数字化城管系统平台建设。目前，已有成都、宜宾、泸州、乐山等6个设区城市和西昌市的数字化城管系统平台投入运行或试运行；四川省城乡环境综合治理数字监管化平台，其设计方案得到了住建部城建司和相关专家的肯定，监管平台建设正在按计划顺利推进，2016年4月已顺利通过验收。[1]

14.2.2 城乡生态文明建设

作为生态资源丰富的大省，四川一直重视城乡生态文明建设。2016年11月，在北京举行的第二届全国生态文明建设高峰论坛暨城市与景区成果发布会上，成都市温江区获得2016年"全国十佳生态文明城市"荣誉称号。2014年5月，成都市青白江区成功建成"国家生态区"，是成都市唯一获批的全国生态文明示范工程试点区。

1. 温江区的做法

1）综合施治，打造优美生态环境

一是实施绿化工程。充分依托花木资源优势，构建丰富的生态林盘系统，形成"城在林中、林在城中、林城相融"的生态格局。全面实施城乡道路、重点区域植绿补绿和景观打造，全区城市园林绿化覆盖率达40%以上，平原绿化率达

90%以上。大力实施生态细胞工程，建成一批生态园区、生态村、绿色社区、绿色学校等生态示范典型，实现环境优美乡镇全覆盖。二是实施蓝天碧水工程。全面推进大气环境综合整治，开展扬尘治理和限煤行动，推广清洁能源，城区天然气生活应用率达100%，公交车系统使用CNG清洁能源率达95%以上，成为"联合国气候中和网络"城市之一。大力实施水环境综合治理，开展境内河流全流域整治，建立全区污染减排数据库，实现城乡污水处理全覆盖，日处理污水能力达15.6万吨。充分利用都江堰灌区自然水系资源做好"水文章"，推进了一批湖泊、湿地等以水为主题的生态项目建设。三是实施宁静工程。出台城市管理实施办法，从城市功能分区、产业选择、建筑设计等方面强化噪音源头控制，加强城市噪声管理。专项开展建筑工地、娱乐行业、交通干道噪声整治，最大限度降低噪声污染，保持了温江幽雅宁静的城市特质。四是实施洁净工程。深入开展城乡环境综合治理，全面推进城乡垃圾分类收集、运输和资源化综合利用，大力实施农村环境连片整治，有效控制农业面源污染，保持了良好城乡环境质量，荣获"四川省环境优美示范区"称号。

2) 绿色转型，发展生态产业经济

一是升级发展环境友好型新型工业。依托成都海峡两岸科技产业开发园，积极实施创新驱动战略，壮大发展以电子信息、生物医药、食品饮料三大产业为主导的工业产业集群，集聚了一批科技含量高、投资强度高、产出质量高的战略性新兴产业和优质项目，实现了资源消耗型传统工业向新型工业优化提升。坚决清退闲置、污染、高能耗项目，近三年依法取缔、关停和搬迁污染企业150余家，既为优质项目发展腾出了空间，又有效减少了工业能耗和对生态环境的污染。二是突出发展高端生态型现代服务业。抢抓全国现代服务业综合改革试点区、四川省生产性服务业示范基地的战略机遇，大力发展高端商务、文化创意、医疗健康、运动休闲、生态旅游五大现代服务业产业集群，新加坡丰隆、悦榕庄、中国台湾新光三越等一批国内外知名企业集团和现代服务业项目相继入驻温江，正在成为区域经济社会发展新的"增长极"。立足温江资源禀赋和区位优势，确立了"全域旅游"发展理念，实施全域景区化开发，全力打造西部自驾车旅游综合服务枢纽，努力建设高度智能化的生态休闲度假旅游目的地。三是高效发展都市欣赏型现代农业。突出中国西部花木主产区这一特色优势，大力发展现代花卉产业集群，建成花木种植面积15万亩，基本确立了西部花木交易中心和价格形成中心地位，打造了"温江花木"优质品牌；联动发展旅游度假、生态观光等增值增效产业，建成一批以运动休闲、婚庆摄影、花卉展示等为主题的高档次乡村酒店，形成了都市生态农业的特色效益。

3) 共建共享，培育生态文化理念

一是培育生态发展的社会理念。确立"生态优城"发展战略，高标准编制温江区生态文明建设规划和水系、绿地等生态系统规划，构建了完备的生态保护规划体系。在生态文明建设领域先行先试，将国家顶层设计与地方创新能力高度融合，全面创建中国(温江)生态文明实验区，在全区上下形成生态发展的社会理念。二是建立长效保护的生态机制。分类划定绿色生态保护区，强化生态环境保护刚性执法，构建了"政府监控、社会监督、公众参与"的约束监督机制。依托国家首批智慧城市试点区和温江地理信息公共服务平台，建立生态资源数据库，完善生态环境质量监测体系，推动生态环境管理信息化。鼓励民间资金和团体参与生态建设和保护，形成多元良性投入机制，有力推进了生态保护和环境治理建设。三是倡导全民参与的社会意识。注重发挥群众在生态文明建设中的主体作用，成立温江区生态文明协会，设立生态文明专项基金和"温江生态文明日"，积极筹办中国(成都)生态文明论坛。在全社会倡导低碳的价值理念和生活方式背景下，广泛开展生态文明宣传教育、法治教育和生态科普活动，培育市民的生态责任意识和行为习惯，营造人人建设生态、人人保护生态、人人享受生态的社会氛围。

2. 青白江区的做法

1)坚持"经济、实用、自然"原则，推进生态城市大建设

推进生态城市建设，绝不是单纯追求大耗钱财的高品质绿化。注重经济实用、功能优先，以最少的人力、资金、资源和能源投入获取最大的生态环境和社会效益，才是正确的生态城市建设方向。一是大规模推进城市绿化。按照"环城绿带、道路绿网、水系网络、公园绿心、防护林带"的总体规划，青白江区投资30余亿元实施"绿肾""绿肺""绿屏""绿廊""绿墙"工程，在城乡接合部和老工业区周边种植巨桉200万株，利用河滩地打造1200亩的生态隔离带，在工业集中发展区建成1700余亩的市级森林公园，充分利用森林碳汇间接减排；在主城区栽种78.3万株乔木进行城市道路节点建绿，初步形成"七横七纵"的城市道路绿网；建设完成了10公里集有氧健身、生态隔离、园艺展示、环境教育、休闲游玩、救灾避险等六大功能于一体的西南地区最大的城市绿廊。截至2011年6月，主城区绿化覆盖率达48.01%，全区森林覆盖率为37.07%，城区人均公园绿地面积25.58平方米。二是大手笔打造生态湿地。结合北部新城建设与城市水系环境治理，在城区环城路北段建设水面达2000亩集生态、休闲、观光、度假为一体的生态湿地，并以此为核心辐射周边，以打造中国最大"赏樱之都"为目标，带动上规模的草业种植区与万亩花卉苗木产业基地建设。三是大格局夯实生态本底。保护与利用毗河以南优良生态本底，强力推进龙泉山脉(青白江段)植被恢复工程，在龙泉山带栽植桂花、杨梅、凯特杏等优质树种2.7万亩，在成都北部构筑了一道天然生态屏障；全面开展水源工程建设，已建成首批14座人

工湖，第二批还将建设10座人工湖，全部建成后蓄水量将达到1126万立方米，可解决5万余人的用水问题[2]。

2) 坚持"企业、城市、农村"联动，实现环境质量大提升

始终把城乡联动作为生态建设的根本方法，狠抓企业节能减排、城乡环境综合治理等各项工作，以经济发展方式的迅速转变从源头上改善区域生态环境。一是严把项目准入关。大力发展低能耗、低排放、低污染的绿色产业，对不符合环保要求的项目，严格实行"一票否决"制。近五年来，青白江区先后主动放弃总投资达数十亿元的高污染项目20多个，从源头上杜绝了高污染、高能耗项目落户。二是狠抓企业节能减排。大力发展循环经济，鼓励和支持企业淘汰落后产能，先后督促企业完成总投资10.9亿元的节能技改项目11个，强制关闭治理达标无望的企业21家，重点企业全部实现达标排放，成功创建省级工业生态园区5个、省级农业生态园区4个，攀成钢钒、川化被列入全国"千家企业节能"企业和省级工业循环经济试点单位。三是深化城乡环境综合治理。青白江区投入市政配套设施建设资金30.9亿元，全面开展场镇风貌整改、农贸市场整改、标准化公厕建设、街道行道绿化等工作，完成城区30条中小街道改造，配套建设了30个社区回收网点，初步形成覆盖全区的再生资源回收体系；大力实施农村改水、改厕、新建沼气池工程，建成并投入使用乡镇污水处理厂7个、农村集中居住区微型污水处理设施11个，实现农村污水处理设施全覆盖。运用市场化手段和独创"立体冲洗保洁"等方法，对已建和在建生态绿化项目的苗木进行精细化、标准化的管理维护，不断巩固生态建设成果。截至2011年6月，全区共有4个乡镇(街道)获全国环境优美乡镇命名，5个乡镇通过了全国环境优美乡镇验收，创建省级生态村3个，省级人居活动生态小区6个。

3) 坚持"调整、提升、创新"结合，促进高端产业大发展

以建设成都北部"千亿生态产业城"为目标，大力实施高端发展战略，调结构、提质量、促创新三措并举直奔"微笑曲线"两端，努力实现生态建设与现代产业的协调发展。一是全力推进新型工业化。围绕成都市委确定的主导产业定位，着力培育新能源装备制造、高性能纤维复合材料、商用车制造、新型住宅研发生产、精品钢材等五大战略性新兴产业和高端制造业集群，重点打造总投资50亿元、年产1万吨的中国建材碳纤维生产基地，总投资30亿元、年产60万吨玻璃纤维的巨石玻纤基地，总投资10亿元的天马、天保风电、水电等新能源装备制造基地，以及以总投资3.38亿元的北新集团轻钢抗震节能房屋项目为核心的新型住宅研发生产基地。青白江区先后引进总投资156.8亿元的高新技术项目33个，重点引进"三高两低"环保型项目，大大推动了高新技术产业的集群发展。2010年，全区工业集中度达90%，科技环保型企业的比例达8.43%。二是着力提升现代服务业。以西部地区最大的国际铁路物流枢纽功能区建设为抓手，

重点引进总投资 96 亿元的 15 家国际国内知名物流企业，大力发展国际多式联运、保税物流、物流信息化、供应链管理等高附加值物流项目，基本形成"国际一流、国内领航"的区域现代物流服务体系；以凤凰湖等生态项目为引擎，加快推进总投资 100 亿元的毗河国际田园生态商务休闲带项目等高端旅游项目建设，引入总投资 175 亿元的大港置业陶瓷建材城等 19 个高端商贸项目，城市综合服务品质快速提升。成功举办两届樱花旅游文化节、全国山地自行车冠军赛（成都·青白江站）和 2011 中国（成都）·乡村旅游节，共计接待游客 600 余万人次，拉动社会消费超过 10 亿元。三是积极发展都市型现代农业。激活土地资源等生产要素，大力发展现代生态农业、设施农业和有机养殖，总投资 32.77 亿元的 16 个项目顺利达产，总投资 28.8 亿元的 29 个新建项目加快建设，总投资 41.6 亿元的 36 个项目签约落户。目前，全区共有农业龙头企业 54 家，农业产业化带动面达 85%，十大农业科技示范园被命名为省级农业科技试点园区，成功创建省级农业产业化经营先进区（县）。

4）坚持"政府、市场、群众"携手，探索建设机制大创新

生态建设是一项系统工程，单靠政府力量不能解决所有问题。在实践中，青白江区通过激励政策使企业作为生态建设主体，创新各类载体让民众直接参与，探索建立起了充满活力的"三位一体"建设机制。一是创新整体推进机制。成立以区委书记任总指挥长，相关区级领导及攀成钢钒、川化等重点企业负责人任副指挥长的生态区两级联创指挥部，编制《生态区建设规划》等 10 余项规划，启动开展"绿肺行动计划"，成立区绿肺工作领导小组及推进办事机构，完善城乡一体的环境监管体系，落实环保工作"一岗双责"考核机制，构筑形成政府、企业、社会三方群策群力、齐抓共管的建设格局。二是创新运作投入机制。向上争取省、市专项资金 2374 万元，实施大气和水环境治理、生态绿化建设等工程；向外争取企业投入资金，实施废水废气综合治理等大型污染治理和技术改造项目；向下吸引社会资金，开发凤凰湖国际生态湿地旅游度假区等生态项目；向内探索"绿色银行"模式，适度密植、储备绿化苗木，在新增绿化项目中不断移植储备树木，利用时间差，节约苗木栽植成本，并将苗木资本注入国有投资公司进行招商融资和抵押贷款，滚动推进城市生态建设。三是创新全民参与机制。开展环保警示教育、全民环保大讨论、专项环保公益、绿色生态消费四大行动，提高全民环保责任意识；开辟群众建言献策"绿色通道"，倡导绿色生活方式和消费模式，引导群众争当绿色家园呵护者、低碳理念传播者、生态发展践行者；开展优美乡镇、生态村、生态家园等生态细胞创建活动，形成了人人出力、户户参与生态建设的良好氛围。

14.2.3 工矿废弃地复垦利用

工矿废弃地复垦利用是将历史遗留的工矿废弃地以及交通、水利等基础设施废弃地加以复垦,在治理改善矿山环境基础上,与新增建设用地相挂钩,盘活和合理调整建设用地,确保建设用地总量不增加,耕地面积不减少、质量有提高的措施。泸州市用实践探索告诉人们:好事做好有章法[3]。工矿废弃地复垦利用可以成为"保发展、保资源、保权益"的最佳结合点。

1. 规范运作:"为"与"不为"有讲究

20 世纪 80 年代,全国生产规模最大的硫铁矿开采和选冶企业坐落于叙永县落卜镇大树村。辉煌过后,土法炼硫留下的是深深痛楚:全镇 2 万余亩耕地被污染,20 平方公里内果树不结果;村民一张嘴,露出的是"黄板牙";有的新生儿,在娘胎里就身带不治之症;矿渣污水直接排放进永宁河,叙永人的母亲河成了一条废河。沿河附近的居民楼和公路,一到雨季,就面临地质灾害的威胁。

古蔺县石屏乡向顶村煤、硫矿资源丰富,开发历史较早,由于企业倒闭、政府关停、矿权注销、土地复垦义务人灭失等历史原因,形成大量工矿废弃地。黑色的矿渣堆积数十米高,黑色的污水流经村庄,遇林毁林,遇地毁地。有村民在这样的土地上种下庄稼,却不敢吃收获的粮食,因为重金属严重超标,只敢拿来喂牲畜。

"将历史遗留的工矿废弃地及交通、水利等基础设施废弃地复垦,在治理改善矿山环境基础上,与新增建设用地相挂钩,盘活和合理调整建设用地,确保建设用地总量不增加,耕地面积不减少、质量有提高"。2012 年 3 月,国土资源部决定在四川等十个省区开展工矿废弃地复垦试点。试点工作从科学编制工矿废弃地复垦利用专项规划开始,但编制这一专项规划,国家并没有明确的规范,如何确保"科学"?科学的首要前提是真实。据介绍,泸州的经验做法是扎扎实实做好前期调查,依据第二次全国土地调查的最新成果,补充查明工矿废弃地权属和复垦潜力。"一地一策",明确复垦开发利用方向,宜耕则耕、宜林则林、宜建则建。

在泸州,经第二次全国土地调查确定为工矿废弃地的每一个图斑,都要再一次被"验明正身"。依靠一张特定的调查表,地块是否确实为建设用地?有无复垦条件?土质条件如何?实际面积多少?周边交通、水利、植被情况怎样?是否需要客土?一系列"底数",都被一一查明。经过细致调查,泸州市列入专项规划的工矿废弃地共 2.1 万亩。泸州市国土资源局的同志介绍,"这样做出来的规划和最终的实际复垦面积、复垦方向基本吻合,不仅体现了真实性,而且节省了后期实施成本。"

2. 谋求共赢：拉动"三保"见实效

泸县牛滩镇横江村村民周治孝简直不敢相信眼前的事实：家门口堆积多年的矿渣堆不见了，自家还多了 2 亩地，而且这 2 亩地上种出的芝麻、豇豆、花生，长势不比自家承包地里的差。地在复垦前是集体的，复垦后的权属性质不变，村里经过"一事一议"，将地交给就近的农民耕种。

从 2013 年起，泸州市政府对各县政府的耕地保护暨国土资源管理目标责任考核多了一项内容——工矿废弃地复垦利用。考核，总意味着压力。然而，提起这项考核，泸县副县长杜作文一脸笑意。动力源自激励。泸县出台规定，项目经验收合格后，县政府将按照复垦面积给予项目镇每亩 500 元的工作经费，并优先安排项目镇新增耕地面积 10% 以内的建设用地指标。

对地方政府来说，试点政策的实施，很大程度上缓解了用地瓶颈的约束，这是他们最为期盼的，那种感觉正如"久旱逢甘霖"。泸县人口多，学校、安居工程等民生用地难解决，每年用地缺口在 3000 亩左右。叙永底子薄，经济发展实力在省排名倒数，叙永人憋着一股劲，一批当地能源特色产业项目急需落地。古蔺是国家乌蒙山扶贫开发计划的重点县，基础设施欠账多，红色旅游、白酒等支柱产业发展都在眼巴巴地等着用地指标。以往，他们多采取异地购买指标的方式落实耕地占补要求，但近年来耕地指标价格不断攀升，已远超耕地开发复垦成本。于是，存在多年的工矿废弃地，开始复活了。

一笔简单的经济账，或许能看清其中端倪。据介绍，2013 年，泸县计划复垦工矿废弃地 180 公顷，目前县财政已安排了 1400 万元专项资金，实施完成后，预计亩均投资 3 万元左右。而在叙永、古蔺，因为复垦地块大，客土量大，工程按照土地开发整理标准配套水利、交通等大型基础设施，成本稍高。据介绍，整个泸州工矿废弃地复垦的成本大概为每亩 3.7 万元。工矿废弃地复垦的本质是建设用地的空间异位腾挪，不需要规模指标和新增建设用地指标，耕地开垦费、新增建设用地有偿使用费、耕地占用税三项费用免交。这三项费用加起来为每亩 3.5 万元，相较工矿废弃地复垦的投资，基本能持平。更何况这项政策带来的好处，还不止经济效益。

3. 把好三关：确保试点"不跑偏"

对地方政府来说，工矿废弃地复垦是一举多得的事情。但是，"政府绝不可以跑偏"。在泸州市住建局长黄勇看来，如果仅将这项试点视为获取建设用地指标的一个捷径，不作周密运作和统筹考虑，不在监管上下大工夫，就很容易背离政策设计的初衷，政策效应也会大打折扣。作为典型的西部欠发达地区，泸州渴望发展，渴求破解用地瓶颈。压力之下，试点如何规范操作？好事如何能够办好？这是试点工作面临的最大考验。黄勇认为，保证试点"不跑偏"，关键有三点：产权关系确定、地类性质锁定、复垦质量把好关。

坚持明晰产权、维护权益，是工矿废弃地复垦利用的首要原则。在这方面，泸州的做法把握住一条：政府既不缺位，也不越位。这一立场具体表现为，在复垦前期调研中，第一个要搞明白的就是所有权。虽然建设用地复垦成了农用地，但产权性质不变，涉及集体土地的，依法做好补偿和安置。复垦完的土地是集体性质的，由集体自己决定由谁耕种、管理；国有性质的大块土地，由政府统一规划，集中经营。

地类性质锁定是指具有合法建设用地手续来源、无复垦义务人的工矿废弃地，才能被纳入项目实施复垦。在泸州，列入试点的主要包括三类：关停采煤、炼磺、采硫等形成的工矿废弃地；道路改建和水利设施废弃形成的交通、水利基础设施废弃地；学校搬迁、粮仓荒废等形成的废弃地。

在复垦质量的把关上，泸州市动了不少脑筋，下了不少工夫。据叙永县水务局副局长何照章介绍，叙永县采用工程技术措施加生物化学措施对工矿废弃地进行复垦。当地工矿废弃地主要为煤硫铁矿的废弃地，针对矿区土壤酸化污染，使用石灰粉中和土壤酸性，并种植适宜当地自然条件的植物，以改善土壤理化性状，提升复垦区耕地产出率。工程技术工程则包括土地平整、坡改梯等工程，灌排设施、田间道、生产道等基础设施建设，植树造林、地质环境治理等生态工程。

据介绍，古蔺县为了发挥资金的集聚效应，切实改善当地百姓的生产生活条件，早在专项规划编制阶段，就注重与城乡建设、环境保护等相关规划进行衔接。工矿废弃地复垦项目与环保部门的生态治理项目、农业部门的小农水和测土配方项目、林业部门的退耕还林工程、新农村建设等项目统一规划，打捆实施。项目实施中，严格执行法人制、招投标制、合同管理制、公示制、监理制"五项制度"。这些措施既保证了工程的质量和进度，同时也杜绝了施工、监理等企业中标后转包、违法分包行为的发生。

14.3　总结提炼标准：工矿废弃地复垦利用规划编制规范

14.3.1　标准编制说明

1. 制定标准的必要性和意义

工矿废弃地复垦利用，是将历史遗留的工矿废弃地以及交通、水利等基础设施废弃地加以复垦,在治理改善矿山环境基础上,与新增建设用地相挂钩,盘活和合理调整建设用地,确保建设用地总量不增加、耕地面积不减少、质量有所提高的措施。工矿废弃地复垦利用,是在新形势下落实十分珍惜、合理利用土地和严格保护耕地基本国策,统筹保障发展与保护耕地的重大举措,是实施资源节约优先战略、大力推进节约集约用地的重要途径,是加强矿山环境治理恢复、促进可持续发展的重要手段。

2010年12月27日,国务院下发《国务院关于严格规范城乡建设用地增减挂钩试点切实做好农村土地整治工作的通知》。2011年12月26日,国土资源部下发《关于严格规范城乡建设用地增减挂钩试点工作的通知》。2012年3月7日,国土资源部下发《关于开展工矿废弃地复垦利用试点工作的通知》,在全国确定了包括四川省在内的10个省(区)开展工矿废弃地复垦利用试点工作。2012年8月2日,国土资源部办公厅以《关于同意四川省工矿废弃地复垦利用试点工作方案的函》正式确定了攀枝花、广安、泸州作为全省第一批工矿废弃地复垦利用试点城市。

同时,四川省在2013~2015年各年度城乡统筹工作安排中,均将工矿废弃地复垦利用试点工作作为城乡统筹的重要工作之一做了安排部署,并取得了较好的成效,积累了丰富的经验。因此,编制《工矿废弃地复垦利用规划编制标准》,规范工矿废弃地复垦利用规划的编制程序、编制要求与编制方法,对于落实国家工矿废弃地复垦利用政策,总结四川省城乡统筹试点经验具有重要的意义。

2. 制定标准的原则

一是适用性原则。在标准制定时,通过实地调研,了解工矿废弃地复垦利用规划的范围,需求规范的内容,并收集相关表格工具,通过论证后,作为标准的附录,力求标准能够满足使用的需求。二是先进性原则。由于工矿废弃地复垦利用工作尚处于试点阶段,各省、市、区均在试点过程中探索、总结,寻找更好的技术与方法。因此,在标准编制过程中,不但总结了四川省的相关工作经验,同时,也收集了其他省份相关试点工作的经验,以确保标准的先进性。

3. 标准制定的依据

(1)国家政策法规的依据。主要依据四个国家政策法规:①国发[2010]47号《国务院关于严格规范城乡建设用地增减挂钩试点切实做好农村土地整治工作的通知》;②国土资发[2011]224号《关于严格规范城乡建设用地增减挂钩试点工作的通知》;③国土资发[2012]45号《关于开展工矿废弃地复垦利用试点工作的通知》;④国土资发[2002]215号《县级土地开发整理规划编制要点》。

(2)国家及行业标准的依据。主要以国家及行业的七个标准为依据:①TD/T

1011-2000《土地开发整理规划编制规程》；②TD/T 1012-2000《土地开发整理项目规划设计规范》；③TD/T 1013-2000《土地开发整理项目验收规程》；④TD/T 1011-1013-2000《土地开发整理标准》；⑤TD/T 1007-2003《耕地后备资源调查与评价技术规程》；⑥TD/T 1031.1-2011《土地复垦方案编制规程》；⑦TD/T 1014-2004《第二次全国土地调查技术规程》。

4. 本标准的预期效果

本标准的制定，一方面总结了四川省目前工矿废弃地复垦利用试点工作的经验；另一方面，由于规划是任何一项工作的前瞻性计划与依据，该标准可以进一步规范工矿废弃地复垦利用工作，有利于工矿废弃地复垦利用符合国家政策的要求，真正实现"坚持以统筹城乡发展为导向，以促进耕地保护和农业现代化建设、促进农村小城镇和中心村及各业经济发展、促进农村生产生活条件改善和环境保护为目标，以切实维护农民权益、促进农民增收致富为出发点和落脚点，落实最严格的耕地保护和节约用地制度"。

5. 本标准宜定级别的建议

建议将《工矿废弃地复垦利用规划编制标准》作为推荐性标准发布。

14.3.2 工矿废弃地复垦利用规划编制规范

工矿废弃地复垦利用规划编制规范详见附录4。

参 考 文 献

[1] 吴津，李艳. 深化城乡环境综合治理 助推"三大发展战略"实施[EB/OL]. http：//sichuandaily. scol. com. cn/2013/08/27/20130827615104 02191. htm，2013-8-27.

[2] 余培发. 青白江区建设生态文明的经验与启示[EB/OL]. http：//www. zgxcfx. com/Article/41604. html，2012-2-13.

[3] 李倩，张晏，赵蕾，等. 四川省泸州市试点工矿废弃地复垦利用纪实[EB/OL]. http：//www. gtzyb. com/yaowen/20130718_43688. shtml，2013-7-18.

附录 1

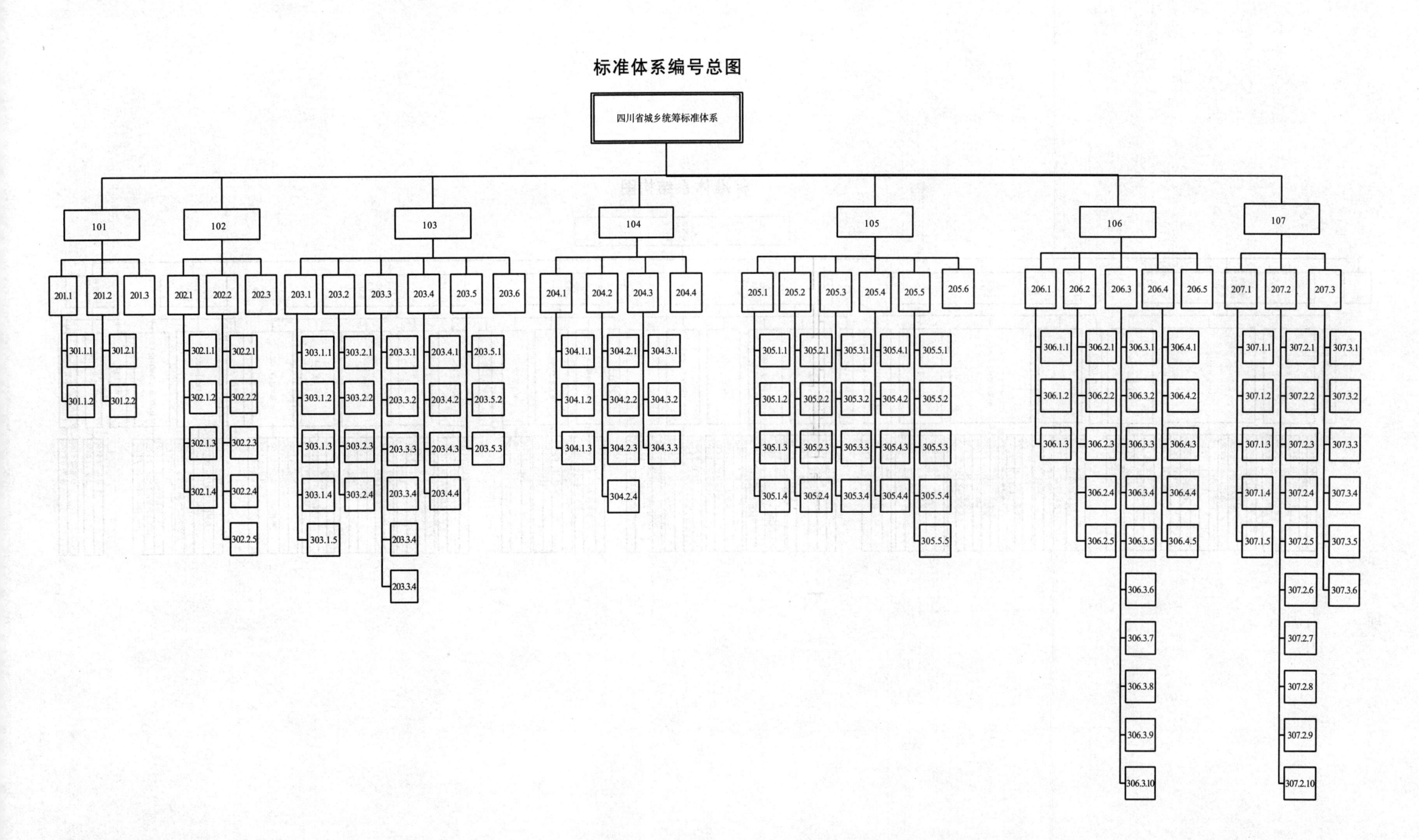

标准体系编号总图

附录2

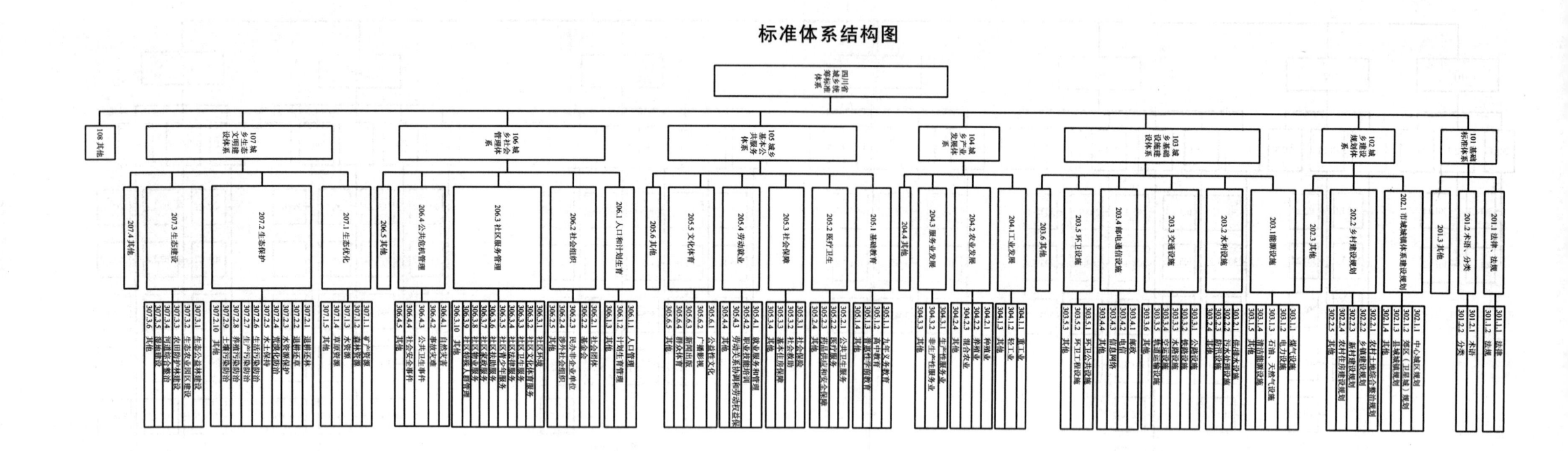

标准体系结构图

附录 3

四川省城乡统筹建议新增标准明细表

序号	标准体系表编号	标准名称	宜定级别	标准性质	制修订计划	规范内容
1	302.1.1	城市总体规划标准	地方	推荐	制订	在城乡统筹过程中，规范城市规划的原则、方法与技术
2	302.1.2	四川省郊区（卫星城）规划技术规则	地方	推荐	制订	规范四川省郊区（卫星城）规划相关技术要求
3	303.3.1	城镇家用煤气大气污染排放标准	地方	推荐	制订	规定在城乡统筹中，城镇居民家用煤气燃烧时排放废弃物的具体类型与标准
4	303.3.1	城镇家用煤气燃烧率标准	地方	推荐	制订	规定在城乡统筹中，城镇居民家用煤气燃烧时燃烧率的最低标准
5	303.1.2	城镇远传水表自动抄表系统工程施工、验收技术规范	地方	推荐	制订	规定远传水表自动抄表系统工程施工、验收的术语、定义、系统结构形式及现场查勘、远传水表自动抄表系统安装、工程项目验收等作业要求
6	303.1.2	城镇智能水表型式与功能技术规范	地方	推荐	制订	规定城镇用户智能水表产品的型式与功能要求
7	303.3.1	农村公路建设质量管理办法	地方	推荐	制订	规定城乡统筹中，农村公路的建设和质量管理标准
8	303.3.1	四川省农村公路建设质量规范	地方	推荐	制订	结合四川实际，规定城乡统筹中，四川农村公路建设质量管理标准
9	304.2.1	设施农业灾害性天气防御技术规程	地方	推荐	制订	灾害性天气设施农业防御技术、方法、流程
10	304.2.1	设施农业节水灌溉工程技术规范	地方	推荐	制订	设施农业节水灌溉工程技术要求
11	304.2.1	设施农业卷帘设备安全操作规程	地方	推荐	制订	设施农业卷帘设备安全操作方法、步骤
12	304.2.1	设施农业微灌工程技术规范	地方	推荐	制订	设施农业微灌工程技术要求、规则、流程
13	304.2.1	种植业农产品质量安全例行监测点设立和管理规范	地方	推荐	制订	种植业农产品质量安全例行监测点设立规则和条件以及管理规范
14	304.2.1	种植业农产品质量安全例行监测抽样方法	地方	推荐	制订	种植业农产品质量安全例行监测的科学抽样方法要求
15	304.2.1	种植业生态农业园区评价规范	地方	推荐	制订	种植业生态农业园区评价规则、依据和流程
16	304.2.1	种植业企业管理标准	地方	推荐	制订	种植业农业企业生产、经营、管理的具体要求和规范

续表

序号	标准体系表编号	标准名称	宜定级别	标准性质	制修订计划	规范内容
17	304.2.2	养殖业企业管理标准	地方	推荐	制订	养殖业企业生产、经营、管理的系统规范
18	304.2.4	农业灾情动态检测标准	地方	推荐	制订	农业灾情动态检测的指标、技术、管理方法
19	304.2.4	农业灾害补偿标准	地方	推荐	制订	种植业、养殖业等灾害补偿的最低标准
20	304.2.4	种植业保险标准	地方	推荐	制订	种植业在遭遇不同灾害的保险规定，赔付最低比例
21	304.2.4	养殖业保险标准	地方	推荐	制订	养殖业在遭遇不同灾害的保险规定，赔付最低比例
22	304.3.1	农资产品追溯信息编码和标识规范	地方	推荐	制订	农资产品追溯信息编码方法和标识方法
23	304.3.1	农资产加工质量管理规范	地方	推荐	制订	规范农资产品加工的过程、技术指标
24	304.3.1	农资物流仓储服务质量规范	地方	推荐	制订	农资物流仓储服务质量的基本规定
25	304.3.1	鲜活农产品生产流通管理规范：猪肉	地方	推荐	制订	鲜活农产品猪肉，在生产、流通过程中的管理技术流程要求
26	304.3.1	鲜活农产品生产流通管理规范：蔬菜	地方	推荐	制订	鲜活农产品蔬菜，在生产、流通过程中的管理技术流程要求
27	304.3.1	鲜活农产品生产流通管理规范：水果	地方	推荐	制订	鲜活农产品水果，在生产、流通过程中的管理技术流程要求
28	304.3.2	乡村旅游特色业态标准及评定	地方	推荐	制订	制订系列标准：休闲农庄、生态旅游、养生、景观等特色的评价方法、依据
29	305.4.1	四川省公共就业服务标准	地方	推荐	制订	城乡统筹中的就业服务与就业管理的相关规定，四川省已有试行标准
30	305.4.1	四川省就业困难人员申请认定标准	地方	推荐	制订	适用于城乡统筹中四川省的就业困难人员申请认定标准
31	305.4.1	四川省以创业带动就业的工作标准	地方	推荐	制订	适用于城乡统筹中四川省的促进创业带动就业的有关规定
32	305.4.2	民办职业培训学校设置标准	地方	推荐	制订	用于城乡统筹中民办职业培训学校设置的标准
33	305.4.2	职业资格证书认定标准	地方	推荐	制订	用于城乡统筹中职业资格证书的认定标准
34	305.4.2	城乡劳动者职业教育培训标准	地方	推荐	制订	适用于城乡统筹中有关健全完善城乡劳动者职业教育培训制度的举措
35	305.4.3	四川省劳动合同实施标准	地方	推荐	制订	有关城乡统筹中劳动合同法律的实施标准

附录 3

续表

序号	标准体系表编号	标准名称	宜定级别	标准性质	制修订计划	规范内容
36	305.4.3	四川省集体合同实施标准	地方	推荐	制订	适用于城乡统筹中集体合同的实施标准
37	306.1.1	流动人口综合信息平台建设规范	地方	推荐	制订	规范流动人口综合信息平台的技术标准、内容体系等
38	306.3.1	社区菜市场（农贸市场）设置与管理规范	地方	推荐	制订	规范社区菜市场（农贸市场）建筑面积、设施和管理基本规范
39	306.3.10	和谐社区建设与管理基本规范	地方	推荐	制订	规范和谐社区建设的基本条件和基本管理规范
40	306.3.10	和谐社区建设示范单位评定规则	地方	推荐	制订	规范和谐社区建设示范单位的评比条件和评定程序
41	306.3.10	村（社区）活动场所建设与管理基本规范	地方	推荐	制订	规范村（社区）活动场所的占地面积、基本设施和管理基本要求
42	306.4.5	网格化服务管理体系建设规范	地方	推荐	制订	规范县乡村网格四级服务管理体系建设的基本要求
43	307.1.1	工矿废弃地复垦利用规划标准	地方	推荐	制订	规定在城乡统筹中，工矿废弃地利用的条件、适宜种植项目以及规划时应遵守的基本要求
44	307.1.1	工矿废弃地废弃物分类及处理标准	地方	推荐	制订	规定在城乡统筹中，工矿废弃物的分类，以及各类废弃物的处理标准
45	307.1.2	森林资源规划设计调查技术标准	地方	推荐	制订	规范在城乡统筹过程中，森林资源规划设计调查的原则、过程与方法
46	307.2.2	退耕还草养畜技术标准：山羊圈养技术规范	地方	推荐	制订	规范退耕还草后，山羊圈养的技术标准
47	307.2.2	退耕还草养畜技术标准：肉牛养殖技术规范	地方	推荐	制订	规范退耕还草后，肉牛养殖的技术标准
48	307.2.2	退耕还草养畜技术标准：肉兔养殖技术规范	地方	推荐	制订	规范退耕还草后，肉兔养殖的技术标准
49	307.2.2	退耕还草养畜技术标准：土鸡生态养殖技术规范	地方	推荐	制订	规范退耕还草后，土鸡生态养殖的技术标准
50	307.2.2	退耕还草间种植物标准	地方	推荐	制订	为退耕地上间种植物提供指导原则与方法
51	307.2.3	农村沟河保洁技术规范	地方	推荐	制订	规范农村沟河保洁的监测、技术与方法
52	307.2.5	生态缓冲带建设技术规范	地方	推荐	制订	规范不同功能生态缓冲带建设的技术与方法
53	307.2.6	城乡地面交通噪声污染防治标准	地方	推荐	制订	规范城乡噪声源控制、传声途径、噪声削减、敏感建筑物噪声防护等方面的地面交通噪声污染防治技术原则与方法

续表

序号	标准体系表编号	标准名称	宜定级别	标准性质	制修订计划	规范内容
54	307.2.6	城乡区域环境噪声适用区划分标准	地方	推荐	制订	规范划定或调整城乡噪声达标功能区划分的方法
55	307.2.6	农村生活污水污染防治技术标准	地方	推荐	制订	规范农村不同人口密度情况下的污水排放、处理、回收利用的技术方法
56	307.2.7	乡镇企业三废排放技术规范废水排放	地方	推荐	制订	规范乡镇企业废水排放量、污染物计算、净化、去污技术与方法
57	307.2.7	乡镇企业三废排放技术规范废气排放	地方	推荐	制订	规范乡镇企业废气排放量、污染量计算、排放标准等
58	307.2.7	乡镇企业三废排放技术规范固体废弃物处理	地方	推荐	制订	规范乡镇企业固体废弃物回收利用的原则、技术与方法
59	307.2.8	养殖污染的来源与分类规范	地方	推荐	制订	规范养殖污染的来源与分类原则与方法
60	307.2.9	土壤环境保护区域划分标准	地方	推荐	制订	规范土壤安全性评估与土壤用途划分标准
61	307.2.7	农村面源污染防治技术规范农田施肥	地方	推荐	制订	规范农作物生产过程中对农田施肥产生污染的监测、处理原则与技术方法
62	307.2.7	农村面源污染防治技术规范农药使用	地方	推荐	制订	规范农作物生产过程中对农药使用而产生污染的监测、处理原则与技术方法
63	307.2.9	土壤污染治理与修复规范	地方	推荐	制订	规定已污染土壤的治理原则与修复方法
64	307.3.2	生态农业园区规划设计标准	地方	推荐	制订	为城乡统筹建设中，生态农业园区的规划设计提供设计技术标准
65	307.3.2	生态农业园区建设质量标准	地方	推荐	制订	规定生态农业园区建设应具备的基本质量标准
66	307.3.4	农村景观河道养护技术规程	地方	推荐	制订	指导农村景观河道养护原则、方法与技术
67	307.3.4	乡村河道疏浚技术指南	地方	推荐	制订	对不同类型的乡村河道疏浚的方法与技术提供指导

附录4

ICS 点击此处添加ICS号
点击此处添加中国标准文献分类号

DB51

四 川 省 地 方 标 准

DB51/ 2015—XXXX

工矿废弃地复垦利用规划编制标准

Standard for the preparation of rcelamation and utilization planning of mining wasteland

点击此处添加与国际标准一致性程度的标识

（送审讨论稿）

XXXX－XX－XX发布　　　　　　　　　　　　XXXX－XX－XX实施

发 布

目　次

前言 ·· 230
1　范围 ·· 231
2　规范性引用文件 ·· 231
3　术语与定义 ·· 231
　3.1　工矿废弃地 ·· 231
　3.2　土地复垦 ·· 231
　3.3　土地复垦率 ·· 232
　3.4　土地适宜性评价 ·· 232
　3.5　土地复垦适宜性评价 ·· 232
　3.6　土地复垦单元 ·· 232
4　工矿废弃地复垦利用规划编制的原则 ·· 232
　4.1　科学规划 ·· 232
　4.2　促进城乡统筹发展 ··· 232
　4.3　保持耕地数量，提高耕地质量 ··· 233
　4.4　优化生态环境，促进土地资源可持续利用 ·· 233
5　工矿废弃地复垦利用规划编制程序 ·· 233
　5.1　组织准备 ·· 233
　5.2　前期调研 ·· 233
　5.3　基础研究 ·· 233
　5.4　编制方案 ·· 233
　5.5　协调论证 ·· 234
　5.6　规划有效性认定 ·· 234
6　工矿废弃地复垦利用规划编制的内容 ·· 234
　6.1　工矿废弃地复垦利用规划应包含的内容 ·· 234
　6.2　各项内容编制的要求 ·· 234
　　6.2.1　前言 ·· 234
　　6.2.2　规划背景 ··· 234
　　6.2.3　工矿废弃地现状调查 ·· 234
　　6.2.4　工矿废弃地复垦适宜性评价 ··· 235

  6.2.5 工矿废弃地复垦利用规划目标 ……………………………………… 235
  6.2.6 工矿废弃地复垦利用总体安排 ……………………………………… 235
  6.2.7 工矿废弃地复垦项目安排 …………………………………………… 235
  6.2.8 投资与效益分析 ……………………………………………………… 235
  6.2.9 规划实施保障措施 …………………………………………………… 236
  6.2.10 规划用表 …………………………………………………………… 236
  6.2.11 规划说明 …………………………………………………………… 236
  6.2.12 规划图件 …………………………………………………………… 237
  6.2.13 规划数据库 ………………………………………………………… 238
附录 A （资料性附录）土地复垦适宜性评价方法与步骤 ……………………… 239
附录 B （资料性附录）工矿废弃地复垦现状表 ……………………………… 242
附录 C （资料性附录）工矿废弃地复垦潜力表 ……………………………… 243
附录 D （资料性附录）工矿废弃地复垦项目安排表 ………………………… 244
附录 E （资料性附录）工矿废弃地复垦挂钩新建项目安排表 ……………… 245

前　言

本标准按照 GB/T 1.1-2009《标准化工作导则 第一部分：标准的结构和编写》的规划编写。

本标准由四川省质量技术监督局归口。

本标准起草单位：成都信息工程大学。

本标准起草人：黄萍、文革、杨帆、王晓阳。

工矿废弃地复垦利用规划编制标准

1　范围

本标准规定了四川省工矿废弃地复垦利用规划编制的原则、程序、编制内容以及规划成果要求。

本标准适用于指导四川省工矿废弃地复垦利用的规划编制工作。

2　规范性引用文件

下列文件对于本标准的应用是必不可少的。凡是注日期的引用文件，仅所注日期的版本适用于本标准。凡是不注日期的引用文件，其最新版本（包括所有的修改单）适用于本标准。

(1)NY/T 1634-2008 耕地地力调查与质量评价技术规程。

(2)TD/T 1007-2003 耕地后备资源调查与评价技术规程。

3　术语与定义

下列术语和定义适用于本标准。

3.1　工矿废弃地

工矿废弃地指矿产开采挖掘过程中，所形成的露天矿场、尾矿、废料堆放区以及因此丧失曾经的利用价值潜力而形成的土地。

3.2　土地复垦

土地复垦指对人为和自然因素造成损毁的土地，采取整治措施，使其达到可供利用状态的活动。本标准土地复垦所涉及的对象仅限于人为因素造成的损毁土地，不包含土地复垦义务人灭失的历史遗留损毁土地。

3.3 土地复垦率

土地复垦率指复垦责任范围内复垦的土地面积与损毁的土地面积的百分比。

3.4 土地适宜性评价

土地适宜性评价是对土地的某种用途的适宜性与否以及适宜性的程度进行评价，它是科学利用土地、科学编制规划土地利用方式的决策性评价和基本依据，是组成土地资源评价的重要组成部分。土地适宜性评价是本着对土地利用方式的鉴定，通过评定，对土地利用现状和适宜性用途进行比较。不同的利用方式随着适宜性评价的类型不同而不一样。

3.5 土地复垦适宜性评价

土地复垦适宜性评价是土地适宜性评价概念里的一种，主要面向对象是由于人类生产生活对土地的采挖、工业建设或损毁所形成的暂时无利用价值的土地，通过复垦适宜性评价明确其复垦方向。

3.6 土地复垦单元

复垦方向、措施、标准基本一致的待复垦土地单元。

4 工矿废弃地复垦利用规划编制的原则

4.1 科学规划

规划应贯彻耕地保护制度和节约用地制度，遵守相关法律法规，落实地（市）、县土地整治规划等相关规划对所在行政辖区内工矿废弃地复垦的部署安排。

4.2 促进城乡统筹发展

规划应以工矿废弃地复垦调整利用为突破口，推进损毁、闲置、废弃、低效工矿用地集中复垦，缓解城镇经济发展用地需求的巨大压力，促进建设用地节约集约。

4.3 保持耕地数量，提高耕地质量

规划应把提高复垦耕地质量放在首要位置，先复垦，后调整利用。

4.4 优化生态环境，促进土地资源可持续利用

规划应坚持因地制宜、尊重生态规律，开展土地复垦。复垦后的土地环境要更加适合人们生产生活，实现土地资源可持续利用。

5 工矿废弃地复垦利用规划编制程序

5.1 组织准备

规划的编制应由国土资源管理部门具体负责，包括技术方案制定、调查分析、基础研究、成果编制等工作。应加强规划编制人员培训。

5.2 前期调研

规划的前期调研应以乡镇为单元，收集有关历史遗留工矿废弃地的自然、生态、经济、社会和土地利用方面的基础资料，开展实地调研和补充调查。

5.3 基础研究

基础研究一般应包括工矿废弃地现状调查、工矿废弃地复垦调整利用潜力、调整利用规划目标、工矿废弃地复垦资金测算、调整利用布局、复垦环境影响评价、规划实施保障等重大问题的研究。

5.4 编制方案

规划的编制应该明确工矿废弃地复垦目标，确定工矿废弃地复垦布局，提出工矿废弃地复垦规划方案，测算资金供需情况，分析工矿废弃地复垦效益，提出

规划实施保障措施。

5.5 协调论证

应加强与相关部门协调，做好与有关规划衔接，鼓励公众参与，强化专家咨询。

5.6 规划有效性认定

工矿废弃地复垦利用规划应经上一级国土资源管理部门审核后，由同级人民政府批准。

6 工矿废弃地复垦利用规划编制的内容

6.1 工矿废弃地复垦利用规划应包含的内容

工矿废弃地复垦利用规划应包括前言、规划背景、工矿废弃地现状调查、工矿废弃地复垦适宜性评价、工矿废弃地复垦利用规划目标、工矿废弃地复垦利用总体安排、工矿废弃地复垦项目安排、投资与效益分析以及规划实施保障措施、规划说明、规划图件、规划数据库等。

6.2 各项内容编制的要求

6.2.1 前言

前言部分应说明规划目的、任务、依据，规划范围和规划期限。

6.2.2 规划背景

在规划背景中应说明工矿废弃地土地复垦的自然、经济、社会和土地利用条件，分析土地复垦工作实施情况、工矿废弃地复垦面临的机遇与挑战等。

6.2.3 工矿废弃地现状调查

(1)应全面了解规划区内工矿废弃地的类型、数量、特点与分布。
(2)应按图斑进行工矿废弃地分析，对需复垦废弃地进行筛选，根据筛选结果,对工矿废弃地进行实地调查。

(3)实地调查应包括了解废弃地损毁前利用类型、利用状况,了解损毁后废弃地的类型、程度以及当前的权属状况,了解废弃地复垦的影响因素等。

(4)实地调查的具体内容应包括废弃地的面积、坡度、有效土层厚度、土壤质地、水源保证情况、有无限制因素、是否适宜复垦、可复垦为耕地的面积以及可复垦为其他用地的面积。

6.2.4 工矿废弃地复垦适宜性评价

(1)应根据对损毁土地的分析和预测结果,划分评价单元、选择评价方法。

(2)应明确评价依据及过程,列表说明各评价单元复垦后的利用方向、面积、限制性因素等。

(3)依据土地利用总体规划及相关规划,按照因地制宜的原则,在充分尊重土地权益人意愿的前提下,根据原土地利用类型、土地损毁情况、公众参与意见等,在经济可行、技术合理的条件下,确定拟复垦土地的最佳利用方向(应明确至二级地类),划分土地复垦单元。

(4)土地复垦适宜性评价方法与步骤参见附录A。

6.2.5 工矿废弃地复垦利用规划目标

应依据土地复垦适宜性评价结果,确定工矿废弃地复垦利用的指导原则、目标和主要任务。复垦目标应分为总体目标、近期目标和远期目标。应包括拟复垦土地的地类、面积和复垦率等。

6.2.6 工矿废弃地复垦利用总体安排

应说明工矿废弃地土地复垦的规模、布局和时序安排;工矿废弃地复垦与生态环境整治安排等;复垦区和新建区的规模、布局和时序安排。

6.2.7 工矿废弃地复垦项目安排

(1)应说明工矿废弃地复垦项目的范围、规模、时序和资金,明确复垦内容和要求。

(2)应说明工矿废弃地复垦挂钩建新项目的范围、规模、时序安排,明确新建区优先项目的内容和要求。

6.2.8 投资与效益分析

1.投资分析

投资分析包括投资规模和资金筹措方案,有如下要求:

(1)投资规模包括复垦区投资规模和新建区投资规模。

(2)投资测算可采用系数法估算,也可采用单位面积标准法和典型设计法等进行估算。

(3)方案应提出资金筹措方案,进行资金供需平衡分析。筹资渠道包括:复垦调整利用挂钩指标建新区土地所得收益、土地复垦费、矿山地质环境恢复治理保证金、探矿权采矿权价款("两权"价款)、企业和个人等其他社会投资等。

2.效益分析

效益分析包括社会效益、经济效益及生态效益分析,要求如下:

(1)社会效益分析应从农业生产条件、工业化、城镇化、农业现代化同步推进,城乡统筹和土地节约集约利用等方面,选择适当的评价指标,采用定量与定性分析相结合的方法进行评价。

(2)经济效益评价应重点通过工矿废弃地复垦的投入产出进行分析,主要测算投入量、预期净产出和投资回收期等。

(3)生态效益评价应主要从水资源利用效率、生态安全程度、农田生态环境、生物多样性、空间景观格局等方面,选择适当的评价指标,采用定量与定性分析相结合的方法进行评价。

6.2.9 规划实施保障措施

规划应制定有针对性和可操作性的实施保障措施。实施保障措施一般包括行政措施、经济措施、技术措施和社会保障。保障措施可重点对土地权属调整、复垦耕地质量与建新耕地的验收与考核、建新收益分配的监督等方面提出具体要求。

6.2.10 规划用表

规划用表主要包括:工矿废弃地复垦现状表(参见附录 B)、工矿废弃地复垦潜力表(参见附录 C)、工矿废弃地复垦项目安排表(参见附录 D)、工矿废弃地复垦挂钩新建项目安排表(参见附录 E)。

6.2.11 规划说明

规划说明主要阐述规划决策的依据和过程,一般应包括以下内容:

(1)工矿废弃地复垦工作实施情况:说明主要目标实现程度,规划实施主要成效,规划实施中的主要问题。

(2)编制过程:阐述规划编制各阶段的主要过程。

(3)规划基础数据:说明规划采用的人口、经济、土地利用等基础数据的来源及转换过程。

(4)工矿废弃地复垦潜力调查评价及测算：说明规划采用的调查评价方法及适宜性评价过程。

(5)主要规划内容说明：说明规划目标、主要任务确定的依据等。

(6)说明项目确定的原则、依据和方法。

(7)说明工矿废弃地复垦利用规划方案比选情况。

(8)资金与效益情况说明：说明资金测算的依据、方法和结果，说明效益评价的方法和结论，分析规划实施的可行性。

(9)与相关规划的协调衔接和不同意见的处理情况说明。

(10)其他需要说明的问题。

6.2.12 规划图件

1.规划图件内容及要求

规划图件一般应包括工矿废弃地复垦现状图、工矿废弃地复垦潜力分布图、工矿废弃地复垦项目及挂钩项目区分布图，具体要求如下：

(1)工矿废弃地复垦现状图可依据破坏类型分类或按照土地规划用途分类进行转换形成的现状地类标注，同时标注水系、交通、地形、地名和行政区划要素；按照土地现状分类的，标识土地利用现状图各类用地类代码，以土地调查最新数据。

(2)工矿废弃地复垦潜力分布图，包括土地利用现状(采用第二次土地调查最新成果)、土地用途区各分区用途、工矿废弃地复垦地块名称和规模、工矿废弃地按照复垦潜力分级等内容，同时标注行政区划、标识区县和乡镇名。

(3)工矿废弃地复垦项目和挂钩项目分布图，一般包括土地用途区各分区用途、土地利用总体规划土地利用空间管制(只体现允许建设区和有条件建设区)、工矿废弃地复垦地块边界、名称和规模、建设区建设边界、规模等内容，同时标注行政区划，标识区县和乡镇名。

2.图件编绘要求

(1)以基期年土地利用现状图为底图，以村级行政区域为基本单元，比例尺与同级土地整治规划图相一致，图件比例尺一般为1∶50000，可根据行政辖区的面积适当调整比例尺大小。图件要素应经过合理取舍，能够充分表达规划内容。文字标注还需包括行政区、道路、水系、项目名称等。

(2)各种图面配置应包括图名、图廓、地理位置示意图、指北针、图例、方位坐标、比例尺、土地整治项目表、相邻地区名称、界线、编图单位、署名和制图日期等。与同级土地利用总体规划制图规范要求相同。

(3)基础地理要素，包括行政界线和政府驻地。其中制图区域内行政界线，表达到乡(镇)界。制图区域行政界线外围标注四周相邻行政单位名称。制图区域内政府驻地，表达到乡级政府驻地。

3.图层控制和图式要求

图件的制图要素采用分层方式组织和绘制。

(1)工矿废弃地复垦调整利用现状图。图层压盖从上至下的顺序依次是：注记、政府驻地、行政界线、工矿废弃地复垦规模边界、建设区规模边界、土地利用现状数据。

(2)工矿废弃地复垦调整利用潜力分析图。图层压盖从上至下的顺序依次是：注记、政府驻地、行政界线、工矿废弃地复垦规模边界、建设区规模边界、土地利用空间管制、土地用途区。

(3)工矿废弃地复垦调整利用规划图。图层压盖从上至下的顺序依次是：注记、政府驻地、行政界线、工矿废弃地复垦规模边界、建设区规模边界、土地利用空间管制、土地用途区。

6.2.13 规划数据库

(1)规划数据库应包括符合相关建库标准的规划图件的栅格数据和矢量数据、规划文档、规划表格、元数据等。规划数据库内容应与纸质的规划成果内容一致。

(2)数据库建库一般规定有：①高程基准采用"1985国家高程基准"，平面坐标系采用"1980西安坐标系"，地图投影与分带采用"高斯－克吕格投影"，按3°分带。②空间要素采用分层的方法进行组织管理。空间要素图层包括境界行政区、辅助图层、专题要素和栅格图。③空间要素属性包括行政区属性结构、行政区界线属性结构、地类图斑属性表结构、土地用途区属性表结构、建设用地管制区属性表、工矿废弃地复垦区属性表结构、建设区属性表结构。

(3)规划附件一般包括规划编制工作报告、调查报告、专题研究报告以及反映规划编制组织实施、技术路线、规划论证、工作协调方面的报告或图件。

附录 A （资料性附录）
土地复垦适宜性评价方法与步骤

A.1 评价原则和依据

A.1.1 评价原则

土地复垦适宜性评价应包括以下原则：
(1)符合土地利用总体规划，并与其他规划相协调。
(2)因地制宜原则。
(3)土地复垦耕地优先和综合效益最佳原则。
(4)主导性限制因素与综合平衡原则。
(5)复垦后土地可持续利用原则。
(6)经济可行、技术合理性原则。
(7)社会因素和经济因素相结合原则。

A.1.2 评价依据

评价依据主要包括国家及地方的规划和行业标准。

A.2 评价体系和评价方法

A.2.1 评价体系

评价体系分为二级和三级体系两种类型，具体如下：
(1)二级体系分成两个序列：土地适宜类和土地质量等。土地适宜类一般分成适宜类、暂不适宜类和不适宜类，类别下再续分若干土地质量等。土地质量等一般分成一等地、二等地和三等地，暂不适宜类和不适宜类一般不续分。
(2)三级体系分成三个序列：土地适宜类、土地质量等和土地限制型。土地适宜类和土地质量等续分与二级体系一致。依据不同的限制因素，在土地质量等以下又分成若干土地限制型。

A.2.2 评价方法

(1)评价方法分为定性法和定量法两类。定性方法是对评价单元的原土地利用状况、土地损毁、公众参与、当地社会经济等情况进行综合定性分析，确定土地复垦方向和适宜性等级。定量法包括极限条件法、指数和法与多因素综合模糊法等，具体评价时可以采用其中一种方法，也可以将多种方法结合起来用。

(2)极限条件法的计算公式为：＿，其中＿为第＿个评价单元的最终分值；＿为第＿个评价单元中第＿参评因子的分值。

(3)采用指数和法的计算公式为：＿，其中＿为第＿单元的综合得分，＿、＿分别是第＿个参评因子的等级指数和权重值，＿为参评因子的个数。

A.3 土地复垦适宜性评价步骤

A.3.1 土地复垦适宜性评价的步骤

在拟损毁土地预测和损毁程度分析的基础上，确定评价对象和范围；综合考虑复垦区的土地利用总体规划、公众参与意见以及其他社会经济政策因素分析，初步确定复垦方向，划定评价单元；针对不同的评价单元，建立适宜性评价方法体系和评价指标体系；评定各评价单元的土地适宜性等级，明确其限制因素；通过方案比选，确定各评价单元的最终土地复垦方向，划定土地复垦单元。

A.3.2 评价范围和初步复垦方向的确定

评价范围为复垦责任范围。定性分析复垦区的土地利用总体规划、公众参与意见以及其他社会经济政策因素，初步确定复垦区待复垦土地的复垦方向。

A.3.3 评价单元的划分

(1)划分的评价单元应体现单元内部性质相对均一或相近；单元之间具有差异，能客观地反映土地在一定时期和空间上的差异。

(2)评价单元宜依据复垦区土地的损毁类型、程度、限制因素和土壤类型等来划分。

A.3.4 评价体系和评价方法的选择

(1)选择评价体系的类型和序列，并说明理由。

(2)选择评价方法，并说明理由。若采用定性分析的方法则直接转到"评定适宜性等级"步骤。

A.3.5 评价指标体系和标准的建立

(1)根据初步确定的复垦方向,结合复垦区特点,选取损毁后影响土地利用的主导因素,构建评价指标体系,同时简单说明各指标选取的理由。

(2)可参考《耕地地力调查与质量评价技术规程》(NY/T 1634-2008)和《耕地后备资源调查与评价技术规程》(TD/T 1007-2003)等,合理确定不同指标的分级或评分标准,构建完整的指标分级标准。

(3)指标体系和相应的标准建立应充分考虑复垦标准及后期的复垦验收。

A.3.6 适宜性等级的评定

(1)调查或分析复垦区各评价单元不同指标实际情况,根据采用的评价方法,结合评价标准,评定各单元的不同利用方向的适宜性等级。

(2)采用列表汇总的方式,说明各评价单元不同利用方向的等级及其限制性因素。

A.3.7 确定最终复垦方向和划分复垦单元

(1)依据适宜性等级评定结果,对于多宜性的评价单元,需综合分析当地自然条件、社会条件、土地复垦类比分析和工程施工难易程度等情况,确定最终复垦方向并简单阐述方案比选的过程。

(2)根据评价单元的最终复垦方向,从工程施工角度将采取的复垦标准和措施一致的评价单元合并作为一类复垦单元。土地复垦适宜性评价结果要汇总列表(表A.1),土地复垦单元划分结果也应在土地复垦规划图上标出。

表 A.1 土地复垦适宜性评价结果表

评价单元	复垦利用方向	复垦面积/km^2	复垦单元

附录B （资料性附录）
工矿废弃地复垦现状表

单位：公顷

序号	行政区名称	坐落单位名称	损毁前特征	损毁状况	限制因素	图斑地类面积	权属

注：①行政区名称为XX县(市、区)XX乡；②坐落单位名称为XX村XX组；③损毁前特征、损毁状况、限制因素可根据需要增加列的内容。④权属分为国有和集体，其中，集体所有应填出集体经济组织名称。

附录4

附录C （资料性附录）
工矿废弃地复垦潜力表

单位：公顷

<table>
<tr><td colspan="7" align="center">_____市或县(市、区)工矿废弃地复垦潜力统计表</td></tr>
<tr><td rowspan="2">行政区名称</td><td colspan="2">废弃的工矿用地复垦潜力</td><td colspan="2">交通水利等废弃地复垦潜力</td><td colspan="2">工矿地废弃复垦潜力</td></tr>
<tr><td>可供复垦面积</td><td>净增耕地面积</td><td>可供复垦面积</td><td>净增耕地面积</td><td>合计</td><td>净增耕地面积</td></tr>
<tr><td></td><td></td><td></td><td></td><td></td><td></td><td></td></tr>
<tr><td></td><td></td><td></td><td></td><td></td><td></td><td></td></tr>
<tr><td></td><td></td><td></td><td></td><td></td><td></td><td></td></tr>
<tr><td></td><td></td><td></td><td></td><td></td><td></td><td></td></tr>
<tr><td></td><td></td><td></td><td></td><td></td><td></td><td></td></tr>
<tr><td></td><td></td><td></td><td></td><td></td><td></td><td></td></tr>
<tr><td></td><td></td><td></td><td></td><td></td><td></td><td></td></tr>
<tr><td></td><td></td><td></td><td></td><td></td><td></td><td></td></tr>
</table>

注：①行政区名称为XX县(市、区)XX乡(镇、区)；②废弃的工矿用地包括：露天采矿、挖沙取土、烧制砖瓦、生产建设挖宛后形成的地表塌陷地、排放废石、废渣、矸石、尾矿、粉煤灰等废弃地；③交通水利等废弃地包括：交通、水利等废弃的基础设施。

附录 D （资料性附录）
工矿废弃地复垦项目安排表

单位：公顷

工矿废弃地复垦率	＿＿＿市或县(市、区)工矿废弃地复垦调整利用规划目标表				复垦调整利用挂钩指标
^	废弃的在矿用地		交通水利等废弃地		^
^	复垦规模	补充耕地	复垦规模	补充耕地	^

附录 E （资料性附录）
工矿废弃地复垦挂钩新建项目安排表

单位：公顷

_____市或县(市、区)工矿废弃地复垦区、建新区平衡表			
涉及乡(镇)	工矿废弃地复垦区补弃耕地面积	复垦调整利用挂钩区面积	挂钩平衡情况

后 记

从城乡分割走向城乡统筹，这是当代中国城乡发展史上最重大的一次跨越迈进。为何要城乡统筹？城乡统筹的本质是什么？怎样实现城乡统筹？围绕这些问题成都信息工程大学城乡统筹课题研究学术团队在黄萍教授的带领下，进行了长达6年的广泛调查和深入研究，基本回答清楚了上述三个问题。为何要城乡统筹？就是要打破城乡二元结构，消除城乡差别，实现城乡利益均衡发展，使农民获得与市民同等公平的权益，让农民平等参与现代化建设，共享改革发展成果。城乡统筹的本质是什么？城乡一体化是城乡统筹的出发点和本质要求，就是要促进公共资源在城乡之间均衡配置、生产要素在城乡之间自由流动，推动城乡经济社会融合发展，建立以工促农、以城带乡、城乡互动、和谐发展的长效机制。怎样实现城乡统筹？标准化建设是实现城乡统筹持续发展的重要路径。

然而，我国的城乡统筹标准化建设任重而道远，需要标准化主管部门和城乡统筹工作的相关牵头部门、专家学者共同努力推动。十分庆幸的是，面对这样一个庞大繁杂的学术问题，我们得到了四川省科技厅、四川省质量技术监督局的科研立项支持，并且在研究过程中，又得到了四川省发展改革委员会、四川省旅游发展委员会、四川省经济和信息化委员会、四川省人力资源和社会保障厅、四川省教育厅、四川省文化厅、四川省体育局、四川省卫生和计划生育委员会、成都市政府、成都市委统筹城乡工作委员会、德阳市政府、广元市政府、自贡市政府、攀枝花市政府等单位的大力支持与无私帮助，在此特别致谢。

本书最终成稿，要特别感谢四川省质量技术监督局的王祥文同志和彭丽娟同志、西华师范大学的徐邓耀教授、四川大学历史文化学院的成功伟博士、四川省发改委直属省工程咨询研究院的汪琴高级工程师、成都市委统筹城乡工作委员会的张帆同志和黄庆同志，正是当初他们对"四川省城乡统筹标准体系框架构建研究与重要标准制定（ZYBZ2013-17）"的研究成果给予了充分肯定、鼓励和完善指导，才坚定了我们立志著述的念头。同时，也要感谢科学出版社成都分社的李小锐女士，她为此书的出版申请以及排版编辑给予了十分专业的指导和咨询服务。此外，借此机会再次感谢一同熬更守夜贡献智慧的研究团队全体成员。

后记

《四川省城乡统筹标准体系构建研究》即将付梓出版,可是,我们的心情并不轻松,因为书中的那张"四川城乡统筹标准体系框架图"上,需要创建的新标准多达几十个,意味着学术团队的城乡统筹标准化研究工作才开始起步,行走在路上,致力于城乡统筹标准化建设研究,或许是我们长期的学术使命。